IMPUESTO SOBRE LA RENTA Y COMPLEMENTARIOS DE PERSONAS NATURALES

ADRIANA
PLAZAS CADENA

VICTORIA EUGENIA
HOYOS LONDOÑO

ROBERTO CARLOS
INSIGNARES GÓMEZ
(EDITOR)

IMPUESTO SOBRE LA RENTA Y COMPLEMENTARIOS DE PERSONAS NATURALES

UNIVERSIDAD EXTERNADO DE COLOMBIA

ISBN 978-628-7676-21-3

Calle 12 n.º 1-17 este, Bogotá
Teléfono (+57) 601 341 9900
publicaciones@uexternado.edu.co
www.uexternado.edu.co

Primera edición: agosto de 2023

Diseño de cubierta: Departamento de Publicaciones
Corrección de estilo: José Ignacio Curcio Penen
Composición: María Libia Rubiano
Impresión y encuadernación:
Tiraje: de 1 a 1.000 ejemplares

Impreso en Colombia
Printed in Colombia

CONTENIDO

Uno de los temas que cobra mayor importancia en el estudio de la tributación directa es precisamente el tratamiento tributario de las personas naturales en torno al cumplimiento de sus obligaciones formales y de carácter sustancial.

De manera constante en las últimas reformas la política tributaria colombiana ha improvisado su normatividad, seguramente motivada por el afán de propender porque el peso del impuesto de renta de las personas naturales sea mayor y no continúe su excesiva dependencia de las sociedades, las cuales tributan más del 80% de lo que se recauda por ese impuesto.

En ese sentido, inicialmente se establecieron dos categorías especiales para identificar los tipos de ingresos que reciben las personas naturales: asalariados y trabajadores independientes; posteriormente la denominación varió de forma que se habló de empleados y trabajadores por cuenta propia, y se añadió una tercera categoría, "otros" (aplicando un Impuesto Mínimo Alternativo Nacional –IMAN–, o un Impuesto Mínimo Alternativo Simple –IMAS–); finalmente se elaboró la figura de las "cédulas", que inicialmente fueron cinco (laborales, no laborales, de capital, pensiones y dividendos), hasta llegar a una bolsa común que hoy solo aparta las rentas provenientes de pensiones, en una fehaciente demostración de la improvisación y de vulneración del principio de eficiencia y seguridad jurídica del sistema tributario colombiano.

Y es precisamente por ello que en la Línea de Investigación en Derecho Tributario del CEEF de la Universidad Externado de Colombia nos propusimos articular la docencia con uno de los baremos básicos de cualquier investigación: la artesanía intelectual.

En ese contexto, y a partir del especial entusiasmo e interés que las doctoras Victoria Hoyos y Adriana Plazas desarrollaron en la materia "Personas naturales" de la Especialización en Derecho Tributario de la Universidad Externado de Colombia, y en el Programa de Maestría, decidimos impulsar el proyecto de investigación que deriva en esta obra que tengo el honor de presentar.

Conforme a lo expuesto, y partiendo de la humildad que permea todo ejercicio científico, esta publicación, cuyo destinatario principal son los alumnos en cualquiera de los niveles de formación (pregrado, especialización y maestría), tiene el objetivo de abarcar no solo a quienes, ya sea por curiosidad intelectual o por motivos profesionales, se interesan en el tema tributario, sino a la ciudadanía en general, la cual encontrará en él una articulación que no se puede perder en cualquier ejercicio de docencia e investigación: la teoría y la práctica.

Es así como, con rigor y compromiso, y mediante casos prácticos, las autoras presentan los diferentes instrumentos sustanciales y de gestión (liquidación privada) que conforman la estructura del impuesto sobre la renta de personas naturales y asimiladas, así como las problemáticas que subyacen a su aplicación, sin perder de vista la reforma tributaria incorporada en la Ley 2227 de 2022 que fue aprobada en diciembre pasado por el Congreso de la República.

En el marco de lo anterior, esperamos que este texto –como cualquier ejercicio de investigación– contribuya a sentar las bases para fomentar el debate y servir de referente al mejoramiento de la política pública, y en particular fiscal, la cual, como queda demostrado con la constante improvisación, no arroja un sistema estable que, como lo señalamos, cobra especial importancia al ser una de las primeras percepciones del ciudadano frente a los elementos que criban al enaltecimiento de la cultura tributaria.

Finalmente, solo me resta manifestar mi profundo agradecimiento y mis sentimientos de admiración por las doctoras Victoria Hoyos y Adriana Plazas, quienes continuarán en sus clases abordando esta problemática y, dadas las dinámicas planteadas y los constantes cambios, afinando esta obra que seguramente tendrá una nueva edición. Así las cosas, como director de la línea de investigación, y como testigo de su crecimiento académico y profesional, me siento más que orgulloso de ellas. Esperamos su recibo en la comunidad y estaremos con humildad atentos a sus comentarios u observaciones.

Roberto Carlos Insignares Gómez
Director de la Línea de Investigación en Derecho Tributario
CEEF, Departamento de Derecho Fiscal, Universidad Externado de Colombia
Febrero de 2023

AGRADECIMIENTOS

Agradecemos especialmente a los asistentes de investigación María del Pilar Betancourt, María Camila Acuña, Juan Sebastián Lizarazo y Alejandra Reinoso. A los profesores Roberto Insignares y Olga Lucía González, parte fundamental de esta obra, por la oportunidad de integrar un maravilloso equipo académico y por acompañarnos con sus consejos y contribuciones. A nuestros familiares por la comprensión y el apoyo al emprender la satisfactoria y exigente labor de investigar y escribir. A nuestros alumnos por ser el gran motivo inspirador de este estudio.

PRÓLOGO

Entre las actividades académicas, la investigación es uno de los pilares fundamentales para desarrollar el objetivo y el propósito que guía la misión de nuestra casa de estudios, por ello hace más de veinte años el Departamento de Derecho Fiscal de la Universidad Externado de Colombia se propuso reflexionar alrededor de los temas de mayor impacto en materia fiscal, mediante estudios críticos del marco normativo, y los desarrollos doctrinales y jurisprudenciales de las temáticas que regulan los ingresos tributarios y el gasto público.

En el marco de este propósito el equipo de docentes del departamento vinculados al Centro Externadista de Estudios Fiscales (CEEF) han abordado desde su formación académica, su experiencia docente y su experticia profesional, el análisis de las problemáticas de la tributación interna e internacional desde diferentes ópticas.

Con el compromiso de aportar al debate jurídico, las docentes-investigadoras Adriana Plazas Cadena y Victoria Hoyos Londoño han efectuado una investigación rigurosa y profunda de uno de los tópicos estructurales de la tributación nacional, el Impuesto de Renta y Complementarios de las Personas Naturales, el cual ha tenido un desarrollo normativo complejo y disperso, en tanto en los últimos diez años las reformas tributarias han incluido permanentes modificaciones al tratamiento tributario de las rentas obtenidas por este grupo de contribuyentes. Como país hemos oscilado entre la determinación de la renta de las personas naturales, dependiendo de las condiciones del sujeto pasivo, pasando por la incorporación de sistemas alternativos de depuración, hasta la inclusión del sistema cedular, lo que ha conllevado incertidumbre en su aplicación y, por tanto, que los estudiantes, los operadores, las autoridades y los jueces demanden de la academia una investigación contextualizada, integral y detenida de la materia.

En esta obra, que me enorgullece prologar, las coautoras, Adriana y Victoria, guiadas e inspiradas por el editor y director de la línea "Análisis crítico de las fuentes del Derecho Tributario" –doctor Roberto Insignares–, responden con altura jurídica a la solicitud de la comunidad tributaria. El libro se centra en el impuesto de renta y complementarios de las personas naturales no obligadas a llevar contabilidad, para lo cual, partiendo de la teoría del hecho generador, analizan cada uno de los elementos y aspectos del impuesto y examinan de forma pormenorizada la determinación cedular del impuesto: cédula general –rentas de trabajo, rentas de capital, rentas no laborales–; cédula de pensiones y cédula o impuesto a los dividendos, y para ello, entre otros aspectos, elaboran un recuento histórico de su regulación, exponen las consideraciones que les ameritan las disposiciones, las consecuencias jurídicas, las implicaciones prácticas y los desarrollos de la doctrina oficial, de la jurisprudencia y de los diferentes documentos, respecto de las rentas que conforman cada una de las cédulas y los ingresos que las integran, así como las reglas de depuración previstas en cada caso; igualmente, se detienen en las principales consideraciones del impuesto complementario de ganancias ocasionales, el cual, al igual que el de renta, analizan desde la teoría del hecho generador.

Este libro, editado por la Universidad Externado de Colombia, aborda con rigor un tema puntual, transcendental para las finanzas del país y para el derecho tributario. Es un aporte que el Departamento de Derecho Fiscal entrega para el debate, cumpliendo así el compromiso académico que nos impusimos, y constituye desde ya una "doctrina de autoras" que apoyará la docencia, generará nuevos conocimientos y, por ende, contribuirá a continuar consolidando la excelencia de nuestra unidad académica.

Olga Lucía González

INTRODUCCIÓN[1]

La presente obra constituye una herramienta académica para el estudio, entendimiento, conceptualización y problematización del régimen impositivo del impuesto sobre la renta y complementarios aplicable a las personas naturales no obligadas a llevar contabilidad, inspirada en las guías de trabajo académico y la experiencia en la docencia que han tenido las autoras a nivel de especializaciones y maestrías en Derecho Tributario.

La metodología se basó en el análisis del tributo a la luz de la teoría del hecho generador, para lo cual se abordó de manera ordenada y sincronizada el aspecto objetivo del impuesto, y se estudiaron sus elementos materiales, espaciales, temporales y cuantitativos, así como su aspecto subjetivo, hasta llegar a la explicación del sujeto activo y el sujeto pasivo que integran la obligación tributaria.

La investigación se inicia con el estudio de las normas de carácter legal y reglamentario que regulan el régimen impositivo, la doctrina oficial emitida por la Dirección de Impuestos y Aduanas Nacionales (DIAN), cuya importancia es incuestionable, y los pronunciamientos jurisprudenciales de las altas Cortes (Consejo de Estado y Corte Constitucional) que han influido de manera directa en ciertos aspectos del impuesto sobre la renta y complementarios aplicable a las personas naturales no obligadas a llevar contabilidad. Así mismo, se acudió al contenido de algunas temáticas propias de otros ordenamientos, como el Código Civil, la Ley 100 de 1993 y el Estatuto Orgánico del Sistema Financiero, para brindar un mejor entendimiento a los asuntos que inciden en la depuración del impuesto sobre la renta de las personas naturales, con el fin de complementar el análisis en materia tributaria.

Esta investigación le permitirá al lector, y a la comunidad académica en general, comprender en detalle el régimen impositivo del impuesto sobre la renta y complementarios aplicable a las personas naturales no obligadas a llevar contabilidad, valorar sus principales problemáticas, adquirir herramientas para fijar su propio criterio, aplicar con mayor fluidez los cambios normativos y tomar decisiones basadas en una información adecuada y veraz.

---

1 Esta obra, fundamentalmente de naturaleza académica, expresa el análisis y aportes de Adriana Plazas (coautora) sobre las fuentes de información públicas y disponibles relacionadas con los asuntos tratados, por lo que debe entenderse que sus opiniones no representan necesariamente la posición institucional de la DIAN, entidad a la cual está vinculada.

CAPÍTULO I.

Consideraciones generales del impuesto sobre la renta de las personas naturales

Teniendo en cuenta que la política fiscal es una rama de la política económica que le permite al gobierno destinar a la producción, al empleo y a otros aspectos directamente relacionados con la economía de la nación, los recursos provenientes de sus ingresos, diversos organismos, entre ellos la Organización para la Cooperación y Desarrollo Económicos (OCDE), han promovido una perspectiva adicional al señalar que la política fiscal de un país debe promover el desarrollo económico y social, combatir la pobreza y generar una mayor igualdad de oportunidades.

Es así como el gobierno toma decisiones relacionadas con los propósitos establecidos en un determinado contexto socioeconómico y político, y en ese sentido una política fiscal puede ser "expansiva", al incluir medidas que aumenten la demanda agregada a través del incremento del gasto público, o "restrictiva" si contempla un menor gasto que lleve a la reducción de la demanda. Las metas económicas y macroeconómicas definidas por el gobierno también dependen de las circunstancias del país, pues a corto plazo las prioridades pueden dar respuesta a una situación específica, como un desastre natural, y a largo plazo a una necesidad como de dotar de recursos una región, mejorar el nivel de desarrollo e industrialización en sectores económicos diversos, en aras de una menor dependencia de alguno de ellos en particular.

Aunque la política fiscal, las finanzas públicas y la hacienda pública son aspectos económicos complementarios del Estado, son del todo diferentes. La hacienda pública se refiere a las finanzas del sector público, es decir, a la asignación óptima de los ingresos y gastos estatales, lo que a su vez comprende el conjunto de las actividades económicas desarrolladas por el sector público, incluyendo la recaudación y los gastos de los fondos públicos (tesoro público o fisco).

Sin perjuicio de las diferentes teorías, en esta investigación entendemos la política fiscal del Estado como el conjunto integrado de principios, objetivos, estrategias y decisiones, con una determinada orientación económica, que responden al proyecto político de un gobierno, en virtud del cual se ejecutan diversas medidas fiscales que incorporan aspectos como la recaudación del tributo, los bienes del Estado (fisco), el gasto y la deuda.

Uno de los retos más importantes para cualquier gobierno es tomar decisiones de política fiscal que contribuyan al equilibrio de las finanzas públicas y al buen desempeño económico del país. Por supuesto, en el marco de ese propósito intervienen diversos factores que pueden afectar la sostenibilidad y estabilidad económica, algunos de manera imprevisible, como la pandemia del Coronavirus COVID-19 que durante los años 2020 y 2021 deterioró los ingresos con consecuencias económicas desfavorables como resultado del aislamiento social y las diversas medidas adoptadas por los gobiernos para conjurar y prevenir los efectos adversos de la pandemia.

En ese contexto, ante el complejo escenario de la pandemia se incrementó de forma desmedida el gasto público, especialmente en cobertura sanitaria, seguridad alimentaria y atención a los sectores y poblaciones más vulnerables.

A pesar de esa situación atípica para las economías nacionales, las crisis han persistido, y para afrontarlas los Estados han puesto en marcha políticas fiscales con el fin de estabilizar la sostenibilidad de la deuda, regular la incertidumbre de los inversionistas y controlar los riesgos del mercado, así como la inflación y el desempleo, para lo cual han debido acudir a los impuestos y los gastos.

Durante los últimos veinte años los gobiernos han aprobado reformas tributarias encaminadas a incrementar el recaudo de los impuestos, su competitividad y eficiencia; sin embargo, en los últimos cinco años los ingresos han mantenido un déficit cíclico producto del derrumbe de las rentas petroleras, por lo que el recaudo sigue siendo un reto para los gobiernos que buscan mostrar cambios importantes en las estadísticas.

El panorama de los gastos es similar, aunque presenta mayores complejidades, teniendo en cuenta que, según datos del Ministerio de Hacienda y Crédito Público, tres cuartas partes de los giros se destinan al financiamiento de programas básicos a cargo del Estado[2] y el resto está orientado a la inversión y los intereses de la deuda.

A partir de ese contexto, Colombia se ha situado por debajo de la media de la región de los países de la OCDE, lo cual, por supuesto, ha alentado también la necesidad de hacer ajustes fiscales mediante diversas reformas tributarias, lo que ha sembrado un ambiente de incertidumbre y desconfianza generalizado que, por supuesto, afecta la economía.

---

2 Las transferencias representan el 80% del total de los programas del Gobierno y, dentro de ellas se cuentan los giros mediante el Sistema General de Participaciones (SGP) destinados a la educación básica y media, al sistema de salud, a los programas de saneamiento básico y al financiamiento del régimen público de pensiones, incluyendo los regímenes especiales del Estado, entre ellos la fuerza pública y el magisterio. La mayor parte de los gastos de funcionamiento son inflexibles, y sólo un 15% aproximadamente del gasto total, referente a gastos de inversión, es discrecional para el Gobierno.

En Colombia la política impositiva para las personas naturales ha respondido, principalmente, a la búsqueda de mayor recaudo, eficiencia y progresividad del sistema. Así, entre 2013 y 2016, en el marco de la Ley 1607 de 2012 en materia de tributación de personas naturales, se implantó un sistema de tributación en el que las reglas de determinación de la renta dependían del tipo de condiciones particulares del sujeto pasivo, clasificado como i) empleado, ii) trabajador por cuenta propia y iii) otras personas naturales, con un esquema de dos sistemas alternativos frente a la depuración ordinaria del impuesto a cargo: el Impuesto Mínimo Alternativo Nacional (IMAN) y el Impuesto Alternativo Simplificado (IMAS), orientados a definir unos niveles mínimos de tributación.

Antes de dicha regulación se clasificaban las personas naturales y no las rentas o sus ingresos, por lo que se contaba con la categoría de asalariados y otras personas naturales. Así mismo, la reforma de 2012 moduló algunas modificaciones del impuesto de ganancias ocasionales, como la forma en que se determinaba la base gravable y la introducción de una tarifa general reducida.

La propuesta vigente hasta 2016 se desvaneció tímidamente con un aparente rastro de fracaso tras la resonada conclusión de la insuficiencia contributiva de las personas naturales en el recaudo total del impuesto de renta, lo que también se graficó negativamente frente al promedio de la OCDE. Con la Ley 1739 de 2014 se creó la Comisión de Expertos para la Equidad y la Competitividad Tributaria, la cual emitió una serie de documentos en los cuales se estudió el sistema tributario vigente y se plantearon diversas recomendaciones y propuestas, lo que fue cimiento determinante para el proyecto de ley presentado en el año 2016.

Hasta 2016 también estuvieron vigentes los sistemas de determinación IMAN e IMAS. El IMAN, que fue declarado exequible tras la revisión de la Corte Constitucional (Sent. C-492 de 2015), era un sistema que presumía una base mínima sobre la que se debía determinar el impuesto y era obligatorio para las personas naturales que se clasificaban como empleados; cuando el monto del impuesto calculado por el sistema ordinario resultaba menor al monto calculado por el sistema IMAN, entonces el impuesto sobre la renta era el IMAN. Por su parte, el IMAS era un sistema voluntario de determinación simplificada del impuesto sobre la renta y al que no le aplicaban los factores de depuración del impuesto por el sistema ordinario, pues el término de firmeza de las declaraciones presentada con este sistema de determinación era inferior (seis meses) a la firmeza general.

La Comisión de Expertos expuso ampliamente las diversas causas que explicaban la baja recaudación de las personas naturales, entre las cuales destacó: i) que muy pocas personas naturales tributaban dado que el ingreso a partir del cual debían hacerlo era muy elevado (doce veces más alto que el promedio de la OCDE); ii) la inexistencia del gravamen a los dividendos, los altos alivios tributarios al ahorro financiero y otros beneficios en las rentas de trabajo, de pensiones y las vigentes para ciertos cargos públicos; iii) el fuerte costo fiscal de los beneficios y tratamientos tributarios especiales; iv) la baja base y tasa de renta presuntiva, y v) las dificultades en el entendimiento y administración del sistema vigente, que además favorecía la evasión fiscal. Adicionalmente, la Comisión planteó serios cuestionamientos al esquema tributario de las personas naturales frente al principio de progresividad, y concluyó que contribuye poco a la distribución del ingreso[3].

Sin duda, aunque haya sido tomado parcialmente, el contenido del informe fue medular para los proyectos de reforma tributaria sobrevinientes. Entre sus propuestas más sobresalientes están: i) diferenciar las rentas según su naturaleza entre rentas de trabajo y otras rentas; ii) ajustar rangos y tarifas impositivas bajo lineamientos internacionales, lo que por supuesto se expresa en una reducción de la base para tributar y un incremento de las tarifas, con lo cual se aumenta sustancialmente el número de contribuyentes, aunque a tasas bajas, y se impone una mayor carga tributaria a quienes presentan una mayor capacidad económica; iii) definir un límite conjunto a las deducciones, exenciones y demás beneficios tributarios, lo que conduce a una mayor base gravable; iv) imponer límites a los gastos y costos deducibles para las rentas provenientes del desarrollo de actividades económicas, pues era evidente como forma de evasión el registro de costos inflados para reducir la renta líquida gravable; v) gravar las pensiones bajo un esquema similar al aplicable a los trabajadores asalariados; vi) ajustar la tarifa y el cálculo de la ganancia ocasional, y vii) ampliar la base para el cálculo de la renta presuntiva, así como la de la tarifa.

A partir de esos antecedentes, mediante la Ley 1819 de 2016, la cual parcialmente atendió algunas de las recomendaciones, se transformó la estructura del impuesto sobre la renta de las personas naturales, el cual mantiene su complementario a las ganancias ocasionales.

---

3 Comisión de Expertos para la Equidad y la Competitividad Tributaria. *Informe final presentado al Ministro de Hacienda y Crédito Público*, 1.ª ed., Bogotá, La Imprenta Editores, 2016.

Esta reforma dio paso a la introducción del sistema cedular para determinar la renta de las personas naturales, abandonando el sistema global vigente por tantas décadas, y eliminando la categorización prevista para las personas naturales.

De las modificaciones traídas por la Ley 1819 de 2016 para las personas naturales, estructuralmente destacan: i) la determinación de cinco cédulas según la naturaleza del ingreso; ii) la inclusión de mayores limitaciones a los beneficios tributarios (deducciones, ingresos no constitutivos de renta ni ganancia ocasional, rentas exentas a favor de las personas naturales; iii) las limitaciones especiales en la depuración de cada una de las cédulas tributarias; v) el nuevo tratamiento fiscal a los dividendos o participaciones, que incrementó la carga impositiva para las personas naturales, y vi) las limitaciones globales en las rentas exentas y deducciones, generando una mayor base gravable y, en consecuencia, permitiendo un mayor recaudo tributario. Con el mismo fin, los rangos tarifarios para determinar el impuesto evidenciaron una mayor progresividad.

De esa manera, con las reformas de 2016, 2018 y 2019 no sólo se fueron implementando radicales cambios para atender los propósitos de la política fiscal en materia económica, sino que se dieron pasos en la búsqueda de un mayor equilibrio entre la tributación directa de las personas naturales frente a las personas jurídicas, las cuales venían soportando una carga impositiva mayor, reto que aún persiste en el sistema tributario colombiano.

Para el año gravable 2020, del total del impuesto sobre la renta a cargo de los contribuyentes, la participación de las empresas fue del 73.55%, mientras que la participación de las personas naturales correspondió al 26.45%[4]. Sin embargo, los cambios normativos introducidos aún son objeto de duros cuestionamientos, dado que, entre otras cosas, siguen siendo pocas las personas naturales que soportan los progresivos cambios en el impuesto sobre la renta, a pesar de los esfuerzos que los gobiernos han puesto en formalizar la lucha contra la elusión y la evasión fiscal.

En análoga línea a la expuesta por la Comisión de Expertos, la Comisión Económica para América Latina y el Caribe (CEPAL) publicó en 2017 un estudio sobre la tributación en Colombia, en el que concluyó que era necesario fortalecer la tributación directa mediante la aminoración de la

---

4 Cifras del año gravable 2020 tomadas de las estadísticas de los tributos administrados por la DIAN, disponible en www.dian.gov.co/dian/cifras/Paginas/TributosDIAN.aspx.

carga impositiva de las empresas, gravando los ingresos por utilidades en las personas naturales y eliminando tratamientos especiales que representan desigualdades y facilitaban la evasión[5].

La Ley 1943 de 2018, que entró en vigor el 1.º de enero de 2019, posteriormente declarada inexequible por la Corte Constitucional con ocasión de la revisión de constitucionalidad en la que se advirtieron yerros de procedimiento durante el debate legislativo, en virtud de la decisión del mismo alto tribunal se mantuvo vigente para el año 2019; y la Ley 2010 de 2019, que reproduce la reforma antecesora de manera sustancial, mantiene con algunas modificaciones el sistema cedular de las personas naturales introducido con la Ley 1819 de 2016, puesto que se simplifica al introducir la cédula general que condensa las rentas de capital, las rentas laborales y las rentas no laborales; se definen nuevos rangos y tarifas progresivas, orientadas igualmente a elevar el recaudo, llegando al 39% para los contribuyentes con mayores ingresos, para acercarse así a los países de la OCDE que tienen en promedio una tasa marginal máxima del impuesto de renta personal de entre el 40 y el 45%[6], lo que también se debe observar de manera crítica, puesto que los países miembros de dicha organización, son en su mayoría desarrollados y cuentan con unas características socioeconómicas y políticas bastante distintas de las colombianas, por lo que bien se ha afirmado que no deberían ser objeto de comparación.

Para efectos prácticos, la reforma de 2018 evidenció la necesidad del gobierno nacional de fortalecer el sistema presupuestal, lo que se generaría con i) el endurecimiento del esquema tributario de las personas naturales; ii) la disminución en la tarifa de renta para las sociedades; iii) la consolidación de una propuesta "sencilla" hacia la formalización a través del Régimen Simple y la Normalización Tributaria; iv) las medidas antielusión, algunas con trascendencia penal; v) la factura electrónica, con la cual se vigorizan el control de la administración, la eficiencia tributaria y la formalización en condiciones tecnológicas más favorables, pero a la vez más exigentes, para los contribuyentes y la administración tributaria; vi) el recaudo de un nuevo impuesto nacional al consumo de bienes inmuebles, que fue declarado inexequible por violación al principio de legalidad, equidad tributaria y

---

5 T. Concha, J. Ramírez y Olga Acosta. *Tributación en Colombia, reformas, evasión y equidad*, Serie de Estudios y Perspectivas, n.º 35, CEPAL, Naciones Unidas, 2017.

6 Tomado de la figura 8 de la "Nota de la OCDE sobre la Ley de Financiamiento en Colombia".

capacidad económica de los contribuyentes, principalmente[7], y vii) incentivos tributarios, encaminados a estimular la inversión en el mediano y largo plazo, como los concedidos para las megainversiones, la economía naranja, las compañías holding y las ZOMAC, entre otros.

Sin perjuicio de las problemáticas de fondo, técnicas y prácticas, que la Ley de Financiamiento incorporaba en el nuevo mapa tributario del país, fue declarada inconstitucional por vicios de procedimiento en su formación que atacaban los principios constitucionales de publicidad y consecutividad. En consideración a la necesidad de mantener el orden constitucional y evitar eventuales traumatismos en la economía nacional, la Corte Constitucional decidió limitar el diferimiento de los efectos de su providencia al 1.º de enero de 2020; es decir que la decisión comenzaba a surtir efectos a partir de dicho término, o antes, si se expedía una nueva ley que subrogara la ley declarada inexequible, caso en el cual a partir de dicho momento sería derogada.

Subsidiariamente, la Corte previó que ante la ausencia de regulación al 31 de diciembre de 2019 se revivirían las normas derogadas por la Ley de Financiamiento, y aquellas que modificaron o derogaron las vigentes con anterioridad a la misma, con el fin de reincorporarlas al ordenamiento jurídico a partir del 1.º de enero de 2020[8].

Así las cosas, la Ley de Financiamiento estuvo vigente sólo para el año 2019 y la Ley 2010 de 2019, Ley de Crecimiento Económico, que entró a regir a partir del 1.º de enero de 2020 respondió a esa urgencia y al propósito de lograr una mayor eficiencia tributaria. A ese marco jurídico, económico y político se sumó la manifestación popular que expresó su descontento ante ciertas políticas públicas con el Paro Nacional del 21 de noviembre de 2021, lo que llevó a incluir en la nueva reforma medidas de consolación popular, como los tres días sin IVA, la compensación de ese tributo en los estratos bajos y la disminución de las tarifas de cotización a salud para los pensionados con menores ingresos. Por lo demás, con ajustes menores se reprodujo en la Ley de Crecimiento Económico lo contemplado en la Ley de Financiamiento.

Para el año 2022 se sancionó la Ley 2155 del 14 de septiembre de 2021, Ley de Inversión Social, proferida luego de una serie de protestas sociales

---

7 Corte Constitucional, Sentencia C-593 del 5 de diciembre de 2019, M. P.: Cristina Pardo Schlesinger, expediente D-13260.

8 A. Plazas y A. Ordóñez. "Análisis de los aspectos constitucionales tributarios a partir de la Ley de Financiamiento, en J. Piza y J. Castro. *La Reforma Tributaria Ley 2010 de 2019 "Ley de crecimiento económico"*, Bogotá, Universidad Externado de Colombia, 2019.

reactivas a la propuesta de reforma tributaria presentada por el gobierno del presidente Iván Duque en el primer semestre de 2021, orientada a obtener un recaudo de más de $15 billones a través del aumento de la tarifa de renta corporativa, de las estrategias de lucha contra la evasión, de la ampliación del límite de la cobertura del Régimen Simple de Tributación, permitiendo la inclusión de medianas empresas y de otras medidas, como el impuesto a la normalización tributaria y la sobretasa de renta al sector financiero. Esta ley fue el detonante de una nueva reacción social, la cual se dio en el marco de una compleja coyuntura sanitaria como la vivida por la pandemia, y planteó modificaciones importantes enfocadas en el gasto público, la reactivación económica y la inversión social.

Respecto de nuestro objeto de estudio, la Ley 2155 de 2021 no adoptó cambios relacionados con los elementos que determinan el impuesto sobre la renta y complementarios de las personas naturales; sin embargo, autorizó a la DIAN a establecer este impuesto mediante factura, la cual, conforme se reguló en el artículo 14 de la referida ley que adicionó el artículo 616-5 al Estatuto Tributario, estableció que la factura del impuesto sobre la renta constituye la determinación oficial del tributo y presta mérito ejecutivo, lo que representa un paso contundente hacia la formalización de las personas naturales, más aún cuando se prevé que quien no esté de acuerdo con la factura debe declarar y pagar el tributo incorporando en la declaración los valores reportados en el sistema de facturación electrónica, lo cual se sujeta a la reglamentación de la Unidad Administrativa Especial Dirección de Impuestos y Aduanas Nacionales (UAE-DIAN).

No obstante, vale la pena señalar que del artículo 616-5 ET se desprende el propósito claro de combatir la elusión y la evasión fiscal, al ser la administración tributaria la que determine el impuesto mediante un acto administrativo que le permite al contribuyente receptor de la factura presentar la declaración dentro de los dos meses contados a partir de la notificación, con lo cual la factura pierde fuerza ejecutoria; *contrario sensu*, de no ser presentada la declaración en el término indicado, la factura adquiere firmeza y presta mérito ejecutivo, por lo que la Administración puede proceder a su cobro coactivo.

Una vez posesionado el presidente Gustavo Petro en agosto de 2022 se radicó la más reciente reforma tributaria ("Para la igualdad y la justicia social"), que en fiel referencia a lo dicho por el Presidente en el acto de sanción de la ley, constituye una reforma enfocada en disminuir las desigualdades sociales en el país; si bien la reforma fue criticada, entre otras cosas por el impacto en el crecimiento internacional, las circunstancias difíciles en el campo económico, la caída de ventas de vivienda en Estados Unidos, la guerra en Europa, la crisis energética y la situación fronteriza en Asia, es de admitir que da respuesta a la necesidad de adoptar medidas anticíclicas, mediante las cuales el gobierno logre tener por lo menos una mejor tasa de crecimiento, lo que implica incrementar el gasto público, objeto fundamental de la reforma tributaria que se sancionó, Ley 2277 del 13 de diciembre de 2022.

De acuerdo con lo expuesto por el presidente, la adición presupuestal de la reforma tributaria se invertirá en expandir la educación pública superior, llevar a cabo la reforma agraria como instrumento productivo, fortalecer el aparato judicial, desarrollar la justicia ambiental en las selvas, propiciar la transición energética, adecuar al Estado para mejorar las finanzas públicas y fortalecer la administración tributaria a fin de disminuir sustancialmente la elusión y la evasión, todo lo cual está directamente relacionado con la estabilidad económica, la productividad, la reducción de las desigualdades y una mayor justicia social para el país.

Esta reforma introduce modificaciones en varias de las reglas para la determinación del impuesto sobre la renta y complementarios de las personas naturales no obligadas a llevar contabilidad, algunas de las cuales dan respuesta a las últimas recomendaciones de la Comisión de Expertos en Beneficios Tributarios, establecida por el gobierno colombiano en agosto de 2020, en desarrollo de los principios de progresividad y equidad tributaria. Así, en esta obra se podrá identificar que se reducen ciertos límites en materia de las rentas exentas y deducciones procedentes en la depuración cedular, sin perjuicio de la ampliación de la posibilidad de tomar deducciones por otros dependientes y por las compras de bienes y servicios soportados con factura electrónica; se establecen reglas para la estimación de costos y gastos para la cédula general y cambios en el impuesto a los dividendos, así como también se introducen modificaciones en materia de ganancias ocasionales. Sin perjuicio de que la tributación directa de las personas naturales mantiene un buen nivel de complejidad, el Gobierno se propuso imponer límites a los beneficios fiscales, los cuales principalmente eran favorables a los contribuyentes de mayores ingresos.

Así también, en la referida reforma se introdujeron normas tendientes a combatir la evasión fiscal, por ejemplo, la que establece que para efectos del impuesto sobre la renta y complementarios constituyen pagos en especie y deben reportarse como ingreso a favor del beneficiario, a valor de mercado, los que efectúe el pagador a terceras personas por la prestación de servicios o adquisición de bienes destinados al contribuyente o a su cónyuge, o a personas vinculadas con él por parentesco dentro del cuarto grado de consanguinidad, segundo de afinidad o único civil, siempre y cuando no constituyan ingreso propio en cabeza de dichas personas y no se trate de los aportes que por ley deban realizar los empleadores al Sistema de Seguridad Social Integral, al Instituto Colombiano de Bienestar Familiar (ICBF), al Servicio Nacional de Aprendizaje (SENA) y a las Cajas de Compensación Familiar (art. 29 de la Ley 2277 del 2022).

En esa misma línea, el artículo 60 ibídem, estableció que la DIAN podrá estimar topes indicativos de costos y gastos deducibles para las rentas de trabajo en un 60% de los ingresos brutos. Lo anterior, acompañado de una serie de exigencias de tipo informativo y probatorio que tendrá el contribuyente a su cargo, siempre que exceda este límite y cuente con explicaciones al respecto.

En esta reforma tributaria de 2022 también se retomó lo relativo a la facturación oficial del impuesto sobre la renta de personas naturales con miras a ajustar ciertas disposiciones dirigidas a implementar este mecanismo de determinación oficial del impuesto de una manera más apropiada, ajustada a la ley y a la Constitución Política.

Finalmente, la reforma de 2022 también incorporó beneficios puntuales que aplican a personas naturales, tales como el establecido en el artículo 28 ibídem, consistente en que las personas naturales que desarrollen actividades de hotelería, agencia de viajes, tiempo compartido y turismo receptivo, que estén obligados a presentar declaraciones de renta y complementarios, y cuenten con un establecimiento de comercio domiciliado en San Andrés Isla, Providencia y/o Santa Catalina con anterioridad al 16 de noviembre de 2020, y tengan a su cargo trabajadores residentes en estas entidades territoriales, tendrán derecho a deducir de la renta el 150% del valor de los salarios y prestaciones sociales durante la vigencia del año 2023.

De igual forma, incorporó un aporte voluntario destinado a programas sociales de reducción de la pobreza extrema, al igual que a programas de atención a las personas en condición de discapacidad física a través de sus cuidadores y al mejoramiento de la calidad de vida del adulto mayor, priorizando la población socioeconómica más vulnerable y con altos grados de discapacidad visual absoluta o parálisis que afecte a tres o más extremidades y personas con movilidad reducida.

I. ANÁLISIS DESDE LA TEORÍA DEL HECHO GENERADOR

A continuación se presenta un somero análisis del impuesto sobre la renta a la luz de la teoría del hecho generador, comenzando por el aspecto objetivo, en el marco del cual se desarrollan los elementos materiales, especiales, temporales y cuantitativos. Adicionalmente, se analiza al aspecto subjetivo para hacer referencia particular a los sujetos pasivos pues, como es sabido, el sujeto activo del impuesto es el Estado representado por el Ministerio de Hacienda, entidad que administra el impuesto a través de la DIAN, hecho que no implica mayores dificultades para su entendimiento.

En primer lugar, el *hecho generador* de los impuestos se refiere al supuesto de que su ocurrencia da lugar al nacimiento de la obligación tributaria, por lo que en materia del impuesto sobre la renta, dicho supuesto de hecho ha estado adscrito a los ingresos ordinarios y extraordinarios que generan un aumento neto del patrimonio durante un periodo gravable (comprendido entre el 1.º de enero y el 31 de diciembre de cada año gravable).

De otra parte, en lo que respecta a los *sujetos pasivos* del impuesto, es necesario precisar que este concepto alude a quienes despliegan o incurren en el supuesto de hecho que da lugar al nacimiento de la obligación tributaria y que, igual que ocurre con el hecho generador, han sido expresamente definidos en la legislación tributaria. Así las cosas, en el impuesto sobre la renta encontramos que los sujetos pasivos son las personas naturales no obligadas a llevar contabilidad, las sucesiones ilíquidas de causantes residentes en el país al momento de su muerte, y las donaciones o asignaciones modales. Nótese que si bien los tres últimos "sujetos" carecen de personalidad jurídica, lo cierto es que la legislación tributaria los ha caracterizado como vehículos generadores de renta, condición que si se cumple los convierte en sujetos pasivos del impuesto, de lo cual se deriva una serie de obligaciones formales y sustanciales para las cuales, claramente deberán ser representados por quien la ley establezca.

Por su parte, la *base gravable* del impuesto es la forma de cuantificar el hecho del que se desprende la obligación tributaria; podríamos decir que la base gravable es un fiel reflejo del hecho generador, pues a partir de él se cuantifica la base sobre la que habrá de calcularse posteriormente la tarifa respectiva.

Así las cosas, la base gravable para el impuesto sobre la renta de las personas naturales no obligadas a llevar contabilidad es la renta líquida cedular, ya sea de la cédula general o de la cédula de dividendos, las cuales deben ser objeto de aplicación de la *tarifa* respectiva que, dicho sea de paso, es progresiva, en el sentido de que aumenta a medida que también se incrementa la base gravable del impuesto, que actualmente oscila entre el 0 y el 39% (art. 241 ET); lo anterior es aplicable a la renta líquida de la cédula general, pues encontramos que la cédula de dividendos no admite costos ni deducciones (art. 330 ET), de forma que la base gravable se compone de los dividendos distribuidos como gravados o no en cabeza del accionista y, dependiendo de ello, se aplica la tarifa respectiva que en la actualidad, tras los cambios introducidos por la Ley 2277 de 2022, corresponde también a la tarifa progresiva del artículo 241 ET. Lo anterior, será ampliamente explicado en el apartado respectivo de la cédula de dividendos.

El impuesto sobre la renta y complementarios de las personas naturales no obligadas a llevar contabilidad encuentra la aproximación más cercana a su hecho generador en el artículo 26 ET, el cual establece la manera de determinar la renta líquida gravable:

> … de la suma de todos los ingresos ordinarios y extraordinarios realizados en el año o período gravable, que sean susceptibles de producir un incremento neto del patrimonio en el momento de su percepción, y que no hayan sido expresamente exceptuados, se restan las devoluciones, rebajas y descuentos, con lo cual se obtienen los ingresos netos. De los ingresos netos se restan, cuando sea el caso, los costos realizados imputables a tales ingresos, con lo cual se obtiene la renta bruta. De la renta bruta se restan las deducciones realizadas, con lo cual se obtiene la renta líquida. Salvo las excepciones legales, la renta líquida es renta gravable y a ella se aplican las tarifas señaladas en la ley.

Ninguna otra disposición tributaria prescribe cuál es el hecho generador de este impuesto, por lo que los ingresos ordinarios y extraordinarios susceptibles de producir un incremento neto en el patrimonio se erigen como la materia imponible, pues la percepción de ingresos presupone la generación de una renta.

Ahora bien, de la lectura integral de dicho artículo es posible colegir su directa relación con el impuesto sobre la renta de las personas jurídicas y no de las personas naturales, pues nótese que plantea de manera simultánea la depuración del régimen ordinario, incluyendo conceptos tales como “devoluciones, rebajas y descuentos”, “ingresos netos” y “renta bruta”, los cuales, valga señalarlo, no se encuentran en el sistema de depuración cedular (art. 336 ET) del impuesto sobre la renta aplicable a las personas naturales.

Es así como desde ya se puede advertir un vacío legislativo en cuanto al hecho generador del impuesto sobre la renta de las personas naturales no obligadas a llevar contabilidad, el cual, sin duda, genera distorsiones en la estructuración de los elementos esenciales de dicho impuesto y, en particular, en el hecho generador que, como lo ha expresado la Corte Constitucional[9] en varios de sus pronunciamientos, constituye el supuesto fáctico que da nacimiento a la obligación tributaria.

De igual manera, la misma Corporación se refirió particularmente al hecho generador del impuesto sobre la renta en la Sentencia del 29 de mayo de 2019 (Exp. D-12173)[10], en la que indicó que para el establecimiento de este impuesto se consulta la capacidad de pago del contribuyente, la cual se estima tomando en cuenta todos los ingresos que haya recibido, con independencia de su origen y durante un periodo determinado, teniendo entonces como hecho generador *los ingresos susceptibles de producir un incremento en el patrimonio*.

De otro lado, de conformidad con el artículo 5.º ET, la sujeción pasiva del impuesto comprende las personas naturales, las sucesiones ilíquidas y los bienes destinados a fines especiales en virtud de donaciones o asignaciones modales[11]; al respecto, es necesario advertir lo prescrito en el artículo 11 ET que se desarrollará más adelante: las donaciones y asignaciones modales no se comportarían como sujetos pasivos del impuesto sobre la renta en aquellos casos en que los donatarios o asignatarios las usufructúen personalmente, pues de ser así, las rentas o ganancias ocasionales se gravarán en cabeza de quien haya recibido los bienes en donación o asignación modal.

Ahora bien, en particular respecto de las personas naturales y las sucesiones ilíquidas como sujetos pasivos del impuesto, es preciso revisar el criterio de residencia fiscal en Colombia (art. 10.º ET), el cual incide en la forma de tributación, pues el residente fiscal o la sucesión ilíquida de causantes con residencia fiscal en el país al momento de su muerte están sujetos al impuesto sobre la renta y complementarios frente a sus rentas y ganancias ocasionales

---

9 Corte Constitucional. Sentencia C-333 del 17 de mayo de 2017, M. P.: Iván Humberto Escrucería Mayolo.

10 Corte Constitucional. Sentencia C-235 del 29 de mayo de 2019, M. P.: José Fernando Reyes Cuartas.

11 Artículos 1147 a 1154 del Código Civil colombiano.

de *fuente mundial*, en tanto que la falta de residencia fiscal únicamente genera la sujeción al impuesto respecto de rentas y ganancias ocasionales de *fuente nacional* (art. 9.º ET).

En relación con este punto es necesario precisar que el patrimonio informado en la declaración del impuesto sobre la renta incide en el cálculo de la renta presuntiva[12] o en una posible determinación de renta por comparación patrimonial.

Para determinar la residencia fiscal en Colombia existen tres criterios: i) de permanencia, aplicable a cualquier persona natural sin tener en cuenta su nacionalidad; ii) de misión en el servicio exterior, o en el servicio exterior del Estado colombiano y estar exento de tributación en el país donde se encuentre, y iii) ser nacional colombiano y cumplir con alguno de los supuestos enumeradas en los literales a) a f) del numeral 3 del artículo 10.º ET; no obstante, si es nacional y cumple con alguno de los literales referidos, de acuerdo con uno de los dos numerales establecidos en el parágrafo del mencionado artículo la persona natural no ostentará la condición de residente fiscal en el país.

La determinación de la residencia fiscal fija el primer supuesto de sujeción pasiva del impuesto, por lo que es pertinente referirse a la obligación de los potenciales sujetos pasivos de cumplir con el deber formal de declarar el impuesto sobre la renta, obligación que está formulada a partir de condiciones negativas, esto es, bajo la exigencia de los requisitos que se deben cumplir para no ser declarante del impuesto sobre la renta, motivo por el cual, en caso de no cumplirse alguno de ellos, automáticamente la persona natural, la sucesión ilíquida, la donación o asignación modal, se convierten en sujetos pasivos del impuesto, es decir, obligados a cumplir con el deber formal de declarar.

El artículo 592 ET (reglamentado por el art. 1.6.1.13.2.7 del DUR) establece cuáles son los requisitos que deben cumplir las personas naturales *no* obligadas a presentar la declaración del impuesto sobre la renta y complementarios, los cuales serán abordados con mayor detalle en apartados posteriores; sin embargo, se advierte desde ya que su exigencia varía atendiendo a si la persona natural es residente fiscal en Colombia, pues nótese que el mismo artículo establece en su numeral 2 una regla aplicable a los no residentes en

---

12 A partir de la Ley 1943 de 2018 (art. 78), la renta presuntiva será del 1.5% para el año gravable 2019 y 2020 y del 0% a partir del año gravable 2021, y los contribuyentes inscritos en el Régimen Simple de Tributación no estarán sujetos a la renta presuntiva.

el país: no estarán obligados a declarar cuando la totalidad de los ingresos de fuente nacional, en caso de haberlos percibido, hayan estado sometidos a la retención en la fuente de que tratan los artículo 407 a 411 inclusive ET, y esta se hubiese practicado.

Ahora bien, a través de su doctrina oficial en cuanto a la obligación de declarar de los no residentes, la DIAN ha tomado posiciones divergentes, llegando a considerar el *tope de consignaciones bancarias*, como lo expresó en el Concepto n.º 071921 del 5 de octubre de 2005, en el que dijo que el artículo 594-3 ET establece como medida de control tributario otras condiciones objetivas para estar obligado a presentar declaración de renta, entre ellas el monto de las consignaciones bancarias, independiente de los topes de los ingresos y el patrimonio que señalan las normas que preceden al artículo 594-3, por lo que si el contribuyente no supera los topes contemplados, pero excede los límites señalados en el artículo en cuestión, está obligado a presentar declaración de renta por el respectivo año gravable.

En el Concepto General Unificado 0912 del 19 de julio de 2018 la DIAN también consideró que, según establece el numeral 1 del artículo 592 ET, una persona natural (sea residente o no) no tendrá que declarar cuando sus ingresos sean inferiores a 1.400 UVT y el patrimonio bruto no exceda de 4.500 UVT; es claro que la norma exige que se cumplan ambas condiciones, es decir, tanto los topes para ingresos como para patrimonio, a efectos de determinar si la persona natural está o no obligada a declarar.

Las anteriores son condiciones que, en caso de que el no residente las cumpla, dan lugar a la obligación de presentar la declaración del impuesto sobre la renta. No obstante, la entidad dejó planteado en el Concepto 1364 del 29 de octubre de 2018 que aunque un no residente posea patrimonio en Colombia, ello no da lugar a que se convierta en declarante, pues lo finalmente determinante es la obtención de ingresos de fuente nacional en el país, los cuales, como se señaló en el apartado anterior, han debido estar sometidos a retención en la fuente para liberar al no residente de presentar declaración de impuesto sobre la renta en el país.

De acuerdo con el criterio de las autoras, de conformidad con el hecho generador del impuesto sobre la renta que se circunscribe a la percepción de ingresos esta posición de la administración tributaria es la más acertada, con lo cual, si un no residente fiscal i) obtiene ingresos de fuente nacional sometidos en su totalidad a retención en la fuente, o ii) no percibe ingresos de fuente nacional, no habría por qué considerar algún otro criterio para convertirlo en declarante del impuesto en Colombia.

En relación con la causación del impuesto sobre la renta, entendido como un impuesto de periodo cuya exigibilidad ocurre el 31 de diciembre de la respectiva vigencia fiscal, es menester advertir que los ingresos llamados a conformar la base gravable serán todos aquellos percibidos en efectivo o en especie durante el año gravable (bajo el sistema de caja según el artículo 27 ET), excepción hecha de ciertos eventos económicos en los cuales se establecen momentos especiales para que fiscalmente se pueda entender percibido el ingreso, por ejemplo: i) los ingresos provenientes de venta de inmuebles, cuyo momento de realización es la fecha de la escritura pública de compraventa; ii) los ingresos por concepto de dividendos o participaciones, los cuales se entienden realizados cuando hayan sido abonados en cuenta en calidad de exigibles, y iii) los ingresos por concepto de auxilio e intereses a las cesantías, que se entienden realizados en el momento del pago del empleador al trabajador o en el momento de consignación al fondo de cesantías.

Previo al inicio del presente capítulo realizamos una nota aclaratoria referente únicamente al "impuesto sobre la renta" sin mencionar el impuesto complementario de ganancias ocasionales, dado que este será estudiado y analizado a profundidad de manera independiente en el Capítulo v del presente libro. Así las cosas, el hecho generador del impuesto es el presupuesto establecido por el legislador que marca el nacimiento de la obligación tributaria, motivo por cual es uno de los elementos que, como resulta lógico, hace parte del tributo.

A. ASPECTO MATERIAL

En las normas tributarias no se establece de manera precisa lo que es el impuesto sobre la renta, pues lo que hace el artículo 26 ET es definir la manera como se determina la renta líquida gravable. Por esa razón, a juicio de las autoras, el impuesto sobre la renta es un tributo que se concentra en gravar el hecho de que una persona natural obtenga ingresos que constituyen un potencial y no efectivo enriquecimiento.

En primer lugar, es necesario referirse al artículo 26 ET, el cual ha sido la fuente normativa por excelencia para entender el hecho generador del impuesto sobre la renta de las personas obligadas a llevar a contabilidad y también para las personas naturales no obligadas a llevar contabilidad.

De tal disposición se desprende que el impuesto sobre la renta se genera por la obtención de ingresos ordinarios y extraordinarios, realizados durante el periodo gravable, que sean susceptibles de producir un incremento neto en el patrimonio al momento de su percepción.

Frente a este particular es importante precisar que el artículo referido no solo permite desentrañar el hecho generador del impuesto, sino que también establece un orden de depuración de los ingresos, el cual no será abordado en el presente libro, pues la depuración que plantea esta disposición es propia y/o aplicable al impuesto sobre la renta de personas naturales o jurídicas *obligadas a llevar contabilidad* y, como tendremos la oportunidad de explicar en el capítulo II, en lo que respecta a las personas naturales no obligadas a llevar contabilidad, la depuración de los ingresos, y específicamente la determinación del impuesto, se realiza a través del sistema cedular que se ha venido implementando en la legislación colombiana tras la reforma tributaria (Ley 1819 de 2016) modificada a través de reformas posteriores (Leyes 1943 de 2018 y 2010 de 2019).

Continuando con el análisis de lo que se entiende por incremento neto del patrimonio, el artículo 1.2.1.7.1 del DUR, cuya definición está atada al ingreso susceptible de capitalización *aun cuando no se haya realizado efectivamente al fin del ejercicio*, fue diseñado para los contribuyentes obligados a llevar contabilidad, lo que permite concluir que la técnica legislativa empleada no considera el sistema de reconocimiento de los ingresos aplicable a las personas naturales no obligadas a llevar contabilidad, tal como se profundizará más adelante.

Ahora bien, el mismo artículo del DUR dispone que no son susceptibles de producir un incremento neto del patrimonio los ingresos por reembolso de capital o indemnización por daño emergente, concepto que podría encajar con mayor atino en el caso de las personas naturales no obligadas a llevar contabilidad, las cuales bien podrían ser beneficiarias de una indemnización por daño emergente y que, como lo indica el decreto reglamentario, ingreso que no tendría ni siquiera la vocación de generar un incremento neto del patrimonio, motivo por el cual es posible comprender ahora por qué el artículo 45 ET establece como un ingreso no constitutivo de renta ni ganancia ocasional las indemnizaciones recibidas por concepto de daño emergente, tratamiento exceptivo que en todo caso será abordado a profundidad en el capítulo II.

Nótese cómo para el hecho generador del impuesto sobre la renta se observan disposiciones que en su mayoría fueron diseñadas exclusivamente para aquellos obligados a llevar contabilidad, sin que, por lo tanto, se incluyan disposiciones diseñadas para abarcar en mayor medida el hecho generador desde el ámbito de las personas naturales no obligadas a llevar contabilidad, lo cual le facilitaría al intérprete una mayor comprensión de las normas vigentes que les aplica.

B. ASPECTO ESPACIAL

En lo que tiene que ver con este aspecto vale la pena señalar que el impuesto sobre la renta es de carácter nacional y grava la obtención de ingresos percibidos por las personas naturales residentes en el territorio colombiano, caso en el cual, deben tributar por sus rentas de fuente mundial, tal como se profundizará en el desarrollo del "elemento subjetivo" del capítulo II.

Ocurre con regularidad el hecho de que una persona natural se vea incursa en conflictos de doble tributación internacional debido a que el Estado de la residencia exige el pago de impuestos sobre sus rentas de fuente mundial y, a su vez, el Estado de la fuente persigue la tributación sobre las mismas rentas por tratarse de rentas de fuente local de dicho Estado.

C. ASPECTO TEMPORAL

Partiendo de que este aspecto se refiere al momento de causación de la obligación tributaria, es necesario señalar que el impuesto sobre la renta es un impuesto de periodo, dado que se causa al 31 de diciembre de cada vigencia fiscal[13], hecho que se desprende de la lectura del artículo 26 ET, motivo por el cual, con corte a cada año fiscal o periodo gravable, el Estado colombiano adquiere la potestad de exigir la declaración y pago del impuesto sobre la renta en cabeza de las personas naturales no obligadas a llevar contabilidad, siempre y cuando, claro está, cumplan con las condiciones legales para comportarse como sujetos pasivos del impuesto y estar obligadas a presentar la respectiva declaración.

---

13 De conformidad con el artículo 1.6.1.5.7 del DUR, se tendrán como equivalentes las expresiones, año o período gravable, ejercicio gravable y año, período o ejercicio impositivo o fiscal.

Siendo entonces la regla general que el impuesto sobre la renta es de periodo y se causa al finalizar cada vigencia fiscal, vale la pena analizar ahora cuáles son los eventos en los que dicha regla se altera, esto es, que el impuesto se podría liquidar, declarar y pagar en un momento diferente a la terminación del periodo fiscal.

Para ello es necesario acudir al artículo 1.6.1.5.7 del DUR, el cual confirma que el periodo o ejercicio impositivo en materia del impuesto sobre la renta comienza el 1.º de enero y termina el 31 de diciembre, y que, no obstante, en los siguientes eventos se podrán comprender lapsos menores: i) sociedades que se constituyan dentro del año, caso en el cual el ejercicio se inicia a partir de la fecha de la escritura pública de constitución, y ii) extranjeros que lleguen al país o se sustenten de él durante el respectivo año gravable, evento en el cual este comienza o termina en las respectivas fechas de llegada y salida.

En lo que respecta a la sociedades no profundizaremos, dado que el presente libro versa sobre personas naturales no obligadas a llevar contabilidad. Ahora bien, nótese que en relación con los extranjeros se puede presentar una excepción al periodo fiscal del año de causación del impuesto, especialmente en aquellos eventos en que los extranjeros lleguen al país o se ausenten de él durante la respectiva vigencia fiscal, lo cual se debe entender como aquellos casos en los que el extranjero adquiere la residencia fiscal de conformidad con lo establecido en el artículo 10.º ET, aspecto que se profundizará en el acápite "Elemento subjetivo", pero que, en todo caso, permite entender que para los extranjeros el periodo gravable podría estar comprendido entre la fecha de ingreso al país y la fecha de salida.

Lo anterior, salvedad hecha del Oficio n.º 19755 de 2019 emitido por la DIAN, según el cual lo establecido en el artículo 1.6.1.5.7 del DUR en relación con los "extranjeros" se debilitó, por cuanto a partir de la Ley 1607 de 2012 se debe tener en cuenta el criterio de residencia y no el de nacionalidad.

D. ASPECTO CUANTITATIVO

1. MEDICIÓN DEL INGRESO POR EL SISTEMA DE CAJA

Es necesario precisar que las personas naturales no obligadas a llevar contabilidad deben realizar sus ingresos a través del conocido sistema de caja, según el cual, como se menciona en el artículo 27 ET, los ingresos se entienden realizados cuando se reciben efectivamente en dinero o en especie, de forma que equivalgan legalmente a un pago, o cuando el derecho a exigirlos se extingue por cualquier otro modo distinto al pago, como es el caso de las compensaciones o confusiones.

Ahora bien, según el artículo 1724 del Código Civil: "Cuando concurren en una misma persona las calidades de acreedor y deudor, se verifica de derecho una confusión que extingue la deuda y produce iguales efectos que el pago".

Por su parte, el artículo 1714 del mismo Código Civil establece que la confusión se presenta: "Cuando dos personas son deudoras una de otra, se opera entre ellas una compensación que extingue ambas deudas, del modo y en los casos que van a explicarse".

Nótese que la persona natural puede ver extinguidas las obligaciones sin que ello necesariamente implique recibir recursos en dinero o en especie pues, en el caso de la compensación, las deudas recíprocas con otra persona se extinguen por ministerio de la ley hasta la concurrencia de valores, y en el caso de la confusión la obligación se extingue con los mismos efectos del pago, porque en una misma persona se reúnen simultáneamente las calidades de acreedor y deudor. Lo anterior fue resaltado por el Consejo de Estado mediante la Sentencia con Expediente 23727 del 18 de marzo de 2021.

En ese sentido, y siguiendo en orden el análisis del artículo 27 ibídem, los pagos realizados por anticipado a las personas naturales no obligadas a llevar contabilidad y que correspondan a rentas no realizadas sólo se gravarán en el año o período gravable en que se realicen.

Aquí es necesario destacar lo que se entiende por realización de las rentas en el ámbito de las personas naturales no obligadas a llevar contabilidad pues, como resulta lógico, esta terminología suele ser propia de criterios contables.

El Consejo de Estado se pronunció al respecto en la Sentencia Expediente 23558 del 30 de julio de 2020, dejando claro que, de acuerdo con el artículo 27 ET, los pagos recibidos por anticipado son desembolsos de dinero que corresponden a rentas no causadas, entendiendo a su vez por rentas no causadas aquellas que recibe el vendedor sin que haya entregado el bien, o el prestador del servicio sin que lo haya prestado o, en términos generales, cuando no se haya verificado la circunstancia que permite exigir el respectivo cobro.

De conformidad con lo anterior, ante un pago recibido por anticipado por una persona natural no obligada a llevar contabilidad, se habrá de aplicar lo que contablemente se denomina registro de un pasivo diferido en el patrimonio, el cual se podrá reconocer como ingreso una vez se realice la respectiva renta.

Es importante precisar que el anterior planteamiento es armónico con lo dispuesto en el artículo 58 ET, según el cual, para los contribuyentes no obligados a llevar contabilidad se entienden realizados los costos legalmente aceptables cuando se paguen efectivamente en dinero o especie, o cuando su exigibilidad termine por cualquier otro modo que equivalga legalmente a un pago, y a continuación el mismo artículo prescribe que los costos incurridos por anticipado sólo se deducen en el año o período gravable en que se preste el servicio o se venda el bien.

Sin duda, el artículo 58 aclara con mayor atino cuándo se entiende realizada la renta para las personas no obligadas a llevar contabilidad, pues puntualmente permite que los costos se detraigan en el periodo gravable en el cual se preste el servicio o se venda el bien, a pesar de que dichos costos hayan sido asumidos y/o pagados en un año diferente.

2. EXCEPCIONES AL SISTEMA DE CAJA EN LAS PERSONAS NATURALES

Ahora bien, en el sistema de caja que aplica a las personas naturales no obligadas a llevar contabilidad proceden algunas excepciones debidamente descritas en el propio artículo 27 ET, y que básicamente se refieren a: i) los ingresos por concepto de dividendos o participaciones en las utilidades, los cuales solo se entenderán realizados cuando hayan sido abonados en cuenta en calidad de exigibles; ii) los ingresos derivados de la venta de bienes inmuebles, que se entenderán realizados en la fecha de la escritura pública correspondiente, y iii) los ingresos por concepto de auxilio de cesantías y los intereses sobre cesantías, que se entenderán realizados en el momento del pago del empleador directo al trabajador o en el momento de consignación al fondo de cesantías.

Por su parte, el auxilio de cesantías del régimen tradicional del Código Sustantivo del Trabajo (CST) se entenderá realizado con ocasión de su reconocimiento por el empleador. Para el efecto el trabajador reconocerá cada año gravable el ingreso por auxilio de cesantías, tomando la diferencia resultante entre los saldos a 31 de diciembre del año gravable materia de declaración del impuesto sobre la renta y complementarios y el del año inmediatamente anterior. En caso de retiros parciales antes del 31 de diciembre de cada año se adiciona el valor correspondiente.

Debido a su íntima relación con lo que se viene analizando es preciso traer a colación la Sentencia con Expediente 23727 del 18 de marzo de 2021, mediante la cual el Consejo de Estado analizó los dos regímenes de cesantías vigentes en materia de derecho laboral: i) el régimen tradicional o de cesantías retroactivas previsto en el Capítulo VII del Título VIII de la Parte Primera del CST, aplicable para los contratos de trabajo celebrados antes del inicio de la vigencia de la Ley 50 de 1990, y ii) el régimen especial, o de cesantías anualizadas, que corresponde a las reguladas por la Ley 50 de 1990, en el que existe la obligación de liquidarlas al 31 de diciembre de cada año para posteriormente consignarlas en un fondo elegido por el empleado; este régimen es de obligatorio cumplimiento en todos los contratos laborales celebrados con posterioridad al inicio de la vigencia de esa ley.

En el primer régimen es claro que el hecho de que el empleador reconozca las cesantías a sus empleados a través del giro al fondo de cesantías, lo cual se establece en las normas demandadas (art. 2.1.120.7 del Decreto 1625 de 2016, modificado por el artículo 6.º del Decreto 2250 de 2017), no contraría las disposiciones superiores en materia de realización del ingreso, pues la persona natural dispone de los recursos a título de cesantías desde el momento en que el empleador las gira al fondo.

Ahora bien, frente al segundo régimen, el Consejo de Estado establece que resulta claro que las cesantías sólo se le reconocen al trabajador y se le pagan directamente cuando se termina el contrato laboral o cuando el empleado solicita retiros parciales. En tal sentido, las normas reglamentarias demandadas (parágr. 1.º del art. 1.2.1.20.7 del Decreto 1625 de 2016, modificado por el art. 6.º del Decreto 2250 de 2017) vulneran las disposiciones superiores, pues le exigen al empleado realizar un reconocimiento de las cesantías cada año tomando la diferencia resultante entre los saldos a 31 de diciembre del año gravable materia de declaración del impuesto sobre la renta y complementario, y el del año inmediatamente anterior. Ello, a pesar de que la propia norma laboral solo admite el reconocimiento de las cesantías en este régimen cuando se termina el contrato.

Lo que se puede concluir es que la sentencia analizó la legalidad de las normas reglamentarias vigentes anteriormente, cuyo contenido se encuentra actualmente reproducido a nivel legal en el artículo 27 ET, por lo que bien se podría concluir que al convertirse en disposición legal cobra vigor propio, lo cual puede terminar siendo un resultado desafortunado frente al análisis realizado por el Consejo de Estado.

De otro lado, sea del caso advertir desde ya que existen ciertos regímenes especiales de cesantías en los cuales la realización de las cesantías no corre la misma suerte de la regla general. Este es el caso, por ejemplo, de los regímenes especiales de cesantías del sector público que se manejan a través de fondos de carácter público, como el Fondo Nacional de Prestaciones Sociales del Magisterio (FOMAG) o el Fondo de Bienestar Social de la Contraloría General de la República, debido a que no están contemplados en el supuesto señalado en el artículo 1.2.1.20.7 del Decreto 1625 de 2016. Al respecto se ha pronunciado la DIAN en su doctrina oficial[14].

En relación con el auxilio de las cesantías y sus intereses se profundizará en el Capítulo II, dado su carácter de renta exenta (num. 4.º del art. 206 ET).

3. BASE GRAVABLE Y TARIFA

Es claro que la base gravable del impuesto sobre la renta tiene una relación inescindible con el hecho generador del impuesto, dado que se trata de los ingresos que generan un aumento neto del patrimonio; no obstante, el legislador ha previsto unos montos a partir de los cuales la renta líquida gravable obtenida tras las depuraciones procedentes de ley, tendrá asignada una tarifa progresiva que va aumentando a medida que también aumenta la base gravables, a saber:

Rangos UVT		Tarifa marginal %	Impuesto
Desde	Hasta		
>0	1.090	0	0
>1090	1.700	19	(Base Gravable en UVT menos 1.090 UVT) x 19%
>1700	4.100	28	(Base Gravable en UVT menos 1.700 UVT) x 28% + 116 UVT
>4100	8.670	33	(Base Gravable en UVT menos 4.100 UVT) x 33% + 788 UVT
>8670	18.970	35	(Base Gravable en UVT menos 8.670 UVT) x 35% + 2.296 UVT

14 DIAN. Oficio 027408 del 2 de noviembre de 2019 y Concepto 1364 de noviembre de 2018.

>18970	31.000	37	(Base Gravable en UVT menos 18.970 UVT) x 37% + 5.901 UVT
>31000	En adelante	39	(Base Gravable en UVT menos 31.000 UVT) x 39% + 10.352 UVT

II. ELEMENTO SUBJETIVO

A. SUJETO ACTIVO

En general se denomina sujeto activo a quien tiene la condición de acreedor de una prestación pecuniaria en que se materializa una obligación. Tratándose de la obligación tributaria sustancial, la cual, en sintonía con el artículo 1.º ET, "se origina al realizarse el presupuesto o los presupuestos previstos en la ley como generadores del impuesto y ella tiene por objeto el pago del tributo", se presenta una relación jurídica o vínculo entre dos sujetos: el sujeto activo y el sujeto pasivo.

Como acreedor de la obligación tributaria el *sujeto activo* tiene la potestad constitucional y legal de exigir coercitivamente al *sujeto pasivo* el pago del tributo, pues a él le corresponde cumplir con la obligación tributaria una vez realizado el hecho generador, momento en el cual adquiere la condición de deudor. Sin perjuicio de lo definido, el alcance conceptual del sujeto activo comprende además la administración de los tributos, el recaudo y la ejecución presupuestal[15].

En materia tributaria el sujeto activo, o acreedor, es el Estado colombiano, el cual está representado por los correspondientes órganos y dependencias del orden nacional y territorial. En cabeza de la Dirección de Aduanas e Impuestos Nacionales (DIAN), entidad adscrita al Ministerio de Hacienda y Crédito Público, constituida como Unidad Administrativa Especial, con jurisdicción en todo el territorio nacional, está la función, potestad y responsabilidad de garantizar la seguridad fiscal y la protección del orden público económico en nombre de la nación.

En ejercicio de sus amplias facultades, la DIAN debe garantizar el cumplimiento de las obligaciones tributarias, aduaneras y cambiarias en el marco de la ley y la Constitución. Ahora bien, tratándose de sus competencias, y acotando lo pertinente a nuestro objeto de estudio, en virtud del artículo 1.º

15 Corte Constitucional. Sentencia C-009 del 23 de enero de 2003, expediente D-4093, M. P.: Jaime Araújo Rentería.

del Decreto 1292 de 2015 es función de la Unidad Administrativa Especial de la Dirección de Aduanas e Impuestos Nacionales (UAE-DIAN) administrar el impuesto de renta y complementarios.

Así, la UAE-DIAN está facultada para llevar a cabo las funciones de recaudo, fiscalización, liquidación, discusión, cobro, devolución, sanción, y las que se requieran para el cumplimiento de las obligaciones tributarias que le competen.

Sin perjuicio de las potestades que recaen en el sujeto activo de la obligación tributaria, es preciso destacar que la Constitución ha fijado un especial y estricto marco para la definición de los tributos, facultad que está en cabeza del legislativo y, excepcionalmente, del ejecutivo.

B. SUJETOS PASIVOS

Como hemos indicado, al configurarse la obligación tributaria emerge un vínculo jurídico por medio del cual el Estado se hace acreedor y se atribuye la potestad de exigir del sujeto pasivo una prestación de *hacer*, lo que podríamos equiparar a presentar declaraciones de impuestos bajo determinados presupuestos y deberes: de *dar*, lo que corresponde en principio a pagar una suma de dinero, si hay lugar a ello, y de *no hacer*, encarnado principalmente en evitar la evasión o el fraude fiscal.

Por realizar el hecho generador definido en la ley el sujeto pasivo asume la condición de deudor frente al Estado, quedando obligado a dar, hacer o no hacer frente a la imposición tributaria como el principal llamado a responder ante el sujeto activo.

El Estatuto Tributario establece las acepciones de contribuyente y responsable, de manera independiente, como sujetos pasivos. En el artículo 2.º se define el *contribuyente* o responsable directo del pago del tributo, como aquel sujeto respecto del cual se realiza el hecho generador de la obligación sustancial. En esa medida, el contribuyente "es el titular principal de la obligación tributaria" y quien soporta la carga tributaria[16]. En el artículo 3.º encontramos que, en virtud de una disposición expresa de la ley, el *responsable* es la persona que, sin tener el carácter de contribuyente, debe cumplir obligaciones[17].

---

16 S. Mauricio. *Derecho financiero y tributario*, 2.ª ed., Valencia, Tirant lo Blanch, 2019, p. 113.

17 Sin perjuicio de que el artículo 3.º ET se refiere expresamente al impuesto de timbre.

En general la ley determina en cada tributo quiénes tienen la condición de sujetos pasivos, lo cual se identifica principalmente con la realización del hecho generador, asumiendo en principio la calificación de contribuyente responsable del impuesto.

En el impuesto sobre la renta y sus complementarios el sujeto pasivo no necesariamente equivale al *contribuyente*, pues también se contempla al *responsable* que, a pesar de no ser quien realiza el hecho generador de la obligación tributaria, por mandato legal debe cumplir con ella.

De esa manera, podemos concebir un *sujeto pasivo directo*, equivalente al contribuyente responsable, quien asume los deberes materiales y formales a su cargo, siendo el titular de la capacidad contributiva correspondiente al tener la obligación de pago del impuesto[18], y un *sujeto pasivo indirecto*, entendido como aquél que cumple las obligaciones derivadas del hecho generador realizado por otra persona, en calidad de representante, actuando en su lugar, es decir, el responsable, como lo es el padre por sus hijos menores obligados a declarar, y todas aquellas personas designadas por la ley para cumplir los deberes formales de otros ante la administración tributaria.

Ahora bien, una vez identificada la condición de contribuyente es preciso comprender si es o no declarante, y para ello la Constitución Política ordena que a partir de la realización del hecho generador todos los colombianos están en el deber de "contribuir al financiamiento de los gastos e inversiones del Estado dentro de conceptos de justicia y equidad"; sin embargo, este deber es independiente de la obligación de presentar la declaración del correspondiente impuesto, lo cual no extingue el deber de pagar la carga impositiva que le corresponda al contribuyente a través del mecanismo de retención en la fuente.

Así, son *contribuyentes* todas las personas naturales (nacionales o extranjeras, residentes o no residentes), los entes asimilados a personas naturales, las sucesiones ilíquidas y las asignaciones o donaciones modales. Para determinar quiénes deben presentar la declaración de renta y complementarios es preciso acudir a los artículos 591, 592, 593 y 594-3 ET, lo cual será expuesto en el numeral 2.5 de este capítulo.

Para efectos de abordar el estudio de los sujetos pasivos del Impuesto Sobre la Renta y Complementarios es preciso comprender el concepto de residencia fiscal.

---

18 J. O. Corredor Alejo. *El Impuesto de Renta en Colombia. Parte General*, 3.ª ed., Centro Interamericano Jurídico-Financiero, 2007, p. 50.

I. RESIDENCIA FISCAL

Para determinar el alcance de la carga impositiva de las personas naturales se debe establecer su residencia fiscal en Colombia pues, de confirmarse, tendrán la obligación de tributar por las rentas de fuente mundial y por su patrimonio[19] localizado dentro y fuera del país. En cambio, el no residente fiscal en Colombia se obliga a tributar por renta territorial, comprendida por las rentas y bienes poseídos sólo en Colombia.

De forma que la residencia fiscal es un criterio de conexidad entre el sujeto pasivo del impuesto sobre la renta y el Estado colombiano, por el cual es posible identificar la clase de renta que se somete al tributo y el patrimonio que se debe incluir en la declaración. Así lo describe el artículo 9.º ET:

> Artículo 9. *Impuesto de las personas naturales, residentes y no residentes.* Las personas naturales, nacionales o extranjeras, residentes en el país y las sucesiones ilíquidas de causantes con residencia en el país en el momento de su muerte, están sujetas al impuesto sobre la renta y complementarios en lo concerniente a sus rentas y ganancias ocasionales, tanto de fuente nacional como de fuente extranjera, y a su patrimonio poseído dentro y fuera del país.
>
> Inciso 2. Derogado. Ley 1607/2012, Art. 198.
>
> Las personas naturales, nacionales o extranjeras, que no tengan residencia en el país y las sucesiones ilíquidas de causantes sin residencia en el país en el momento de su muerte, sólo están sujetas al impuesto sobre la renta y complementarios respecto a sus rentas y ganancias ocasionales de fuente nacional y respecto de su patrimonio poseído en el país.

a. PERSONAS NATURALES CON RESIDENCIA FISCAL EN COLOMBIA

Atendiendo a los estándares internacionales en la materia, el artículo 10.º del Estatuto Tributario, modificado por las Leyes 1607 de 2012 y 1739 de 2014, establece las reglas para determinar con mayor certeza la residencia fiscal de las personas naturales.

---

19 En el evento de estar obligados a tributar por el sistema de renta presuntiva.

Artículo 10. Modificado. Ley 1607/2012, Art. 2. *Residencia para efectos tributarios.* Se consideran residentes en Colombia para efectos tributarios las personas naturales que cumplan con cualquiera de las siguientes condiciones:

1. Permanecer continua o discontinuamente en el país por más de ciento ochenta y tres (183) días calendario incluyendo días de entrada y salida del país, durante un período cualquiera de trescientos sesenta y cinco (365) días calendario consecutivos, en el entendido que, cuando la permanencia continua o discontinua en el país recaiga sobre más de un año o período gravable, se considerará que la persona es residente a partir del segundo año o período gravable.

2. Encontrarse, por su relación con el servicio exterior del Estado colombiano o con personas que se encuentran en el servicio exterior del Estado colombiano, y en virtud de las convenciones de Viena sobre relaciones diplomáticas y consulares, exentos de tributación en el país en el que se encuentran en misión respecto de toda o parte de sus rentas y ganancias ocasionales durante el respectivo año o período gravable.

3. Ser nacionales y que durante el respectivo año o período gravable:

a) Su cónyuge o compañero permanente no separado legalmente o los hijos dependientes menores de edad, tengan residencia fiscal en el país; o,

b) El cincuenta por ciento (50%) o más de sus ingresos sean de fuente nacional; o,

c) El cincuenta por ciento (50%) o más de sus bienes sean administrados en el país; o,

d) El cincuenta por ciento (50%) o más de sus activos se entiendan poseídos en el país; o,

e) Habiendo sido requeridos por la Administración Tributaria para ello, no acrediten su condición de residentes en el exterior para efectos tributarios; o,

f) Tengan residencia fiscal en una jurisdicción calificada por el Gobierno Nacional como paraíso fiscal.

Parágrafo 1. Las personas naturales nacionales que, de acuerdo con las disposiciones de este artículo acrediten su condición de residentes en el exterior para efectos tributarios, deberán hacerlo ante la Dirección de Impuestos y Aduanas Nacionales mediante certificado de residencia fiscal o documento que haga sus veces, expedido por el país o jurisdicción del cual se hayan convertido en residentes.

Parágrafo 2. Adicionado. Ley 1739/2014, Art. 25. No serán residentes fiscales, los nacionales que cumplan con alguno de los literales del numeral 3, pero que reúnan una de las siguientes condiciones:

1. Que el cincuenta por ciento (50%) o más de sus ingresos anuales tengan su fuente en la jurisdicción en la cual tengan su domicilio.

2. Que el cincuenta por ciento (50%) o más de sus activos se encuentren localizados en la jurisdicción en la cual tengan su domicilio.

El Gobierno nacional determinará la forma en la que las personas a las que se refiere el presente parágrafo podrán acreditar lo aquí dispuesto.

Para una mejor comprensión y aplicación de este contenido normativo a continuación analizaremos el primer criterio dado para determinar la residencia: la permanencia física en el país.

b. PERMANENCIA FÍSICA EN COLOMBIA

Una persona natural colombiana o extranjera se considera residente al permanecer físicamente en el espacio geográfico del país por más de 183 días calendario, continuos o discontinuos, *dentro de un período cualquiera* de 365 días calendario consecutivos.

Frente al cómputo de los más de 183 días (que podemos equiparar a 184) como requisito mínimo de confirmación de la residencia, la norma señala que se cuentan tanto el día de entrada como el de salida del país, y los determina dentro de un periodo cualquiera de 365 días calendario consecutivos según la situación de cada persona natural. En primer lugar, de la norma no se infiere que para contar los 365 días se deba advertir la primera entrada al país en un período gravable, por lo que es válido considerar que cuando se presentan varios eventos el conteo se puede iniciar a partir del día de ingreso al país, o incluso de cualquier día posterior a esa fecha.

Al respecto es necesario tener en cuenta lo siguiente:

a. Los 184 días pueden ser continuos o discontinuos, por cuanto la persona natural puede presentar varias salidas e ingresos al país.

b. Los 184 días continuos o discontinuos se consideran en un periodo de 365 días, el cual no corresponde a una vigencia o período fiscal o año calendario, sino a 365 días cualquiera; es decir, que pueden ser tomados todos en un mismo año calendario o entre un año y otro.

c. Cuando los 184 días incluyen dos vigencias fiscales, la residencia fiscal se considera a partir del segundo año.

Veamos un ejemplo:

- Pablo Ruiz, artista español, ingresa al territorio colombiano el 20 de mayo de 2020 y sale el 15 de agosto de 2020. Regresa a Colombia el 2 de enero de 2021 y sale el 4 de septiembre de 2021. En su último viaje retorna a Colombia el 12 de marzo de 2022, siendo su última salida el 2 de julio de 2022.

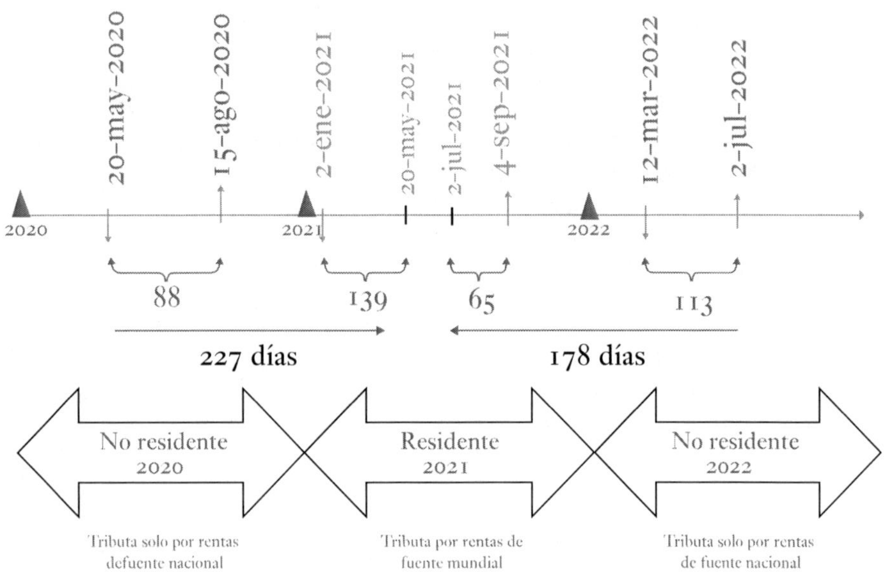

Como se advierte en la gráfica que ilustra el caso, se segmenta cada uno de los años calendario y se marca el ingreso al país con la fecha verde apuntando hacia abajo y la salida del país, con la flecha roja, hacia arriba. Al analizar la presentación de los supuestos dados, podemos llegar a las siguientes observaciones y conclusiones:

i) Los 365 días calendario cualquiera, corresponden al periodo entre el 20 de mayo de 2020 y el 20 de mayo de 2021.

ii) Los primeros 184 días, contados a partir del ingreso de Pablo se cumplieron con la sumatoria de los días en los que estuvo en el territorio colombiano durante 2010 y algunos días de su estancia durante 2021 (del 2 de enero al 7 de abril de 2021).

iii) Durante 2020 Pablo no permaneció 184 días en el territorio nacional, por lo que para 2020 no es residente en Colombia.

iv) Al cumplir los primeros 184 días en 2021, sumando días de permanencia que recaen en más de un año o período gravable, en virtud de lo definido en el artículo 10.º ET, Pablo se considera residente a partir del segundo año o período gravable, es decir, es residente para el 2021.

v) La última salida de Pablo de Colombia se dio el 2 de julio de 2022. Los 365 días calendario cualquiera se dan entre el 2 de julio de 2021 y el 2 de julio de 2022. Contando hacia atrás, la permanencia de Pablo durante ese periodo fue de 178 días, lo que no supera el requisito mínimo establecido en la norma, pues es un número de días inferior a los 184 días requeridos para ser residente. En consecuencia, para 2022 Pablo no es residente fiscal.

Por último, en cuanto a la determinación de la calificación de la residencia por efecto de la permanencia mínima establecida como el primer criterio consagrado en el artículo 10.º ET, es preciso plantear una posición doctrinal no oficial que han venido acogiendo algunas firmas en Colombia para validar la residencia en los siguientes años o períodos gravables, una vez ya se ha cumplido con la permanencia mínima por primera vez para un determinado año o período gravable.

En el ejemplo de Pablo, que es residente en 2021, en el inciso anterior se expuso que, teniendo en cuenta la última fecha de salida del país, se volvió a realizar el conteo hacia atrás para ratificar si tenía los 183 días de permanencia dentro del período de 365 cualquiera, que sería entre el 2 de julio de 2021 y el 2 de julio de 2022.

Sin embargo, la otra posición es que cuando es residente, lo cual para el caso de Pablo se dio en 2021, la persona cuenta *en cada año o período gravable* si permaneció o no más de 183 días. La justificación de esta posición es que: i) no se deberían volver a contar días que ya hicieron parte de un periodo gravable anterior y que dieron lugar a la calificación de la residencia para el anterior año gravable, y ii) una vez se califica como residente para un determinado año o período gravable, la persona natural asume las obligaciones sustanciales y formales derivadas de la residencia, las cuales, en materia de renta, están circunscritas a un periodo gravable que coincide con un año calendario que comprende del 1.º de enero al 31 de diciembre, lo que además nos conduce a considerar las retenciones practicadas en ese lapso las cuales no se podrían tomar en otro año.

Por lo anterior, según esta posición, una vez calificada como residente se debería validar cuándo la persona natural pierde esa calidad, lo que ocurriría si en los siguientes años o períodos gravables deja de permanecer en el territorio colombiano por más de 183 días.

Si bien dicha posición puede resultar práctica y clara en relación con el cumplimiento de las obligaciones sustanciales y el doble conteo de días para la calificación de la residencia cuando hay lugar a más de un año gravable, puede carecer de fundamentos normativos y doctrinales, pues la norma se refiere a un período de 365 días cualesquiera y no a un año o periodo gravable. Sin perjuicio de ello, se confirma que la discusión merece mayor especificidad de la administración tributaria a efectos de contar con una interpretación más clara de la norma que resuelva tales cuestionamientos o, si es del caso, promover un ajuste normativo.

c. Relación con el servicio exterior del Estado colombiano

El segundo criterio o condición definido en el artículo 10.º ET para determinar la residencia se refiere, sin otra condición, a la relación de las personas naturales con el servicio exterior del Estado colombiano, o de las personas del servicio exterior del Estado colombiano que están exentas de imposición sobre la renta en el país en el que se encuentren en misión en virtud de la Convención de Viena sobre Relaciones Diplomáticas y Consulares de 1963, adoptada en nuestro país mediante las Leyes 17 de 1971 y 6.ª de 1972.

d. Nacionales colombianos

El tercer criterio para determinar la residencia fiscal, contenido en el último numeral del artículo 10.º ET, se refiere a la persona natural de nacionalidad colombiana que, además, durante el respectivo año o período gravable cumpla cualquiera de las siguientes condiciones: i) que su cónyuge o compañero(a) permanente no separado(a) legalmente o los hijos dependientes menores de edad tengan residencia fiscal en el país; ii) que el 50% o más de sus ingresos sean de fuente nacional; iii) que el 50% o más de sus bienes sean administrados en el territorio colombiano; iv) que el 50% o más de sus activos se entiendan poseídos en el país; v) que habiendo sido requerido por la Administración Tributaria para ello, no acredite su condición de residente en el exterior para efectos tributarios[20], o vi) que tenga residencia fiscal en una jurisdicción calificada por el Gobierno Nacional como paraíso fiscal, equivalente a jurisdicción no cooperante, de baja o nula imposición y regímenes tributarios preferenciales.

En virtud de este criterio, para que se pueda acreditar la condición de residente fiscal deben confluir la nacionalidad y uno o varios de los supuestos señalados. Sin embargo, el artículo 25 de la Ley 1739 de 2014 adicionó al artículo 10.º ET el parágrafo 2, introduciendo dos causales de exclusión de la calidad de residente a los nacionales colombianos, a pesar de haber cumplido alguna de las condiciones establecidas en el numeral 3 del artículo 10.º ET citado: i) que el 50% o más de sus ingresos anuales tengan su fuente en la jurisdicción de su domicilio, y ii) que el 50% o más de sus activos se localice en la jurisdicción de su domicilio.

De este parágrafo, surgen oportunidades de planeación tributaria para los nacionales, pues al transferir al lugar de su domicilio fuera de Colombia la fuente de más del 50% de sus ingresos anuales o sus activos no se consideran residentes para efectos fiscales.

Como primera medida es necesario precisar qué bienes se entienden poseídos en el país y cuáles no teniendo en cuenta la calificación de residente o no de la persona natural, para lo cual es preciso acudir a los artículos 265 y 266 ET, en los que se estipula el registro de dichos bienes, y al artículo 24 que define cuáles son los ingresos que se consideran de fuente nacional. La Ley 2010 de 2019 mantuvo el cambio introducido por la Ley 1943 de 2018, vigente para el año gravable 2019, al artículo 25 ET, que consagra los ingresos que no se consideran de fuente nacional.

2. IMPLICACIONES TRIBUTARIAS DE LA RESIDENCIA FISCAL EN RELACIÓN CON EL IMPUESTO SOBRE LA RENTA Y COMPLEMENTARIOS

La condición de residente fiscal en Colombia comporta la obligación de tributar sobre la renta y complementarios, por las rentas y ganancias ocasionales, tanto de fuente nacional como de fuente extranjera, debiendo también

20 Para efectos tributarios la condición de residente en el exterior se lleva a cabo ante la DIAN, mediante certificado de residencia fiscal o el documento que haga sus veces, expedido por el país o jurisdicción de residencia (parág. 1 art. 10.º ET).

incluir su patrimonio dentro y fuera del país. Es decir, la tributación de los residentes está bajo el concepto de renta mundial, lo que implica una base de tributación más amplia.

Si bien se tributa por las rentas de fuente mundial, podríamos delimitarlas a las percibidas en el año en que se configura la calificación de residente con los consecuentes efectos jurídico-tributarios. En virtud del artículo 1.6.1.5.7 del DURT, por regla general el año o período gravable para el impuesto sobre la renta y complementarios es el mismo año calendario que comienza el 1.º de enero y termina el 31 de diciembre, pero puede comprender lapsos menores cuando se trata de extranjeros que lleguen al país o se sustenten de él durante el respectivo año gravable, caso en el cual este comienza o termina en las respectivas fechas de ingreso y salida.

Finalmente, es preciso señalar que al considerar que una persona natural y/o sucesión ilíquida de nacionalidad extranjera es residente en el país, le son aplicadas las mismas condiciones de las personas naturales nacionales, incluyendo el sistema cedular para la determinación del impuesto.

3. IMPLICACIONES TRIBUTARIAS DE LA NO RESIDENCIA FISCAL EN RELACIÓN CON EL IMPUESTO SOBRE LA RENTA Y COMPLEMENTARIOS

Las personas naturales no residentes, al igual que las sucesiones ilíquidas de causantes sin residencia en el país al momento de su muerte, están sujetas al impuesto sobre la renta y complementarios respecto de sus rentas y ganancias ocasionales de fuente nacional y del patrimonio poseído en el país.

Al respecto, en el Oficio n.º 020505 del 2 de agosto de 2017, la DIAN señaló:

> [...] Conforme con lo dispuesto en el artículo 9 del Estatuto Tributario, las personas naturales, nacionales o extranjeras, residentes en el país y las sucesiones ilíquidas de causantes con residencia en el país en el momento de su muerte, están sujetas al impuesto sobre la renta y complementarios en lo concerniente a sus rentas y ganancias ocasionales, tanteo de fuente nacional como de fuente extranjera, y a su patrimonio poseído dentro y fuera del país. Es decir que para los residentes la tributación está bajo el concepto de renta mundial, siendo por lo tanto más amplia la base de tributación y el rango de la misma.

> Por el contrario, las personas naturales, nacionales o extranjeras, que no tengan residencia en el país y las sucesiones ilíquidas de causantes sin residencia en el país en el momento de su muerte, sólo están sujetas al impuesto sobre la renta y complementarios respecto a sus rentas y ganancias ocasionales de fuente nacional y respecto de su patrimonio poseído en el país, manteniendo el principio de territorialidad, con el efecto contrario al anterior.

Para efectos de determinar si la persona natural está obligada a declarar, tanto el residente como el no residente deben verificar si cumplen o no los requisitos establecidos en el artículo 592 ET. Sin embargo, para los no residentes, mediante el Concepto n.º 1364 del 29 de octubre de 2018, la DIAN adicionó al Concepto Unificado 0912 de 2018 lo relativo a los eventos en los que los no residentes no son responsables de presentar la declaración de renta:

> (i) Cuando el no residente posea patrimonio en Colombia y en el respectivo año gravable obtuvo ingresos en el país, sobre los cuales se practicó retención en la fuente, según los conceptos previstos en los Arts. 407 a 409 ET.
>
> (ii) Cuando posea patrimonio en el país y no ha obtenido ingresos en el país, en el correspondiente año gravable.
>
> (iii) Cuando no posea patrimonio en el país y en el respectivo año gravable obtuvo ingresos en el país, sobre los cuales se practicó retención en la fuente, según los conceptos previstos en los Arts. 407 a 409 ET, en su totalidad.

Mediante el Oficio n.º 1364 del 25 de agosto de 2021 la DIAN ratificó lo anterior y añadió que se deben advertir estos postulados, "[...] siempre y cuando no se configuren los supuestos de hecho previstos en los artículos 20-1 y 20-2 del Estatuto Tributario en relación con los establecimientos permanentes. [...]".

De esa manera, la administración tributaria aclara una situación que había generado confusión entre los no residentes con patrimonio en el territorio colombiano pues, como se pudo advertir, esta condición no es suficiente para ser responsable de presentar la declaración de renta, ya que es imperativo haber percibido ingresos a los cuales no se les ha practicado la retención en la fuente, conforme a los conceptos previstos en los artículos 407 a 409 ET, correspondientes, entre otros, a intereses y rendimientos financieros, rentas provenientes de comisiones, compensaciones por servicios personales, arrendamientos, regalías, leasing, reaseguros, servicios técnicos, administración o dirección, películas cinematográficas, explotación de programas para computador y toda especie de propiedad industrial.

Para los no residentes se deben considerar los ingresos no sometidos a retención en la fuente, por cuanto, por ejemplo, a los dividendos y participaciones, las rentas de capital y de trabajo, los pagos a profesores, la explotación de películas y programas de computador, a los que se les ha practicado la retención en la fuente, no se consideran para determinar la obligación de declarar.

Como se señaló respecto del patrimonio bruto, no será elemento determinante para establecer la obligación de declarar el hecho de no haber obtenido ingresos en el periodo, o si fueron inferiores al tope referido en el Estatuto, o si fueron objeto de retención en la fuente.

Cuando están obligadas a presentar la declaración de renta las personas naturales no residentes y sucesiones de causantes sin residencia en el país deben aplicar: i) el artículo 247 ET que contiene la tarifa única para el impuesto de renta, equivalente al 35%, sin perjuicio de la tarifa especial establecida en el artículo 245 ET para dividendos o participaciones recibidos por personas naturales no residentes, y ii) los artículos 313, 314 y 316 ET, referentes a la tarifa del 10% para el impuesto complementario de las ganancias ocasionales.

C. CONTRIBUYENTES Y DECLARANTES

Por regla general, son contribuyentes del impuesto sobre la renta y complementarios: 1) las personas naturales nacionales y extranjeras, con residencia fiscal en Colombia, o que perciban rentas en Colombia[21]; 2) las sucesiones ilíquidas de causantes residentes en Colombia, o que perciban rentas en el territorio nacional[22], y 3) las asignaciones o donaciones modales que generen rentas. Todo lo anterior, en consonancia con los requisitos definidos en la ley, como será abordado en este libro.

Retomando lo que se había indicado en el apartado introductorio referente a la sujeción pasiva del impuesto, el deber de contribuir se debe entender en forma independiente del deber de declarar. Sin embargo, también es cierto que están obligados a presentar la declaración del impuesto

---

21 En la medida en que también se deben entender contribuyentes quienes asumen el pago de la retención en la fuente.

22 Ídem.

sobre la renta y complementarios todos los contribuyentes sometidos a este tributo, con excepción de aquellos que la ley determine expresamente como no obligados.

Considerando lo ya expuesto respecto de los no residentes, y conforme a los artículos 592, 593 y 594-1 ET y el artículo 1.6.1.13.2.7 del DUR, no están obligados a presentar la declaración de renta y complementarios las personas naturales, sucesiones ilíquidas y asimiladas residentes, así:

- Los asalariados que cumplan todos los siguientes requisitos:
  - No ser responsables del IVA, y sus ingresos brutos provengan por lo menos en un 80% de la relación laboral.
  - Poseer patrimonio bruto el último día del año gravable que no exceda 4.500 UVT.
  - Tener ingresos brutos en el año gravable inferiores a 1.400 UVT.
  - Registrar consumos en el año gravable con tarjeta de crédito no superiores a 1.400 UVT.
  - Registrar compras y consumos en el año gravable no superiores a 1.400 UVT.
  - Registrar consignaciones bancarias, depósitos o inversiones financieras no superiores a 1.400 UVT.
- Personas naturales y sucesiones ilíquidas que:
  - No sean responsables de IVA
  - Cumplan los requisitos en UVT:
    - Patrimonio bruto: 4.500 UVT .
    - Ingresos brutos: 1.400 UVT.
    - Consumos con tarjeta de crédito: 1.400 UVT.
    - Compras y consumos: 1.400 UVT.
    - Consignaciones bancarias, depósitos o inversiones financieras: 1.400 UVT.
- Personas declarantes del Régimen Simple de Tributación.

Por otro lado, en virtud del artículo 6.º ET, quien no tenga la obligación de declarar puede hacerlo voluntariamente sumando el valor de las retenciones en la fuente aplicadas a los pagos o abonos en cuenta realizados durante la correspondiente vigencia fiscal o periodo gravable. La *declaración voluntaria* del impuesto sobre la renta y complementarios presentada por un no obligado produce plenos efectos legales y se rige por las normas aplicables, entre las cuales está la posibilidad de solicitar la devolución de saldos a favor cuando haya lugar.

I. PERSONA NATURAL

En concordancia con el artículo 74 del Código Civil, son personas todos los individuos de la especie humana, cualquiera sea su edad, sexo, estirpe o condición, concepción que puede ser comprendida dentro ET dado que este cuerpo normativo omite la descripción de este importante sujeto para efectos del impuesto sobre la renta y complementarios, lo que justifica la necesidad de acudir a la norma civil. Cierto es que el Estatuto Tributario no contempla ningún tipo de limitación o restricción en la condición de la persona natural como sujeto pasivo de la obligación tributaria.

En los artículos 7.º a 10.º ET existen definiciones y aspectos de la persona natural que no son tenidos en cuenta para efectos tributarios, como la edad, el estado civil o la capacidad, lo que ratifica que el sólo hecho de ser una persona natural es suficiente para cumplir los requisitos normativos establecidos en la configuración del hecho generador del impuesto sobre la renta.

a. TRIBUTACIÓN DE LOS CÓNYUGES Y/O COMPAÑEROS(AS) PERMANENTES

El artículo 8.º ET reconoce a los cónyuges como sujetos gravables independientes sobre sus correspondientes bienes y rentas. En ese sentido, a pesar de existir una sociedad conyugal o una relación marital o patrimonial vigente, en materia tributaria no se reconocen estas instituciones jurídicas como sujetos pasivos del impuesto.

Si bien existe una serie de activos, derechos, propiedades, obligaciones, pasivos, patrimonios o rentas de común propiedad, cada cónyuge y/o compañero(a) permanente debe declararlos individualmente, en el porcentaje que le corresponda o, en su defecto, en el 50% de su valor, al igual que los frutos, intereses o valorizaciones que de ellos se pueda generar.

Ahora bien, si advertimos que la lectura del artículo 8 ET se refiere a los cónyuges, sería inconstitucional excluir del mismo tratamiento a quienes tengan un vínculo diferente al matrimonio del cual emerge una sociedad conyugal. Al reconocer la individualidad en materia tributaria se materializan los postulados constitucionales relativos al trato igualitario sin ningún tipo de discriminación por razón de sexo, raza, origen nacional o familiar, lengua, religión, opinión, pensamiento o posición política. Al considerar el tipo de vínculo existente frente al concepto de núcleo familiar, ya sea matrimonial o marital, cabe también comprender que se entienden incluidos los(as) compañeros(as) permanentes en la aplicación de la norma.

La Corte Constitucional se pronunció al respecto con ocasión de una demanda contra los artículos del ET que contemplan la definición de cónyuge, declarando exequibles tales normas acusadas, "en el entendido que dichas disposiciones deben ser igualmente aplicables respecto de la sociedad patrimonial que surge entre compañeros o compañeras permanentes que reúnan esa condición conforme a la ley vigente"[23].

A efectos de establecer la obligación de declarar de los cónyuges y/o compañeros permanentes se considera el patrimonio de cada uno, la titularidad formal del mismo, sin tener en cuenta la cuota parte que le correspondería en una eventual o futura disolución de la sociedad conyugal o patrimonial. Así, cada cónyuge y/o compañero(a) permanente es propietario y asume la responsabilidad tributaria de los bienes que figuren a su nombre en los correspondientes títulos de propiedad. De no establecerse porcentajes de propiedad respecto de los bienes efectivamente adquiridos por ambas partes, se entiende que hay una copropiedad del 50% del respectivo bien, por lo que tal porcentaje deberá ser declarado de manera equivalente.

Si los cónyuges y/o compañeros permanentes se encuentran en un proceso de separación de bienes y liquidación de sociedad conyugal o patrimonial se debe determinar individualmente la obligación de declarar. En caso de fallecimiento de una de las partes durante el proceso, la obligación individual a su cargo será de la sucesión ilíquida del correspondiente causante.

Es importante comprender que la sociedad conyugal es una mera ficción jurídica sin efectos tributarios, puesto que, como se dijo, las obligaciones tributarias sobre los correspondientes bienes, patrimonio y rentas atribuibles individualmente están a cargo de cada uno de los cónyuges de manera independiente.

Sin embargo, viene bien señalar que con la disolución de la sociedad conyugal surgen aspectos que se deben aclarar a fin de establecer exactamente la composición de las masas patrimoniales de cada futuro excónyuge, y las implicaciones tributarias derivadas de la liquidación de la sociedad conyugal.

El haber de la sociedad conyugal se compone principalmente de los bienes que los cónyuges aportan al matrimonio, o que adquieren durante su vigencia,

---

23 Corte Constitucional, Sentencia C-875 del 23 de agosto de 2005, Expediente D-5670, M. P.: Rodrigo Escobar Gil.

obligándose la sociedad a su restitución; es así como con el fallecimiento de uno de los cónyuges es necesario liquidar la sociedad conyugal, previo el pago de los pasivos y las recompensas a favor y en contra de la sociedad.

En efecto, en la liquidación de la sociedad conyugal derivada de una sucesión se predica la generación del impuesto de ganancias ocasionales para el cónyuge sobreviviente en la parte que perciba a título de "porción conyugal"; y frente a lo asignado a su favor por concepto de "gananciales", en virtud de la liquidación de la sociedad conyugal, queda excluido(a) del gravamen.

Los gananciales no tienen una expresa definición en la legislación civil colombiana, sin embargo, el artículo 1234 del Código Civil alude a ellos al señalar que, de no haber renuncia, también serán imputados a la porción conyugal. Los gananciales corresponden al conjunto de bienes o derechos asignados a cada cónyuge o al cónyuge supérstite como resultado de la liquidación de la sociedad conyugal. Al quedar liquidada la sociedad los activos adquiridos durante la vigencia del matrimonio, o los bienes propios aportados a este, no son susceptibles de producir un incremento neto en el patrimonio de uno o ambos cónyuges, por cuanto ya formaban parte de él, y en esa medida el ganancial no puede ser considerado como gravado, al tenor de lo dispuesto en el artículo 26 ET, en correspondencia con el artículo 47 del mismo cuerpo normativo que señala que "No constituye ganancia ocasional lo que se recibiere por concepto de gananciales, pero sí lo percibido como porción conyugal".

En conclusión, se colige que los gananciales se constituyen al liquidarse la sociedad conyugal como consecuencia del divorcio, de la liquidación de la sociedad patrimonial o del fallecimiento de uno de los cónyuges o compañero permanente, y no son gravados "al no tener el carácter de ingreso generado en el período gravable, sino de reintegro de un capital extraído previamente del patrimonio propio de uno de los cónyuges"[24].

Al respecto la administración de impuestos expidió el Concepto 28286 de 2001 en el cual indicó que "en el momento de la liquidación de la sociedad conyugal, los gananciales no son susceptibles de producir un incremento neto del patrimonio porque formaron parte del patrimonio mismo. El activo o el bien objeto de ganancial fue capitalizado en su momento (*sic*) es decir en la medida que se iba generando el ingreso". De esa manera, la DIAN reconoce

---

24 Consejo de Estado, Sección Cuarta, Sentencia 16272 del 26 de noviembre de 2008, C. P.: Martha Teresa Briceño de Valencia.

que la tributación ya se dio en cabeza de uno o ambos cónyuges, y al momento de efectuarse la correspondiente asignación no hay lugar a gravamen alguno.

En conclusión, dado que los gananciales adjudicados en la liquidación de la sociedad conyugal no constituyen un ingreso por no incrementar el patrimonio del cónyuge que los percibe, "[...] no deben hacer parte de los denominados 'ingresos brutos' del contribuyente. No obstante, para efectos tributarios se consideran ingresos no constitutivos de renta ni ganancia ocasional y así deben reflejarse en la correspondiente declaración de renta [...]"[25].

Es preciso advertir que cuando uno de los cónyuges renuncia a los gananciales que le serían asignados, y el otro cónyuge recibe tales bienes o derechos opera una situación diferente. Mediante el Oficio 250-006184 del 12 de marzo de 2019 la DIAN señaló que

> ... al entenderse la renuncia de gananciales como una donación o en su defecto como un acto jurídico *inter vivos* de disposición de bienes o derechos a título gratuito, los ingresos que perciba el donatario o la parte beneficiaria del acto celebrado se consideran ganancia ocasional de acuerdo con el artículo 302 del Estatuto Tributario y se encuentran gravadas con el impuesto a las ganancias ocasionales.

Por otro lado, la porción conyugal está claramente definida en el artículo 1230 del Código Civil como aquella parte del patrimonio de una persona difunta que la ley asigna al o la cónyuge sobreviviente que carece de lo necesario para su congrua subsistencia, y la cual constituye una ganancia ocasional para quien la percibe, puesto que tal recurso tiene la capacidad de incrementar su patrimonio y proviene del patrimonio del otro cónyuge.

A diferencia de los gananciales, la porción conyugal es ocasional, pues obedece a la situación económica de quien la va a percibir, y no forma parte del acervo hereditario, puesto que el cónyuge adolece de la condición de heredero; la porción conyugal se debe comprender como un aporte patrimonial que realiza el cónyuge con más recursos económicos a favor del cónyuge que carece de lo mínimo para subsistir dignamente.

En virtud de lo previsto en el artículo 314 ET, el beneficiario de la porción conyugal debe asumir la tarifa del impuesto de ganancia ocasional equivalente al 15%, lo cual será expuesto con mayor detalle en el acápite

---

25 Consejo de Estado, Sección Cuarta, Sentencia 22570 del 15 de junio de 2015, C. P.: Milton Chávez García.

de ganancias ocasionales, pues aplica también el beneficio de las ganancias ocasionales exentas contenidas en el numeral 3 del artículo 307 ET, referente a las asignaciones por concepto de porción conyugal.

Finalmente, estos aspectos relevantes de la tributación entre cónyuges están vigentes y son aplicables a los compañeros permanentes y a las parejas del mismo sexo por efecto de la Sentencia C-283 del 13 de abril de 2011, en la cual la Corte Constitucional declaró condicionalmente exequible el artículo 1234 del Código Civil, referente a la porción conyugal, "[...] siempre y cuando se entienda que a la porción conyugal en ellos regulada, también tienen derecho el compañero o compañera permanente y la pareja del mismo sexo".

b. TRIBUTACIÓN DE LOS HIJOS MENORES DE EDAD

Otro de los aspectos que siembra amplia inquietud en la determinación de la renta de las personas naturales es el relativo a la tributación de los hijos menores de edad; frente a ese tópico recordamos que el régimen tributario nacional no establece limitaciones o restricciones respecto de alguna característica de las personas naturales, pues todas están sometidas al impuesto sobre la renta y complementarios[26], sin distinguir entre mayores o menores de edad.

En consecuencia, todo menor de edad que realice cualquiera de los supuestos generadores de un tributo, ya sea obtener ingresos o poseer patrimonio, está llamado a atender las correspondientes obligaciones sustanciales y formales. Ahora bien, a pesar de ser un sujeto pasivo, al ser un menor de edad puede ser representado para cumplir con las cargas derivadas de la obligación tributaria, lo que en principio y por lo general se hace a través de los padres. En tal caso, los padres actúan como sujetos pasivos obligados a cumplir los deberes formales, tales como declarar, informar, responder ante la administración tributaria, etc.

Sin embargo, el artículo 555 ET señala que los contribuyentes pueden actuar personalmente o por medio de sus representantes o apoderados, y tratándose de "menores adultos", podrán comparecer directamente y cumplir los deberes formales y materiales por sí mismos.

Entonces, es preciso acudir a la definición de menor adulto, la cual encontramos en la legislación civil que llama adulto a quien ha dejado de ser

---

26 Estatuto Tributario, artículo 7.º.

impúber, es decir, el varón que supera los catorce años de edad y la mujer que ya ha cumplido doce años de edad; asimismo, el Código Civil califica a quien ha cumplido dieciocho años como mayor de edad o simplemente mayor[27].

Concluimos que las menores contribuyentes mujeres mayores de doce años de edad y los menores contribuyentes hombres mayores de catorce años de edad están facultados para cumplir personalmente con sus obligaciones tributarias, tanto sustanciales como formales.

Atendiendo lo dispuesto por el artículo 571 ET, los contribuyentes o responsables directos del pago del tributo son los llamados a cumplir los deberes formales, personalmente o por medio de sus representantes, y a falta de estos, por el administrador del respectivo patrimonio; sin embargo, tratándose de menores de edad que no se encuentren dentro de la aludida calificación de menores adultos, deben cumplir con sus obligaciones tributarias representados por sus padres, conforme lo dispuesto por el , literal a del artículo 572 ET.

En la práctica, regularmente los menores de edad contribuyentes responden ante la administración tributaria a través de sus padres, y a falta de estos pueden ser representados por el curador o tutor que ejerza la guarda cuando no se encuentren sometidos a patria potestad[28].

Para determinar el alcance de lo señalado conviene acudir al artículo 24 del Decreto 187 de 1975, contenido en el artículo 1.2.1.1.8 del DURT, que frente a los menores de edad como sujetos pasivos del impuesto sobre la renta precisa: "Las rentas originadas en el usufructo legal de los padres de familia se gravarán en cabeza de quien ejerza la patria potestad. Igual tratamiento se aplicará respecto de las ganancias ocasionales de los hijos menores, cuando no haya renuncia del usufructo legal [...]".

La regla referente a la independencia del menor opera cuando posee bienes que directamente usufructúa, o cuando los padres han renunciado al usufructo de los bienes del hijo sobre el cual posee la patria potestad, caso en el cual estas rentas no serán gravadas en cabeza de quien ejerza la patria potestad sino en cabeza del menor de edad. Para efectos fiscales, la renuncia del usufructo legal es válida únicamente cuando se lleve a cabo por escritura pública y produce efectos a partir del año gravable en el que se otorga tal instrumento.

---

27 Código Civil, artículo 34.
28 Código Civil, artículo 62.

Respecto de la posesión y el usufructo que se predica de los padres de hijos menores de edad, se entiende que la posesión corresponde al aprovechamiento económico real o potencial de cualquier bien en beneficio del contribuyente, y la ley contempla una presunción de aprovechamiento económico en su beneficio por parte del propietario o usufructuario de un bien[29].

En principio existe también la presunción legal de que la patria potestad la ejercen los padres en forma conjunta sobre los hijos no emancipados, salvo que falte uno de ellos, caso en el cual la ejercerá el otro; así mismo, se presume que tanto el padre como la madre gozan por partes iguales del usufructo de los bienes de sus hijos, salvo en los casos exceptuados[30] o cuando exista una delegación de la patria potestad, lo cual resulta ser una excepción o una situación especial[31].

Conforme a lo anterior, veamos un ejemplo sencillo:

- Ana trabaja como estilista en una peluquería sin percibir ingresos ni poseer patrimonio que la obliguen a ser declarante del impuesto sobre la renta y complementarios. Tiene un talentoso hijo de doce años, Camilo, quien es contratado para presentar y actuar con frecuencia en un canal de televisión local. Camilo percibe ingresos anuales por más de 1.400 UVT. Ana, al ser quien ejerce la patria potestad de Camilo, ser su representante legal, y usufructuar los bienes adquiridos con los ingresos de su hijo, debe sumar a sus ingresos y patrimonio, es decir, aquellos ingresos, rentas y patrimonio obtenidos por Camilo. También debe obtener el RUT a su nombre y declarar como si ella hubiera percibido los ingresos directamente.

---

29 Estatuto Tributario, artículos 263 y 264.

30 Código Civil. "Artículo 291. *Usufructo de los bienes de los hijos.* El padre y la madre gozan por iguales partes del usufructo de todos los bienes del hijo de familia, exceptuados: 1o) El de los bienes adquiridos por el hijo como fruto de su trabajo o industria, los cuales forman su peculio profesional o industrial. 2o) El de los bienes adquiridos por el hijo a título de donación, herencia o legado, cuando el donante o testador haya dispuesto expresamente que el usufructo de tales bienes corresponda al hijo y no a los padres; si sólo uno de los padres fuere excluido, corresponderá el usufructo al otro. 3o) El de las herencias y legados que hayan pasado al hijo por indignidad o desheredamiento de uno de sus padres, caso en el cual corresponderá exclusivamente al otro.
Los bienes sobre los cuales los titulares de la patria potestad tienen el usufructo legal, forman el peculio adventicio ordinario del hijo; aquéllos sobre los cuales ninguno de los padres tienen el usufructo, forman el peculio adventicio extraordinario.

31 Código Civil, artículos 288, 291 y 295.

- Ahora bien, si la madre renuncia al usufructo legal de los bienes de su hijo menor, será él quien deba cumplir las obligaciones tributarias, dado que no se encuentra presente el padre, como representante legal; por ello, el menor debe obtener el RUT y presentar la declaración, con la representación de su madre, quien firmará en su nombre, en virtud de lo previsto por el artículo 572 del Estatuto Tributario. Si en el ejemplo, Camilo tuviera catorce años de edad, siendo menor adulto, en virtud del artículo 555 del ET podría cumplir directamente las obligaciones sustanciales y formales que le correspondan.

En recientes providencias el Consejo de Estado se ha pronunciado[32] señalando que en materia tributaria el usufructo tiene una connotación diferente a la establecida en la legislación civil en relación con la posesión, pues allí se comprende como la tenencia de un bien con el ánimo de señor o dueño; *contrario sensu*, el artículo 263 ET establece que "la posesión se entiende como el aprovechamiento económico de cualquier bien en favor del contribuyente, ya sea un aprovechamiento potencial o real", y consagra, además, la presunción de que "quien aparezca como propietario o usufructuario de un bien lo aprovecha económicamente en su propio beneficio", lo que no exige el ánimo de señor y dueño. Así, la posesión es equivalente al aprovechamiento económico del bien, lo cual explica la capacidad de incrementar el patrimonio del contribuyente, aunque se trate del beneficiario de un usufructo.

Bajo el marco normativo expuesto, al tener la posesión de los bienes de sus hijos, los cuales constituyen el peculio adventicio ordinario, los padres perciben el aprovechamiento económico, razón por la cual deben ser sumados al establecer el impuesto en cabeza de los padres[33], salvo que hayan renunciado al usufructo legal de los bienes de los hijos, caso en el cual, como se señaló, los ingresos, las rentas y el patrimonio de los hijos se reportan en la declaración tributaria del menor.

---

32 Consejo de Estado, Sección Cuarta, Sentencias 23040 del 9 de mayo de 2019 y 23622 del 29 de abril de 2020.

33 Consejo de Estado, Sección Cuarta, Sentencia 2072 del 15 de septiembre de 1972, C. P.: Hernando Gómez Mejía.

C. ASIMILADAS A PERSONAS NATURALES

En virtud de la normatividad tributaria, frente a la administración tributaria deben también responder otro tipo de contribuyentes que son asimilados a personas naturales. En este apartado se encuentran las sucesiones ilíquidas y las asignaciones o donaciones modales.

2. SUCESIONES ILÍQUIDAS

Atendiendo a lo preceptuado por el artículo 7.º ET, las sucesiones ilíquidas están sometidas al impuesto sobre la renta y complementarios. La sucesión, entendida como el conjunto de bienes, rentas y deudas del causante, es ilíquida entre la fecha de muerte del causante y la fecha en la cual se ejecute la sentencia aprobatoria de la partición o se autorice la escritura pública.

Entre las dos fechas aludidas persisten las obligaciones tributarias que tenía la persona fallecida hasta que la masa patrimonial sea efectivamente adjudicada a sus herederos, y estos la incluyan dentro de sus propios patrimonios, momento en el cual deja de existir la sucesión ilíquida.

En observancia del literal d del artículo 572 ET, la declaración de renta y complementarios de la sucesión ilíquida debe ser presentada por el albacea, o a falta de él, por uno de los herederos que tenga la administración de los bienes, y a falta de albacea o herederos, por el curador de la herencia yacente.

En el año del fallecimiento del contribuyente se debe presentar la declaración de renta de la sucesión ilíquida por dicho año; si el causante hubiere estado obligado a declarar durante períodos anteriores, sin haber cumplido, les corresponde a los herederos cumplir dicho deber en nombre del causante y bajo su correspondiente identificación tributaria.

Si una vez liquidada la sucesión aparecen nuevos bienes del causante, sin perjuicio del trámite civil que proceda[34], se podrá corregir la declara-

---

34 Decreto 902 de 1988. "Artículo 3. "Para la liquidación notarial de la herencia y de la sociedad conyugal cuando fuere el caso, se procederá así: [...] 8. Cuando después de otorgada la escritura pública que pone fin a la liquidación notarial, apareciere nuevos bienes del causante o de la sociedad conyugal, o cuando se hubiese dejado de incluir en aquélla bienes inventariados en el trámite de dicha liquidación, podrán los interesados solicitar al mismo notario una liquidación adicional, para lo cual no será necesario repetir la documentación que para la primera se hubiere presentado, ni nuevo emplazamiento. Si después de terminado un proceso de sucesión por vía judicial, aparecieren nuevos bienes del causante o de la sociedad conyugal, podrán los interesados

ción de renta del año correspondiente a la liquidación de la sucesión, previa observancia de los términos previstos en el artículo 588 ET, referente a las correcciones. Adicionalmente, el ingreso y/o pasivo atribuible a cada uno de los herederos como resultado de la adición a la sucesión debe ser incluido en la correspondiente declaración del impuesto sobre la renta, y será sometido a la retención en la fuente a título de ganancia ocasional en cabeza de cada uno de los beneficiarios, de acuerdo con el artículo 307 ET, referente a las ganancias ocasionales exentas.

Conforme a lo expuesto, a pesar de que una sucesión liquidada no es contribuyente del impuesto sobre la renta, a los herederos les corresponde cumplir con las obligaciones tributarias derivadas de las situaciones jurídicas que se presenten con posterioridad a la liquidación de la sucesión[35].

Si la persona que debe cumplir con las obligaciones tributarias de la sucesión ilíquida no lo hace en debida forma, la administración tributaria puede imponer las sanciones a que haya lugar, las cuales deben ser asumidas por quien tiene el deber formal de representar la sucesión ilíquida, y con cargo al patrimonio que la compone.

Otro de los aspectos a resaltar de la sucesión ilíquida es que la DIAN está facultada para hacerse parte del proceso, para garantizar el cumplimiento y pago de lo que corresponda. En aras de que se informe a la administración de impuestos sobre el proceso liquidatorio de la sucesión, el artículo 844 ET señala en su inciso primero: "Los funcionarios ante quienes se adelanten o tramiten sucesiones, cuando la cuantía de los bienes sea superior a 700 UVT deberán informar previamente a la partición el nombre del causante y el avalúo o valor de los bienes". La DIAN cuenta con veinte días calendario para hacerse parte del proceso, y en caso no hacerlo, el proceso de liquidación de la sucesión continúa su curso regular.

Adicionalmente, el artículo 844 ET señala que los herederos, asignatarios o legatarios están facultados para solicitar un acuerdo de pago por las deudas fiscales de la sucesión; una vez aprobado el acuerdo, mediante la correspondiente resolución la administración tributaria autoriza al funcionario competente para que proceda a tramitar la partición de los bienes, sin el requisito del pago total de las deudas.

---

acudir a la liquidación adicional, observando para ello el trámite de la liquidación de herencia ante notario".

35 DIAN, oficio n.º 016425 del 22 de junio de 2017.

3. ASIGNACIÓN O DONACIÓN MODAL

Preceptúa el artículo 11 ET que las donaciones o asignaciones modales están sometidas al impuesto sobre la renta y complementarios de acuerdo con el régimen impositivo de las personas naturales, exceptuando los eventos en los que tal conjunto de bienes y derechos son usufructuados personalmente por los donatarios o asignatarios, caso en el cual las correspondientes rentas, bienes o ganancias ocasionales serán gravados en cabeza de quienes los hayan recibido como donación o asignación.

Entendemos que entre las personas naturales el legislador incluyó otro grupo de instituciones jurídicas y bienes, entre ellos las asignaciones o donaciones modales. En ese sentido, al referirse al impuesto sobre la renta y sus complementarios como un solo impuesto, en su numeral 1 el artículo 5.º ET delimita a las personas naturales, las sucesiones ilíquidas y los bienes destinados a fines especiales en virtud de donaciones o asignaciones modales, como sujetos pasivos que determinan el impuesto a cargo al liquidar la renta y las ganancias ocasionales.

En sus artículos 1147 a 1154 el Código Civil colombiano regula las asignaciones modales[36], para lo cual define y establece los efectos civiles de su constitución.

Las asignaciones o donaciones modales corresponden al conjunto de bienes y derechos concedidos, ya sea por una persona al fallecer, mediante

---

36 Código Civil, "Artículo 1147. Si se asigna algo a alguna persona para que lo tenga por suyo, con la obligación de aplicarlo a un fin especial, como el de hacer ciertas obras o sujetarse a ciertas cargas, esta aplicación es un modo y no una condición suspensiva. El modo, por consiguiente, no suspende la adquisición de la cosa asignada". "Artículo. 1148. En las asignaciones modales, se llama cláusula resolutoria la que impone la obligación de restituir la cosa y los frutos, si no se cumple el modo. // No se entenderá que envuelve cláusula resolutoria cuando el testador no la expresa". "Artículo. 1149. Para que la cosa asignada modalmente se adquiera, no es necesario prestar fianza o caución de restitución para el caso de no cumplirse el modo". "Artículo. 1150. Si el modo es en beneficio del asignatario exclusivamente, no impone obligación alguna, salvo que lleve cláusula resolutoria". "Artículo. 1152. Si el testador no determinare suficientemente el tiempo o la forma especial en que ha de cumplirse el modo, podrá el juez determinarlos, consultando en lo posible la voluntad de aquél, y dejando al asignatario modal un beneficio que ascienda, por lo menos, a la quinta parte del valor de la cosa asignada". "Artículo. 1153. Si el modo consiste en un hecho tal que para el fin que el testador se haya propuesto, sea indiferente la persona que lo ejecute, es transmisible a los herederos del asignatario". "Artículo. 1154. Siempre que haya de llevarse a efecto la cláusula resolutoria, se entregará a la persona en cuyo favor se ha constituido el modo, una suma proporcionada al objeto, y el resto del valor de la cosa asignada acrecerá a la herencia, si el testador no hubiere ordenado otra cosa. El asignatario a quien se ha impuesto el modo no gozará del beneficio que pudiera resultarle de la disposición precedente".

un testamento, o por donación, con la obligación de que tales bienes o derechos se apliquen a un fin o destinación específica, en tal virtud, quien recibe el recurso debe dar cumplimiento al fin o destino establecido en la correspondiente formalidad por medio de la cual se otorga. Ese fin especial corresponde a hacer ciertas obras o sujetarse a determinadas cargas, lo que constituye un modo y no una condición suspensiva, en consecuencia, el modo no suspende la adquisición de los bienes o derechos asignados, de allí que la institución tome su denominación de asignación o donación modal.

El Estatuto Tributario concibe los bienes destinados a fines especiales en virtud de las donaciones o asignaciones modales como sujetos pasivos del impuesto sobre la renta y complementarios, asimilados a las personas naturales, y el artículo 572, literal f prevé que los donatarios o asignatarios son los encargados de cumplir los deberes formales respecto de sus correspondientes donaciones o asignaciones modales.

Mediante el Concepto 047306 del 14 de julio 14 de 2005 la DIAN manifestó:

> Ahora bien, cuando los donatarios usufructúen, los bienes y rentas se gravan en cabeza de éstos. Luego cuando el artículo 11 del Estatuto Tributario, se refiere a que: "[...] excepto cuando los donatarios o asignatarios los usufructúen personalmente", está haciendo referencia que en este último caso el sujeto pasivo es el donatario.

En consonancia con lo señalado, a las rentas generadas por este tipo de bienes se les debe dar el mismo tratamiento contemplado para las personas naturales y las sucesiones ilíquidas a fin de determinar el impuesto de renta a pagar, a pesar de que en reiterados apartados de la normatividad tributaria alusiva a las personas naturales y sucesiones ilíquidas no se haga expresa referencia a las asignaciones o donaciones modales como sujeto pasivo.

En ese sentido, siempre que una persona natural toma la decisión de donar en vida un bien y dicho bien se encuentra generando ingresos susceptibles de gravarse con el impuesto sobre la renta, los ingresos deben constituir base para la determinación, liquidación y pago del impuesto; igual ocurre con los bienes que se encuadran en una asignación modal, esto es, que siempre que dichos bienes estén produciendo rentas deben continuar tributando como si se tratase de una persona natural propiamente dicha. Ahora bien, cuando el beneficiario de la donación o asignación modal está disfrutando de las rentas derivadas del bien, resulta lógico, como sostiene la DIAN en la doctrina referida, que sea en cabeza de este que se debe perfeccionar el cumplimiento de la obligación tributaria.

CAPÍTULO II.

Determinación del impuesto sobre la renta de personas naturales en el sistema cedular de tributación

I. DETERMINACIÓN CEDULAR DEL IMPUESTO

A. ASPECTOS GENERALES

Hasta el año 2016, con la Ley 1819, el sistema de determinación del impuesto sobre la renta de las personas naturales no consideraba la naturaleza o fuente de los ingresos, rentas, costos, gastos o deducciones en cabeza de las personas naturales. Si bien precedieron reformas que clasificaban algunas rentas, como las de trabajo[37], o en las que se diferenciaba a las personas naturales y se adecuaban en determinadas categorías, como lo hizo la Ley 1607 de 2012 al clasificarlas en empleados, trabajadores por cuenta propia y otros contribuyentes, la regulación mantuvo un método de imposición sobre la *renta global o sintético*[38] *o integral* en el cual se suman todas las rentas del sujeto pasivo, sin ser relevante que provengan de diferentes fuentes, para efectos de llevar a cabo la depuración legalmente permitida y determinar así el impuesto a cargo.

Este método de imposición a la renta global se caracteriza por consolidar todas las rentas obtenidas por una persona natural, con independencia de su origen, de manera que tanto las rentas provenientes del trabajo como las rentas del capital reciben análogo tratamiento, luego de lo cual el régimen tributario permite la inclusión de determinados conceptos en el cálculo de una base para establecer la carga fiscal del contribuyente.

Por su parte, el *modelo cedular*, en el cual se clasifican las rentas conforme a la fuente que las produce, con la aplicación de una alícuota de impuesto diferencial según cada caso, tiene sus antecedentes remotos en el denominado *Schedule Income Tax* aplicado en Inglaterra en 1803 cuando, ante el inicio de una guerra, se aprobó una reforma fundamental en la que el contribuyente "no debía soportar el impuesto sobre su renta total considerada en una suma global, sino que su renta estaba dividida en una serie de cédulas, gravando el impuesto, en cada cédula, la fuente misma de la renta"[39], que para entonces eran la propiedad inmobiliaria y mobiliaria, los beneficios industriales y

---

37 Ley 633 de 2000, artículo 21 que modificó el artículo 103 del Estatuto Tributario.

38 D. González. *Estudio comparado del Impuesto sobre la Renta de los Países miembros del CIAT*, Centro Interamericano de Administraciones Tributarias (CIAT), Panamá, 1997.

39 G. Ahumada. "Impuesto sobre la Renta (continuación)", *Revista de la Universidad Nacional de Córdoba*, año 21, n.º 5-6. Córdoba, Argentina, 1934, disponible en https://revistas.unc.edu.ar/index.php/REUNC/issue/view/569.

comerciales, y los cargos gubernamentales. Es así como se definió la cédula A para el impuesto al propietario, la cédula B para el locatario, la cédula C para los valores mobiliarios y la D incluía los beneficios no registrables en las demás cédulas, siendo la residual o "barredora" (*seeping*); finalmente la cédula F estaba asignada a las rentas de los funcionarios públicos o rentas provenientes de pagos públicos.

Hacia 1916, después de decidirse por el impuesto real a la renta frente al definido vía presunciones, y en un marco de urgentes necesidades económicas para soportar las reformas sociales, en Francia se concibió un esquema mixto que establecía el impuesto a la renta global progresivo junto con el cedular, que era esencialmente proporcional atendiendo la naturaleza del hecho imponible. Concibieron así siete cédulas impositivas: i) renta de las propiedades inmuebles no edificadas; ii) impuesto a la renta de las propiedades edificadas; iii) impuesto a las rentas agrícolas; iv) utilidades comerciales e industriales; v) rentas de sueldos públicos y privados, salarios, emolumentos, pensiones; vi) renta de las profesiones no comerciales, y vii) impuesto a la renta de los valores mobiliarios, depósitos y cauciones[40].

El modelo cedular se mantuvo en gran número de países desarrollados y en desarrollo pero, dadas las falencias relacionadas con las desigualdades entre contribuyentes que perciben diferentes tipos de renta, las controversias por un gravamen progresivo que atienda la capacidad contributiva de las personas naturales y las dificultades en su administración, entre las cuales se destacaba la planeación tributaria para asegurar rentas en categorías menos gravosas, y el desgaste administrativo en la atención de divergencias sobre la clasificación de las rentas en las cédulas, la mayoría de países migraron a esquemas de imposición global. En 1989 Portugal fue el último país miembro de la OCDE que mantuvo el esquema cedular en forma pura. Aunque muchos autores consideran que hoy ningún sistema tributario es estrictamente puro[41], en teoría varios países latinoamericanos han adoptado un sistema de renta global (Argentina, Bolivia, Brasil, Chile, Ecuador y México), y otros el modo cedular (Colombia, Guatemala, Nicaragua, Panamá, Paraguay, Perú

---

40 G. Ahumada. "Impuesto sobre la Renta (continuación)", *Revista de la Universidad Nacional de Córdoba*, año 21, n.º 7-8. Córdoba, Argentina, 1934, disponible en https://revistas.unc.edu.ar/index.php/REUNC/article/view/6598/7682.

41 G. Vergara. "Los sistemas de imposición a la renta", *Revista de Estudios Tributarios* n.º 21, Centro de Estudios Tributarios, Universidad de Chile, 2019.

y Uruguay) en la determinación del impuesto sobre la renta de las personas naturales o físicas, como también se denomina[42].

Con la Ley 56 de 1918 se estableció un impuesto nacional sobre toda renta proveniente de bienes o capitales radicados en el país, tanto para personas naturales como para personas jurídicas domiciliadas, residentes y no residentes. En su artículo 2.º dicha ley contempló una especie de modo cedular para determinar su tasación y recaudo, así: i) rentas de capital a una tarifa del 3%; ii) rentas de capital combinado con la industria del hombre, a una tarifa del 2%, y iii) rentas provenientes únicamente de la industria o del trabajo, las cuales se gravaban a la tarifa del 1%. Posteriormente, con la reforma introducida mediante la Ley 64 de 1927 se reestructuró el impuesto sobre la renta y se estableció una diferencia entre la renta bruta y la renta líquida, lo que supuso el reconocimiento de ciertas deducciones; además, se consignó la definición de una *base de renta global* bajo un sistema moderado de tarifa progresiva. La estructura medular de este esquema se mantuvo con el trascurrir de los años a pesar de las diversas modificaciones normativas en la determinación de la renta líquida gravable, base de la determinación del impuesto a cargo del contribuyente, y del tratamiento cedular dado a algunas rentas, como las ganancias ocasionales, concebido originalmente mediante la Ley 63 de 1963 como un gravamen independiente sobre las herencias y donaciones, el cual fue objeto de posteriores modificaciones.

El 1.º de enero de 2017 entró a regir la Ley 1819 de 2016, la cual reintrodujo al lenguaje tributario el método de imposición sobre la *renta cedular o analítico*, caracterizado por identificar la fuente de las rentas para clasificarlas y determinar cada impuesto cedular, es decir, gravar las rentas según su origen, después de lo cual se procede a sumar los resultados cedulares para establecer el impuesto a cargo por la renta, con el complementario de las ganancias ocasionales. En cuanto al impuesto de renta de las personas naturales, en la exposición de motivos de dicha ley se manifestó la decisión de

> ... ampliar la base gravable a través de la limitación de los beneficios y deducciones, la modificación de la estructura de tarifas y el nivel del tramo exento (acercándolo a estándares internacionales), con el fin de promover la equidad del impuesto y

---

42 D. Carbajo, F. Díaz, J. Jiménez, P. Porporatto *et al. Los sistemas tributarios en América Latina*, Instituto de Estudios Fiscales y Agencia Española de Cooperación Internacional para el Desarrollo (AECID), Madrid, España, 2019.

> aumentar su recaudo. Esto también permitirá balancear la carga del impuesto entre personas naturales y jurídicas[43].

Así, para determinar el impuesto sobre la renta de las personas naturales y asimiladas la Ley 1819 de 2016 clasificó las rentas en cinco cédulas tributarias: trabajo, pensiones, de capital, no laborales, y dividendos y participaciones, y reguló la forma en que se determinaba la base gravable, lo que implicaba una previa subdepuración independiente y detallada para cada cédula, con tarifas diferenciales por grupos. La renta líquida gravable de las cédulas de *trabajo* y *pensiones* se debían sumar para aplicar la tarifa marginal establecida en la tabla del numeral 1 del artículo 241 ET; la misma operación procedía con las cédulas de *rentas de capital* y la cédula *no laboral* a cuyo resultado se daba aplicación de la tarifa establecida en la tabla del numeral 2 del artículo 241 ET. Por su parte, a los *dividendos y participaciones* se les aplicaba la tarifa establecida en el artículo 242 ET.

A partir de 2017, en aras de buscar una armonización normativa y práctica con la implementación de las NIIF, la reforma también hizo énfasis en el tratamiento diferenciado de las personas naturales obligadas y no obligadas a llevar contabilidad.

Actualmente, bajo la Ley 2277 de 2022 se conserva estructuralmente la forma de liquidación cedular del impuesto sobre la renta de las personas naturales y asimiladas, manteniendo las tres cédulas tributarias: de pensiones, de dividendos y participaciones, y la "cédula general", la cual integra las rentas de trabajo, las de capital y las no laborales, lo cual ya se había recibido de las reformas tributarias precedentes, con la justificación del Ministerio de Hacienda y Crédito Público como una pretendida respuesta a la afectación del principio de equidad tributaria que conllevó la discriminación de rentas por cédulas. Así rezó el contenido de la Ley 1943 de 2018 con la que se selló el respaldo al sistema cedular, también conservado por las Leyes 2010 de 2019 y 2155 de 2021:

> [...] Por otro lado, la discriminación de rentas por cédulas establecida en la Ley 1819 de 2016 tiene un efecto negativo sobre las dos dimensiones de equidad, en la medida en que no se consideraban los ingresos totales para calcular el impuesto a

---

43 *Gaceta del Congreso* 894 del 19 de octubre de 2016, Proyecto de Ley 178 de 2016 Cámara, "por medio de la cual se adopta una Reforma Tributaria Estructural, se fortalecen los mecanismos para la lucha contra la evasión y la elusión fiscal, y se dictan otras disposiciones".

> cargo, sino que este se reparte en diferentes cédulas. Así, un contribuyente cuyo ingreso proviniera de una sola cédula terminaría pagando más que otro que tuviera el mismo ingreso, pero que proviniera de dos cédulas distintas (inequidad horizontal). Más aun, si el segundo contribuyente tuviera un ingreso superior al primero, podría terminar con un menor impuesto a cargo que el primero (inequidad vertical). Con el objetivo de solucionar parcialmente este punto débil de la legislación, la propuesta plantea agregar los ingresos en tres grupos de cédulas: i) rentas de trabajo, de capital y no laborales, ii) rentas de pensiones y iii) dividendos y participaciones. De forma que para cada grupo cedular, las rentas agregadas pueden ser sometidas a la estructura del impuesto de renta para personas naturales correspondiente. Con esta disposición, la estructura de este impuesto se vuelve más equitativa en las dos dimensiones discutidas anteriormente [...][44].

Con la Ley 2277 de 2022 se consolidan las tres cédulas: general, de pensiones y de dividendos, lo cual será abordado en el presente libro, comprendiendo el funcionamiento del sistema de depuración cedular para la determinación del impuesto sobre la renta y complementarios en cabeza de las personas naturales.

En su momento la migración de cinco cédulas a tres cédulas tuvo como una de sus finalidades intentar dotar de mayor facilidad y/o simplicidad el sistema de determinación del impuesto sobre la renta de las personas naturales no obligadas llevar contabilidad, y finalmente se decidió establecer una cédula general que reunió los tres tipos de rentas más usuales (trabajo, capital y no laborales), unificando así los criterios de depuración frente a los ingresos derivados de dichas rentas. De otro lado, se independizaron las rentas de pensiones y de dividendos, las cuales tienen, como se explicará más adelante, reglas muy especiales de determinación y depuración de los ingresos que encuadran en ellas.

Cabe señalar que el escenario tributario de los últimos años se ha distinguido por la incertidumbre ante los diversos cambios normativos, más aún cuando luego del mecanismo de tributación cedular se introdujo el Régimen Simple de Tributación aplicable a personas naturales que cumplan

---

44 Ministerio de Hacienda y Crédito Público. Exposición de Motivos del Proyecto de Ley "Por medio de la cual se adoptan normas para la promoción del crecimiento económico, la inversión, el fortalecimiento de las finanzas públicas y la progresividad, equidad y eficiencia del sistema tributario, de acuerdo con los objetivos que sobre la materia impulsaron la Ley 1943 de 2018 y se dictan otras disposiciones". Senado de la República de Colombia, disponible en https://www.senado.gov.co/index.php/documentos/comisiones/constitucionales/comision-tercera/proyectos-de-ley-3/2680-exposicion-de-motivos/file.

los requisitos definidos en la ley, lo cual, aunado a algunas modificaciones en materia procedimental, en el impuesto sobre las ventas y en el impuesto nacional al consumo, entre otras novedades y ajustes, causó gran inquietud y debate en el ámbito tributario.

Como preludio a la exposición de la depuración cedular que será abordada para determinar el impuesto sobre la renta de las personas naturales y asimiladas, particularmente para aquellas no obligadas a llevar contabilidad, es preciso comprender las *reglas generales* a atender, contenidas fundamentalmente en el artículo 330 ET:

> La depuración de las rentas correspondientes a cada una de las cédulas tributarias se realiza de manera independiente, atendiendo al contenido del artículo 26 ET aplicable a cada caso.

Bajo esta premisa se advierte que sin perjuicio de que existan una cédula general y unos lineamientos para su tratamiento, las cédulas que la integran, así como la cédula de pensiones y dividendos, tienen de manera independiente un especial manejo o depuración.

Entonces, es basilar comprender que los ingresos, tanto de fuente nacional como extranjera, son la base de la renta líquida, la cual el contribuyente residente fiscal colombiano busca determinar con la debida correspondencia a su realidad económica para el periodo gravable que atiende. Por ello, el residente fiscal colombiano está en el deber de advertir la naturaleza de sus ingresos para reportarlos en las cédulas respectivas, según la normatividad vigente[45].

Al amparo de los artículos 26 y 330 ET podemos inferir los siguientes conceptos y reglas generales que aplican dentro del sistema cedular de depuración de la renta:

a. *Ingresos según cada cédula*. Los ingresos brutos comprenden la totalidad de los ingresos ordinarios y extraordinarios del año o período gravable con los cuales la persona natural obtiene o está en capacidad de obtener un incremento neto del patrimonio al momento de su percepción.

Por tratarse de un tipo de impuesto directo, el impuesto sobre la renta y complementarios de las personas naturales está destinado a gravar la capacidad económica del sujeto pasivo, lo que se representa en la posesión de un

---

45 DIAN. Concepto Unificado 0912 del 19 de julio de 2018 relativo al Impuesto sobre la Renta de las Personas Naturales.

patrimonio, o la obtención de ingresos o de una renta, o en su utilización o gasto[46], lo que debe ser observado analizando previamente el tipo o naturaleza de cada ingreso que se incluirá en la correspondiente cédula o subcédula.

En términos generales los ingresos son recursos que aumentan el activo o disminuyen el pasivo o forman una combinación de ambos, lo que eventualmente conduce al incremento del patrimonio; provienen de los pagos por la prestación de un servicio, la ejecución de diversas actividades, la venta de bienes u otros eventos ocurridos durante un período. Los ingresos que se deben incluir para llegar a la renta líquida corresponden a todos aquellos percibidos por la persona natural durante el año o período gravable.

b. *Ingresos no constitutivos de renta*. Permiten cuantificar los *ingresos netos*.

c. *Costos*. Son imputables a los ingresos. De este ejercicio se obtiene la *renta bruta*.

d. *Deducciones y gastos*. Para cuantificarlos es necesario cumplir los requisitos señalados en el artículo 107 ET[47], relacionado con la deducibilidad de las expensas realizadas para el desarrollo de la actividad productora de la renta, las cuales deben calificarse como necesarias y proporcionales según el criterio comercial ajustado a cada actividad.

El resultado de la depuración incluyendo estos conceptos permite conocer la *renta líquida ordinaria*.

i) Los ingresos no constitutivos de renta, los costos, los gastos, las deducciones, las rentas exentas, los beneficios tributarios y los demás conceptos susceptibles de ser restados para efectos de obtener la renta líquida cedular,

---

46 S. Mauricio. *Derecho financiero y tributario*, 2.ª ed., Valencia, Tirant lo Blanch, 2019.

47 Estatuto Tributario, artículo 107. "*Las expensas necesarias son deducibles.* Son deducibles las expensas realizadas durante el año o período gravable en el desarrollo de cualquier actividad productora de renta, siempre que tengan relación de causalidad con las actividades productoras de renta y que sean necesarias y proporcionadas de acuerdo con cada actividad. // La necesidad y proporcionalidad de las expensas debe determinarse con criterio comercial, teniendo en cuenta las normalmente acostumbradas en cada actividad y las limitaciones establecidas en los artículos siguientes. // * –Inciso 3 Modificado– En ningún caso serán deducibles las expensas provenientes de conductas típicas consagradas en la ley como delito sancionable a título de dolo. La administración tributaria podrá, sin perjuicio de las sanciones correspondientes, desconocer cualquier deducción que incumpla con esta prohibición. La administración tributaria compulsará copias de dicha determinación a las autoridades que deban conocer de la comisión de la conducta típica. En el evento que las autoridades competentes determinen que la conducta que llevó a la administración tributaria a desconocer la deducción no es punible, los contribuyentes respecto de los cuales se ha desconocido la deducción podrán imputarlo en el año o periodo gravable en que se determine que la conducta no es punible, mediante la providencia correspondiente".

no pueden ser incluidas o reconocidos simultáneamente en distintas cédulas ni pueden generar doble beneficio.

Como se desarrollará con mayor profundidad en capítulos posteriores, para cada cédula tributaria resulta oportuno categorizar e incluir aquellos conceptos que guardan un nexo de causalidad con la actividad generadora del ingreso o renta que los origina y que son susceptibles de ser restados; sin embargo, algunos no guardan tal relación de causalidad directa y mantienen la virtud de ser admisibles en la depuración. Otros conceptos pueden ser incluso registrados en una o más cédulas, frente a lo cual, a juicio de las autoras, la prohibición de reconocimiento simultáneo corresponde al aspecto cuantitativo del concepto, por lo que se pueden aceptar inclusiones a nivel cualitativo en dos o más cédulas, siempre y cuando no contraríen las disposiciones legales y no representen un aprovechamiento económico multiplicado.

Esta afirmación fue respaldada por la DIAN en el Concepto General Unificado n.º 0912 del 19 de julio de 2018, al confirmar en el descriptor 1.23 que, según lo previsto por el artículo 332 ET respecto de la prohibición de imputar en más de una cédula una misma renta exenta o deducción, si tal concepto se puede aplicar a varias cédulas la persona natural puede tomarla en una de las cédulas o proporcionalmente en función de los ingresos percibidos en cada cédula. Resalta, incluso, que no hay impedimento para imputar en más de una cédula una misma renta o deducción, lo que a nuestro juicio se acompasa con la posibilidad cualitativa de reconocer el beneficio tributario en dos o más cédulas pues, como la administración tributaria señala en este concepto: "Lo que se prohíbe es reconocer el mismo en más de una cédula una misma renta exenta o deducción, razón por la cual se deberá hacer el correspondiente cálculo".

En la misma línea, haciendo alusión a los beneficios tributarios a favor del contribuyente, el ordenamiento tributario consigna expresamente en el artículo 332 ET, que "sólo podrán restarse beneficios tributarios en las cédulas en las que se tengan ingresos. No se podrá imputar en más de una cédula una misma renta exenta o deducción".

El artículo 1.2.1.20.4 del DURT, establece que las rentas exentas y deducciones aplicables a cada una de las cédulas tributarias que admite tales conceptos en su depuración: rentas de trabajo, de capital, no laborales y de pensiones, deben mantener los límites específicos de cada uno de los beneficios, lo que implica prestar especial atención tanto a la no imputación de un mismo concepto en más de una cédula, como a los límites individuales y conjuntos que se deben aplicar. De igual manera, es importante advertir los casos en los que no aplican los límites a los beneficios, como ocurre con las rentas provenientes de la Decisión 578 de 2004 de la Comunidad Andina de Naciones, a las cuales no les resulta aplicable la limitación del 40% hasta las 1.340 UVT en deducciones y rentas exentas, conforme reza el artículo 336 ET.

ii) A partir del año gravable 2019, las pérdidas incurridas dentro de una cédula sólo podrán ser compensadas contra las rentas de la misma cédula en los siguientes periodos gravables, advirtiendo los límites y porcentajes de compensación establecidos en las normas vigentes. Cuando sean compensadas, tales pérdidas no podrán superar el valor resultante de restar a los ingresos de las rentas de capital o no laborales, los ingresos no constitutivos de renta y los costos o gastos procedentes, teniendo en cuenta los términos y condiciones indicados en el artículo 147 ET[48] (art. 1.2.1.20.6 del DUR).

---

48 Artículo 147. Modificado. Ley 1111/2006, "Artículo 5. *Compensación de pérdidas fiscales de sociedades.* Inciso 1. Modificado. Ley 1819/2016, "Artículo 88. Las sociedades podrán compensar las pérdidas fiscales, con las rentas líquidas ordinarias que obtuvieren en los doce (12) períodos gravables siguientes, sin perjuicio de la renta presuntiva del ejercicio. Los socios no podrán deducir ni compensar las pérdidas de las sociedades contra sus propias rentas líquidas. // La sociedad absorbente o resultante de un proceso de fusión, puede compensar con las rentas líquidas ordinarias que obtuviere, las pérdidas fiscales sufridas por las sociedades fusionadas, hasta un límite equivalente al porcentaje de participación de los patrimonios de las sociedades fusionadas dentro del patrimonio de la sociedad absorbente o resultante. La compensación de las pérdidas sufridas por las sociedades fusionadas, referidas en este artículo, deberá realizarse teniendo en cuenta los períodos gravables para compensar ya transcurridos y los límites anuales, previstos en la ley vigente en el período en que se generó y declaró la pérdida fiscal. // Las sociedades resultantes de un proceso de escisión, pueden compensar con las rentas líquidas ordinarias, las pérdidas fiscales sufridas por la sociedad escindida, hasta un límite equivalente al porcentaje de participación del patrimonio de las sociedades resultantes en el patrimonio de la sociedad que se escindió. La compensación de las pérdidas sufridas por la sociedad que se escindió, deberá realizarse teniendo en cuenta los períodos gravables para compensar ya transcurridos y los límites anuales, previstos en la ley vigente en el período en que se generó y declaró la pérdida fiscal. // En caso de que la sociedad que se escinde no se disuelva, ésta podrá compensar sus pérdidas fiscales sufridas antes del proceso de escisión, con las rentas líquidas ordinarias, hasta un límite equivalente al porcentaje del patrimonio que conserve después del proceso de escisión. La compensación de las pérdidas sufridas por la sociedad escindida, deberá realizarse teniendo en cuenta los períodos gravables para compensar ya transcurridos y los límites anuales, previstos en la ley vigente en el período en que se generó y declaró la pérdida fiscal. // En todos los casos, la compensación de las pérdidas fiscales en los procesos de fusión y escisión con las rentas líquidas ordinarias obtenidas por las sociedades absorbentes o resultantes según el caso, sólo serán procedentes si la actividad económica de las sociedades intervinientes en dichos procesos era la misma antes de la respectiva fusión o escisión. // Inciso 6. Modificado. Ley 1111/2006, "Art. 5. Las pérdidas fiscales originadas en ingresos no constitutivos de renta ni de ganancia ocasional, y en costos y deducciones que

El artículo 330 ET incluye un parágrafo transitorio en el que se prevé que las pérdidas declaradas en periodos gravables anteriores al 2019 deben ser imputadas contra la cédula general, teniendo en cuenta los límites y porcentajes de compensación establecidos.

Señala el artículo 1.2.1.20.6 del DUR que las pérdidas declaradas en los períodos gravables 2018 y anteriores solo podrán ser imputadas contra la renta líquida de la cédula general, atendiendo los límites y porcentajes de compensación previstos, y sin afectar las rentas de trabajo, como lo indican el artículo 156 y el parágrafo transitorio del artículo 330 ET.

De acuerdo con las anteriores consideraciones, en el marco de la Ley 2010 de 2019 la base gravable del impuesto sobre la renta y complementarios de las personas naturales se determina a partir de cuatro grandes grupos de rentas o cédulas: i) la cédula general; ii) la cédula de pensiones; iii) la cédula de dividendos y participaciones, y iv) las ganancias ocasionales, con tres grupos de tarifas diferentes: la tabla prevista en el artículo 241 ET para la cédula general y la cédula de pensiones, la tabla del artículo 242 ET aplicable a la cédula de dividendos y participaciones, y las tarifas contenidas en el capítulo IV del Título III del Libro I ET para las ganancias ocasionales.

En los términos del artículo 330 ET, la depuración se efectuará de modo independiente en las cédulas: a) las rentas de trabajo, de capital y no laborales, las cuales integran la cédula general; b) las rentas de pensiones, y c) los dividendos y las participaciones. De esa manera quedan comprendidos los diversos elementos que integran la renta, contraponiendo los ingresos con los conceptos no constitutivos de renta ni ganancia ocasional, las deducciones, las rentas exentas y los demás rubros que permiten determinar la renta gravable.

Ahora bien, es importante destacar que el artículo 6.º de la Ley 2277 de 2022, "Por medio de la cual se adopta una reforma tributaria para la igualdad y la justicia social y se dictan otras disposiciones", al modificar el artículo 331 ET, establece que para efectos de determinar la renta líquida gravable a la

---

no tengan relación de causalidad con la generación de la renta gravable, en ningún caso podrán ser compensadas con las rentas líquidas del contribuyente, *salvo las generadas en la deducción por inversión en activos fijos a que se refiere el artículo 158-3 de este Estatuto.* // Inciso 7. Modificado. Ley 1819/2016, Art. 89. El término de firmeza de las declaraciones de renta y sus correcciones en las que se determinen o compensen pérdidas fiscales será de ~~seis (6) años~~ [hoy 5 años]* contados a partir de la fecha de su presentación. // *El artículo 117 de la Ley 2010 de 2019 estableció que el término de firmeza de las declaraciones en las que se determinen o compensen pérdidas, es de cinco (5) años.

que le será aplicable la tarifa marginal que corresponda conforme al artículo 241 ET, se deben sumar las rentas líquidas cedulares obtenidas en las rentas de trabajo, de capital, no laborales, de pensiones y de dividendos y participaciones, luego de lo cual, sin perjuicio de las rentas líquidas especiales, le será aplicable la tarifa señalada en el artículo 241 ET.

B. CÉDULA GENERAL

La cédula general comprende los ingresos o rentas provenientes del trabajo, del capital y de las denominadas rentas no laborales, lo que, para efectos de abordar su depuración, llamaremos subcédulas de manera independiente. En consecuencia, la cédula general representa la sumatoria de las rentas líquidas cedulares obtenidas en las rentas de trabajo, de capital y no laborales.

En los términos del artículo 335 ET, en consonancia con el artículo 8.º del Decreto 1435 de 2020, incorporado al DUR en el artículo 1.2.1.20.2, son ingresos de la cédula general los siguientes:

1. *Las rentas de trabajo* consagradas en el artículo 103 de este Estatuto.
2. *Las rentas de capital* obtenidas por concepto de intereses, rendimientos financieros, arrendamientos, regalías y explotación de la propiedad intelectual.
3. *Las rentas no laborales* que incluyen todos los ingresos que no se clasifiquen expresamente en ninguna otra cédula, con excepción de los dividendos y las ganancias ocasionales, que se rigen según sus reglas especiales.

Una vez determinadas las rentas líquidas de la cédula general, y las correspondientes a la cédula de pensiones, se deben sumar para aplicar al resultado obtenido la tarifa de impuesto de renta previsto en el artículo 241 ET. Lo anterior, sin perjuicio del tratamiento especial que el legislador concedió a las personas naturales que obtienen rentas hoteleras, conforme al artículo 240 ET.

1. SUBCÉDULA RENTAS DE TRABAJO

a. INGRESOS BRUTOS

La subcédula rentas de trabajo comprende toda contraprestación, reconocimiento económico o pago, cualquiera que sea su denominación, en dinero o en especie, originado en el trabajo personal o en una relación laboral, legal o reglamentaria, que representa un incremento o potencial incremento patrimonial de la persona natural que lo percibe.

En consonancia con lo anterior, el artículo 103 ET consigna como rentas exclusivas del trabajo las percibidas por las personas naturales por concepto de salarios, comisiones, prestaciones sociales, viáticos, gastos de representación, honorarios, emolumentos eclesiásticos, compensaciones recibidas por el trabajo asociado cooperativo y, en general, las compensaciones por servicios personales.

Las compensaciones por servicios personales constituyen la contraprestación generada por la actividad o labor o trabajo prestado directamente por una persona natural, sin importar su denominación o forma de remuneración, lo que podemos entender como una definición general de las propias rentas de trabajo. Cabe advertir que antes de la Ley 1943 de 2018, en vigencia de la Ley 1819 de 2016, algunas compensaciones por servicios personales no correspondían a ingresos de la cédula de rentas de trabajo si para su obtención el contribuyente vinculaba a dos o más personas durante al menos noventa días en la vigencia fiscal, para el desarrollo de la actividad generadora de la respectiva renta, asumiendo los riesgos, costos y gastos necesarios para la ejecución de dicha actividad.

Esta distinción advertía un criterio comercial en cabeza del contribuyente, por lo que aquellos ingresos generados con el cumplimiento de estas condiciones se clasificaban como *no laborales* con las correspondientes implicaciones en su depuración. Tal distinción fue eliminada a partir de la Ley 1943 de 2018, en virtud de la cual dichas rentas también se incorporan en la cédula de *rentas de trabajo*, sin perjuicio del legado que tal caracterización dejó en el ordenamiento tributario para efectos de la inclusión del 25% de renta exenta laboral o de costos y gastos para quienes perciben honorarios o compensaciones por servicios personales[49], como será expuesto en el correspondiente apartado capitular sobre la materia, lo cual también fue objeto de modificaciones mediante la Ley 2277 de 2022.

---

49 Artículo 1.2.4.1.6 del Decreto 2250 de 2017.

b. INGRESOS TRIBUTARIOS *VS*. INGRESOS LABORALES. PAGOS DE ORIGEN LABORAL

Es pertinente precisar que los ingresos o pagos provenientes de una relación laboral, legal y reglamentaria son diferentes de los ingresos tributarios, los cuales deben ser incluidos en la declaración de renta del contribuyente, al representar un incremento, o potencial incremento, patrimonial del trabajador.

Al respecto, es necesario indicar que las relaciones del trabajo se regulan por el derecho laboral, marco en el cual compete advertir los contenidos conceptuales del CST colombiano. Es así como esta normatividad define los elementos esenciales que configuran un contrato de trabajo, entre ellos los diversos conceptos que integran los pagos de origen laboral:

i) *El salario*. Constituido por la remuneración ordinaria, fija o variable, por todo lo que percibe el trabajador en dinero o en especie como *contraprestación directa del servicio que presta*, sea cual sea su forma o denominación, como primas, sobresueldos, bonificaciones habituales, valor del trabajo suplementario, de los días de descanso obligatorio, porcentajes sobre ventas y comisiones, etc.[50]. Estos pagos constituyen la base del pago de prestaciones sociales y cotizaciones a la seguridad social del trabajador.

ii) *Pagos no salariales*. Son los pagos en dinero o en especie que *no retribuyen su servicio*, que se conceden ocasionalmente y por mera liberalidad del empleador, como primas, bonificaciones, participación de utilidades, entre otros. En este grupo se incluyen las prestaciones sociales de que tratan los títulos VIII y IX del CST, los beneficios o auxilios habituales u ocasionales expresamente acordados con el trabajador como no constitutivos de salario, y aquellas sumas, bienes o servicios que se otorgan al trabajador para desempeñar a cabalidad sus funciones, como gastos de representación, viáticos esporádicos, medios de transporte y otros elementos o *medios de trabajo*, como servicios de comunicaciones o internet.

Es conveniente tener en cuenta que, sin perjuicio de las normas laborales, para efectos tributarios son ingreso todos aquellos pagos o sumas que en virtud de la relación laboral percibe el trabajador, o que se pagan a terceros en beneficio del trabajador y/o su grupo familiar y que representan un incremento o potencial incremento en su patrimonio, los cuales deben ser incluidos en el respectivo certificado de ingresos y retenciones.

---

50 Artículo 127 del Código Sustantivo del Trabajo.

Es por ello que los denominados medios o elementos de trabajo, es decir, los pagos, bienes o servicios concedidos al trabajador para el cabal desarrollo de sus funciones en el marco de la relación laboral, no enriquecen su patrimonio ni son para su propio beneficio, por lo que no pueden ser calificados como ingreso tributario ni deben ser incluidos en el certificado de ingresos y retenciones. Así, se tienen, por ejemplo, los viáticos ocasionales que se reconocen y pagan al trabajador para que realice alguna función en un sitio diferente al habitual, y que se tratan a manera de reembolso de gastos del empleador; sin embargo, los viáticos permanentes sí representan un ingreso para el trabajador.

En la práctica, se efectúan pagos en el marco de la relación laboral sobre los cuales cabe resaltar algunas reflexiones de relevancia tributaria, como los siguientes:

iii) *Pagos indirectos*. El empleador puede efectuar pagos indirectos a favor del trabajador, lo que se traduce en la transferencia a terceras personas de sumas derivadas de la relación laboral por la prestación de servicios o adquisición de bienes en beneficio del trabajador y/o su grupo familiar. En principio los pagos indirectos son gravados para el trabajador, pero se debe advertir la calificación tributaria otorgada a cada uno de ellos, puesto que algunos pueden no ser constitutivos de renta y/o no se encuentran sujetos a retención en la fuente, o son catalogados como deducciones tributarias, como sucede con los pagos indirectos con destino a la alimentación del trabajador y/o de su grupo familiar.

iv) *Indemnizaciones por despido sin justa causa*. Cualquiera de las partes puede dar por terminada la relación laboral; sin embargo, es interesante comprender el tratamiento tributario que se debe dar a los pagos que se deriven de este evento. El artículo 62 del CST consagra las causales consideradas justas para dar por terminado el contrato de trabajo, eventos en los cuales no hay lugar al reconocimiento de una indemnización del empleador a favor del trabajador, si fuera aquél quien alegara dichas causales.

Por otro lado, el artículo 64 del CST confirma que en todo contrato, como el contrato de trabajo, está explícita la condición resolutoria por incumplimiento de lo pactado, lo que conlleva el reconocimiento de una indemnización por los perjuicios causados, con cargo a la parte responsable de tal incumplimiento, lo que ocurriría si el empleador, sin invocar una justa causa, da por terminado el contrato de trabajo.

Los pagos que recibe el trabajador a título de indemnización por despido sin justa causa hacen parte de los ingresos laborales gravables, y por tanto gozan de la exención del 25% establecido para los pagos laborales; sin embargo, cuando se trata de la indemnización por despido sin justa causa la exención procede sin el límite de las UVT mensuales consagrada en el numeral 10.º del artículo 206 ET, dado que esta limitación aplica para pagos mensuales. Así lo destacó la DIAN en el Concepto n.º 030573 del 9 de noviembre de 2015, al rememorar lo afirmado en 2005, así:

> [...] Tratándose del pago de una indemnización por terminación del contrato de trabajo o bonificación definitiva por retiro voluntario del trabajador, conforme a los parámetros establecidos en el artículo 64 del Código Sustantivo de Trabajo, debe tenerse en cuenta que el número de años o de meses trabajados hacen parte de la referencia legal para su liquidación, desde el punto de vista estrictamente laboral, sin que ello signifique que para efectos de aplicar la limitación mensual establecida en el numeral 10 del artículo 206 del Estatuto Tributario, el pago por concepto de indemnización o bonificación por retiro definitivo del trabajador involucre pagos mensuales.
>
> Por lo tanto, teniendo en cuenta que las indemnizaciones por terminación unilateral del contrato de trabajo o las bonificaciones por retiro voluntario y definitivo de un trabajador son por naturaleza pagos laborales provenientes de una relación laboral, legal o reglamentaria, es dable concluir que el veinticinco (25%) del valor total del pago debe ser considerado renta laboral exenta, *sin que sea aplicable la limitante establecida en el mismo numeral 10 del artículo 206 del Estatuto Tributario, la cual se refiere a pagos mensuales.* (cursiva fuera del texto original)[51].

El artículo 401-3 ET indica que las indemnizaciones laborales estarán sometidas a retención por concepto de impuesto sobre la renta y complementarios a una tarifa del 20% para los trabajadores que devengan ingresos superiores a 204 UVT, razón por la cual los trabajadores con ingresos inferiores no serán sujetos de retención en la fuente, sin perjuicio de que puedan ser gravados por el impuesto de renta y complementarios, y de que deba ser incluido en la respectiva declaración de renta por el año gravable en que se percibe[52].

---

51 DIAN, División de Normativa y Doctrina Tributaria, Concepto n.º 007261 del 11 de febrero de 2005.

52 DIAN, Concepto n.º 030573 del 9 de noviembre de 2015.

– Bonificaciones por retiro

Las partes de la relación laboral pueden acordar una suma de dinero a manera de compensación o remuneración a favor de los trabajadores que optan por el retiro voluntario de la organización. Esta cuantía, que se otorga de mera liberalidad con un carácter ocasional por provenir de la extinción del vínculo laboral no representa una contraprestación del servicio[53] sino un ingreso de origen laboral que goza de la exención del 25% del pago total, sin el límite previsto en el numeral 10 del artículo 206 ET, consagrado para los pagos mensuales.

– Honorarios, comisiones y compensaciones por servicios personales

Los *honorarios* corresponden a la remuneración otorgada por toda actividad, labor o trabajo calificado prestado por una persona natural que no tiene vínculo laboral (contrato de trabajo o relación laboral, legal y reglamentaria) vigente con el pagador. Se considera calificada la labor ejecutada por la persona natural por cuanto en ella prevalece el factor intelectual, la creatividad o el ingenio sobre el factor manual o material. Es por eso que en el concepto de honorarios se entienden incluidas las profesiones liberales, las técnicas especializadas, científicas, artísticas, de consultoría o de versada pericia en las que se aplica un conocimiento particular y una experiencia que predomina en la actividad o competencia emprendida por la persona natural.

Por ejemplo, en el ordenamiento mexicano se denominan ingresos por prestación de un servicio profesional las remuneraciones provenientes de un servicio personal independiente, y cuyos ingresos no corresponden a los ingresos por salarios o, en general, por la prestación de un servicio personal subordinado, como las que se les reconocen a los artistas, los médicos, los contadores, los abogados, los deportistas, los arquitectos, etc.[54].

En España el concepto de honorarios está más asociado a la definición de los rendimientos íntegros de las actividades económicas que al concepto de rendimientos de trabajo, el cual se relaciona mayormente con los pagos de origen laboral. Es así como el artículo 27 de la Ley del Impuesto sobre la

---

53 Corte Suprema de Justicia, Sala de Casación Laboral, Sentencia 28085 del 17 de abril de 2007, M. P.: Gustavo José Gnecco Mendoza, radicación 28085.

54 J. Pérez y R. Fol Olguín. *Estudio del impuesto sobre la renta. Personas físicas 2014*, México, Tax Editores.

Renta de las Personas Físicas considera rendimientos íntegros de actividades económicas aquellos que proceden conjuntamente del trabajo personal y del capital, o de uno de esos factores, suponiendo también del contribuyente la ordenación por cuenta propia de los medios de producción y/o recursos humanos necesarios para la producción o distribución de bienes o servicios. En particular la norma señala que tal denominación incluye la prestación de servicios y el ejercicio de profesiones liberales, artísticas y deportivas[55].

Las *comisiones* corresponden a la retribución reconocida por la ejecución de actos, operaciones, actividades, gestiones, encargos, mandatos, negocios, ventas, etc., por cuenta de otra persona, comerciante o no, tengan o no carácter de actos comerciales, siempre y cuando no haya vínculo laboral entre la persona natural que las lleva a cabo a nombre propio y la persona que las ordena.

La Sección Cuarta del Consejo de Estado le dio una interpretación más amplia a la *comisión* al tratarla como una remuneración y no como un contrato restringido a lo establecido en la ley comercial[56], en atención a que el artículo 392 ET[57] se refiere a la retención en la fuente como un pago procedente de

---

55 J. Pérez. *Impuesto sobre la Renta de las Personas Físicas. Impuesto sobre el Patrimonio. Impuesto sobre la Renta de los No Residentes*, 2.ª ed. concordada y anotada, Valencia, España, Tirant lo Blanch Editores, 2013.

56 Código de Comercio, artículo 1287. "*Comisión*. La comisión es una especie de mandato por el cual se encomienda a una persona que se dedica profesionalmente a ello, la ejecución de uno o varios negocios, en nombre propio, pero por cuenta ajena".

57 Estatuto Tributario, "Artículo 392. Se efectúa sobre los pagos o abonos en cuenta. // Están sujetos a retención en la fuente los pagos o abonos en cuenta que hagan las personas jurídicas y sociedades de hecho por concepto de honorarios, comisiones, servicios y arrendamientos. // Respecto de los conceptos de honorarios, comisiones, y arrendamientos, el Gobierno determinará mediante decreto los porcentajes de retención, de acuerdo con lo estipulado en el inciso anterior, sin que en ningún caso sobrepasen el 20% del respectivo pago. Tratándose de servicios no profesionales, la tarifa no podrá sobrepasar el 15% del respectivo pago o abono en cuenta. // Inciso 3. Modificado. Ley 633/2000, Art. 45. La tarifa de retención en la fuente para los honorarios y comisiones, percibidos por los contribuyentes no obligados a presentar declaración de renta y complementarios, es el diez por ciento (10%) del valor del correspondiente pago o abono en cuenta. La misma tarifa se aplicará a los pagos o abonos en cuenta de los contratos de consultoría y a los honorarios en los contratos de administración delegada. La tarifa de retención en la fuente para los contribuyentes obligados a declarar será la señalada por el Gobierno Nacional. // Inciso 4. Adicionado. Ley 633/2000, Art. 45. La tarifa de retención en la fuente para los servicios percibidos por los contribuyentes no obligados a presentar declaración de renta y complementarios, es del seis por ciento (6%) del valor del correspondiente pago o abono en cuenta. La tarifa de retención en la fuente para los contribuyentes obligados a declarar será la señalada por el Gobierno Nacional. // Inciso 5. Adicionado. Ley 1111/2006, Art. 75. Los servicios integrales de salud que involucran servicios calificados y no calificados, prestados a un usuario por instituciones prestadoras de

una actividad comercial y no de un contrato específico. En ese sentido, el concepto "comisión" recae en los pagos o abonos en cuenta que conformen ese hecho económico, como sucede con los bonos que constituyen una remuneración por ventas sin vínculo laboral; así, independientemente de la denominación dada al convenio por el cual se derivan pagos por comisiones, a excepción de los generados por un contrato laboral, los ingresos percibidos como producto de una venta o negocio ajeno se adecuan a la definición de comisiones[58].

Se considera *compensación por servicios personales* la contraprestación reconocida en dinero o en especie, independientemente de su denominación o forma de pago, por toda actividad, labor o trabajo prestado directamente por una persona natural, en la cual se destaca el factor manual, material o mecánico, tales como las correspondientes al desarrollo de oficios técnicos especializados.

– Emolumentos eclesiásticos y compensaciones por trabajo asociado cooperativo

Son emolumentos eclesiásticos los pagos o abonos en cuenta, en dinero o en especie que se realizan a través de ofrendas, retribuciones, donaciones, o toda forma empleada por iglesias, confesiones y denominaciones religiosas con el fin de reconocer, compensar o retribuir los servicios personales prestados por los ministros, pastores o líderes de la religión o culto, sin importar el tipo concepto que se le asigne, ni la creencia, denominación o culto religioso que se profese.

Otro tipo de ingresos que hacen parte de la cédula de rentas de trabajo son las compensaciones por trabajo asociado cooperativo, el cual corresponde al reconocimiento económico por la actividad libre, autogestionaria, física, material o intelectual o científica, que desarrolla con autonomía un grupo de personas naturales que acuerdan asociarse solidariamente, fijando sus propias reglas en armonía con los lineamientos legales, con el fin de generar empresa. Es así como a los asociados a una precooperativa o cooperativa de trabajo asociado, no les es aplicable la legislación laboral ordinaria sino que

---

salud IPS, que comprenden hospitalización, radiología, medicamentos, exámenes y análisis de laboratorios clínicos, estarán sometidos a la tarifa del dos por ciento (2%)".

58 Consejo de Estado, Sección Cuarta, Sentencia 2009-00270 del 5 de marzo de 2018, C. P.: Milton Chaves García, expediente 19405.

se rigen por sus estatutos en armonía con el régimen de trabajo asociado establecido por la ley[59].

Estas organizaciones se caracterizan por carecer de ánimo lucrativo y cumplir con el fin principal de proveer de trabajo a sus asociados, lo que permite una retribución económica a su favor que no constituye salario.

Como reza el parágrafo 1.º del artículo 103 ET, para que se consideren rentas de trabajo las compensaciones que se otorgan por el trabajo asociado cooperativo, la precooperativa o cooperativa de trabajo asociado debe tener registrados sus regímenes de trabajo y compensaciones en el Ministerio del Trabajo. De igual manera, se exige que los asociados se encuentren debidamente vinculados al sistema general de riesgos profesionales y al régimen de seguridad social en salud y en pensiones, o que tengan la condición de pensionados o con asignación de retiro, en armonía con los regímenes especiales vigentes.

– Honorarios percibidos en contratos de colaboración empresarial

Los contratos de colaboración empresarial son un tipo de contrato asociativo no societario que se caracteriza por ser plurilateral, y que exige la división de las responsabilidades adquiridas y de los riesgos y beneficios generados por la actividad emprendida. Por su parte, el acuerdo de voluntades busca optimizar las ventajas que ofrecen quienes se unen en colaboración como recurso necesario para alcanzar el objetivo empresarial propuesto.

Se consideran contratos de colaboración empresarial las cuentas de participación, los consorcios, las uniones temporales y los *joint ventures*. Ese tipo de acuerdos no constituye una nueva persona jurídica independiente de la de los partícipes, por lo que los ingresos, los costos, los gastos y los demás conceptos aplicables derivados de la ejecución de uno de esos contratos se atribuyen y recaen en ellos, según el tipo de contrato y participación que se haya acordado.

La Superintendencia de Sociedades señala que los contratos de colaboración

59 Artículos 2.2.8.1.9 y 2.2.8.1.23 del Decreto 1072 del 26 de mayo de 2015, por medio del cual se expide el Decreto Único Reglamentario del Sector Trabajo.

> [...] son figuras en virtud de las cuales, varias personas naturales o jurídicas, unen sus esfuerzos, conocimientos, capacidad técnica y científica para la gestión de intereses recíprocos, y aunque parten de una base asociativa, no hay socios propiamente dichos, sino un modelo de colaboración para la ejecución de uno o varios proyectos, pero cada uno de los asociados conservando su independencia[60].

Inicialmente debemos advertir que el artículo 18 ET reconoce que los contratos de colaboración empresarial no son contribuyentes del impuesto sobre la renta y complementarios, por lo que los partícipes de dichos convenios están en la obligación de declarar de manera independiente los activos, los pasivos, los ingresos, los costos y las deducciones que les correspondan, de conformidad con la participación que les es atribuida sobre los activos, los pasivos, los ingresos, los costos y los gastos incurridos en desarrollo del contrato de colaboración empresarial.

Sobre el particular, la doctrina oficial al amparo del artículo 18 ET declaró que se reconoce que los contratos de colaboración empresarial, como un género de las modalidades que se concretan en unas especies de negocios jurídicos, donde se incluyen los consorcios, uniones temporales, *joint ventures* y cuentas en participación, tienen el mismo tratamiento tributario para efectos del impuesto sobre la renta. Sin embargo, para otras obligaciones tributarias, como la facturación y la retención en la fuente, entre otros, existen diferencias entre los contratos de colaboración[61].

En armonía con el artículo 18 ET, las relaciones comerciales entre las partes del contrato de colaboración empresarial con el contrato mismo, en el cual se define un rendimiento garantizado, se deben tratar como relaciones entre partes independientes para efectos fiscales. Por ello, se considera que no hay aporte del contrato de colaboración empresarial sino que procede una enajenación o una prestación de servicios entre el contrato de colaboración y el partícipe o parte del contrato que tiene derecho al rendimiento garantizado.

Así, las personas naturales partícipes de estos contratos pueden recibir utilidades con ocasión de los beneficios económicos percibidos; de hecho, podrán pactar la participación sobre el ingreso o sobre el resultado (utilidad/pérdida), lo que en términos de la administración tributaria nacional, bajo el principio de transparencia fiscal, obliga a cada una de las partes a reconocer

---

60 Superintendencia de Sociedades, Circular Externa 115-006 del 23 de diciembre de 2009.

61 DIAN, Dirección de Gestión Jurídica. Concepto 112 del 10 de febrero de 2016, Concepto 204 del 28 de febrero de 2019 y oficio n.º 0161 002992 del 12 de febrero de 2020.

el ingreso fiscal en el porcentaje pactado cuando se acuerda participación sobre el ingreso; cuando se pacta participación sobre el resultado cada parte reconoce los ingresos, costos y gastos, y todos los conceptos determinantes para establecer la utilidad (renta líquida) o la pérdida fiscal[62].

En el mismo pronunciamiento la DIAN se refirió a lo expresado en un oficio precedente relacionado con los ingresos provenientes del contrato de cuentas de participación[63] del cual concluyó que

> … independientemente de las condiciones pactadas en el contrato, deberán ser reconocidos por los partícipes en proporción al porcentaje de participación en el contrato. Lo anterior resulta aplicable tanto para los diferentes conceptos como activos, pasivos, costos y gastos.

El primer inciso del artículo 18 ET señala que en aquellos casos en que se ha establecido que uno de los partícipes no reconoce activos o pasivos no existe la obligación de reconocer dichas partidas, y al respecto señala: "Las partes en el contrato de colaboración empresarial, deberán declarar de manera independiente los activos, pasivos, ingresos, costos y deducciones que les correspondan", y bajo ese presupuesto, el contribuyente debe soportar y probar tal pretensión.

En el parágrafo 1.º del artículo 18 también se hace alusión a la información que el socio gestor debe reportar al partícipe oculto a fin de reconocer los elementos fiscales en la declaración de renta del partícipe, atendiendo al porcentaje de participación pactado en el contrato:

> Parágrafo 1.º: En los contratos de colaboración empresarial el gestor, representante o administrador del contrato deberá certificar y proporcionar a los partícipes, consorciados, asociados o unidos temporalmente la información financiera y fiscal relacionada con el contrato. La certificación deberá estar firmada por el representante legal o quien haga sus veces y el contador público o revisor fiscal respectivo. *En el caso del contrato de cuentas en participación, la certificación expedida por el gestor al partícipe oculto hace las veces del registro sobre las actividades desarrolladas en virtud del contrato de cuentas en participación* (cursivas fuera de texto).

Para comprender lo expuesto vale la pena traer a colación algunos contenidos del Código de Comercio: el artículo 507 señala que el contrato de cuentas

---

62 DIAN, Dirección de Gestión Jurídica. Oficio n.º 017761 del 10 de julio de 2019.

63 DIAN, Dirección de Gestión Jurídica. Oficio n.º 008537 del 9 de abril de 2018.

de participación se caracteriza porque en una de las partes del contrato recae el deber de ejecutar en su nombre y bajo su crédito personal una o varias operaciones mercantiles acordadas, con la obligación de rendir cuentas y dividir con sus partícipes las ganancias o pérdidas en la proporción convenida; por su parte, el artículo 510 denomina gestor al partícipe que se reputa dueño del negocio en las relaciones externas de la participación, y el artículo 511 consagra la responsabilidad del partícipe no gestor limitada al valor de su participación, sin perjuicio de una eventual responsabilidad solidaria frente a terceros, al revelar o autorizar que se revele su calidad de partícipe oculto o no gestor.

El contrato de cuentas de participación, especie de los contratos de colaboración, no tenía regulación expresa en el ET, sino que surgió con la entrada en vigencia de la Ley 1819 de 2016 y, en consecuencia, además de lo ya indicado sobre este tipo de contratos, el partícipe gestor debe emitir una certificación informando al partícipe oculto los diferentes conceptos con el fin de registrarlos y declararlos, en observancia de la ley y del principio de transparencia fiscal.

Por ello, se considera insuficiente que el partícipe oculto declare el ingreso por la utilidad neta, pues a partir de dicha modificación legislativa debe declarar el valor bruto de los ingresos en atención al porcentaje de participación que tenga en el contrato, para lo cual podrá afectar los costos, los gastos y las deducciones procedentes[64].

Conforme a los nuevos marcos técnicos normativos de información financiera aplicables, el parágrafo 2.º del artículo 18 ET permite que las partes del contrato de colaboración empresarial definan si se llevará contabilidad.

C. INGRESOS NO CONSTITUTIVOS DE RENTA NI GANANCIA OCASIONAL

Por regla general, los ingresos que integran la renta son todos aquellos percibidos por la persona natural; sin embargo, en virtud del mandato legal, algunos no constituyen renta y tampoco se califican como ganancia ocasional.

Son ingresos no constitutivos de renta ni ganancia ocasional:

---

64 DIAN, Dirección de Gestión Jurídica. Concepto 100202208 del 9 de abril de 2018, Concepto General sobre el tratamiento tributario, contratos de cuentas de participación.

– Los aportes obligatorios a los fondos de pensiones obligatorias

En Colombia el Sistema General de Seguridad Social Integral (SGSSI) busca proteger a las personas de las contingencias que las afectan, entre ellas la vejez, las enfermedades generales y profesionales, los accidentes de trabajo, la invalidez, y otros eventos que demandan atención especial, como ocurre con la maternidad, o la protección de dependientes o beneficiarios de ley, como sucede en caso de fallecimiento. Por ello, el sistema comprende otras obligaciones del Estado, la sociedad, las instituciones y los recursos destinados a la cobertura de prestaciones económicas y servicios complementarios que se regulan principalmente mediante la Ley 100 de 1993[65].

Además de ser calificado como un servicio público obligatorio bajo la dirección del Estado, la Corte Constitucional ha reconocido de manera reiterada que la seguridad social es un derecho constitucional fundamental irrenunciable, en armonía con los contenidos de los artículos 48 y 49 de la Carta Política de 1991 y lo dispuesto en la normatividad internacional, dado que varios instrumentos internacionales reconocen el derecho de las personas a la seguridad social.

El SGSSI instituido así mediante la Ley 100 de 1993, está integrado por el Sistema General de Pensiones (SGP), el Sistema General de Salud y el Sistema General de Riesgos Laborales (SGRL) o profesionales y de los servicios sociales complementarios. Existen otras prestaciones que hacen parte del sistema de seguridad social, como las cesantías, el subsidio familiar y los beneficios económicos periódicos, con los que se busca dar mayor protección y cobertura a la población.

En ese marco, encontramos el SGP cuyo objetivo es garantizar a las personas el amparo contra las contingencias derivadas de la vejez, la invalidez y la muerte, mediante el reconocimiento y pago de las pensiones y prestaciones definidas en la ley. De esa manera, se estructuraron dos regímenes excluyentes en el SGP:

1. *El Régimen Solidario de Prima Media con Prestación Definida* (RPM), que corresponde al régimen de carácter público administrado por Colpensiones, antes a cargo del Instituto de Seguros Sociales, y se caracteriza principalmente, como su nombre lo indica, por ser un régimen solidario de prestación definida, en el cual se constituye un fondo común de naturaleza pública con

65 Ley 100 de 1993, Artículo 1.º.

los aportes de los afiliados y sus rendimientos, destinado a garantizar el pago de las prestaciones a favor de los pensionados o quienes tengan derecho a una prestación con cargo al fondo.

En cumplimiento del literal c del artículo 32 de la Ley 100 de 1993, el Estado debe garantizar el pago de los beneficios a que se hacen acreedores los afiliados al RPM, quienes pueden acceder a una pensión de vejez, invalidez o de sobrevivientes, o a una indemnización, previo el cumplimiento de los requisitos definidos en la ley.

2. *El Régimen de Ahorro Individual con Solidaridad (RAIS)*, de carácter privado, en cabeza de las administradoras de fondos de pensiones y cesantías, que comprende las entidades, normas y procedimientos mediante los cuales se administran los recursos privados y públicos destinados al reconocimiento y pago de las pensiones y prestaciones que se deben reconocer a sus afiliados[66], en armonía con lo definido en las leyes aplicables.

Conforme indican los artículos 59 y 60 de la Ley 100 de 1993, en este régimen se constituye un ahorro individual proveniente de las cotizaciones y sus rendimientos financieros, administrado bajo el esquema de "multifondos" para la eficiente gestión financiera de los recursos, buscando el mejor retorno posible según el perfil de riesgo y las edades de los afiliados. El conjunto de cuentas individuales de ahorro pensional constituye un patrimonio autónomo de propiedad de los afiliados, denominado Fondo de Pensiones Obligatorias (FPO), el cual es independiente del patrimonio de la entidad administradora[67].

Con esos recursos los afiliados tendrán derecho al reconocimiento y pago de las pensiones de vejez, invalidez y sobrevivientes, así como la devolución de saldos, todo lo cual depende principalmente de los ahorros, rendimientos y subsidios del Estado, si los hubiere. Estos conceptos serán abordados en la cédula tributaria de pensiones.

A diferencia de los afiliados en el RPM, los afiliados en el RAIS también podrán optar por una pensión de vejez a la edad que elijan, siempre y cuando el capital acumulado en su cuenta de ahorro individual les permita obtener una pensión mensual superior al 110% del smlmv.

---

66 Artículo 59 Ley 100 de 1993.

67 Artículo 97 Ley 100 de 1993.

– Aportes obligatorios y voluntarios a Fondo de Pensiones Obligatorias

Teniendo en cuenta lo anterior, el artículo 62 de la Ley 100 de 1993 contempla las cotizaciones voluntarias con destino a la cuenta individual de ahorro pensional del afiliado al FPO del RAIS con el fin de incrementar los saldos para optar por una pensión mayor o un retiro anticipado.

Ahora bien, con esta comprensión de la materia, podemos abordar las implicaciones tributarias de los aportes obligatorios al FPO.

En primer lugar, conforme a lo establecido en el artículo 55 ET, y dada la naturaleza de los conceptos involucrados, los aportes obligatorios efectuados por trabajadores, empleadores y afiliados al Sistema General de Seguridad Social en Pensiones (SGSSP) no hacen parte de la base para aplicar la retención en la fuente por rentas de trabajo, y son considerados un ingreso no constitutivo de renta ni de ganancia ocasional para la persona natural. Es así que se tendrá en cuenta el aporte realizado por el trabajador o el independiente para efectos de incluir dicho valor cotizado por contribución al FOP como ingreso no constitutivo de renta ni de ganancia ocasional.

Como se indicó, en las cuentas de ahorro individual de los fondos de pensiones obligatorias administrados por los Fondos de Pensiones y de Cesantías bajo el RAIS, los afiliados pueden realizar cotizaciones o aportes voluntarios, los cuales también están sujetos al tratamiento tributario asentado en el artículo 55 ET, es decir, se deben tomar como un ingreso no constitutivo de renta ni ganancia ocasional para el aportante, en un porcentaje que no exceda el 25% del ingreso laboral o tributario del año, limitado a 2.500 UVT.

Este tratamiento especial está respaldado principalmente por la necesidad de estimular la construcción de mejores rentas pensionales dentro del RAIS mediante un alivio tributario, razón que soporta también la tarifa de retención en la fuente del 35% calculada sobre el valor de la cotización, cuando el afiliado titular de la cuenta individual pensional del fondo obligatorio procede al retiro parcial o total de estos aportes voluntarios para fines distintos a la obtención de una mayor pensión o retiro anticipado. En esos eventos el valor del retiro parcial o total efectuado constituirá renta gravada en el año en que sea retirado[68].

---

68 Artículo 55 Estatuto Tributario y artículo 1.2.1.12.9 del Capítulo 12 del Título 1 de la Parte 2 del Libro 1 del Decreto 1625 del 2016, sustituido por el artículo 2.º del Decreto 1435 del 5 de noviembre de 2020.

Cabe llamar la atención respecto de las diferencias entre los aportes voluntarios realizados en el FOP del RAIS, que son ingresos no constitutivos de renta ni ganancia ocasional, y los aportes que las personas naturales realizan en los FVP, antes denominados Fondos de Pensiones de Jubilación e Invalidez[69], que cuentan con un marco regulatorio particular y, para los efectos tributarios, se regulan en el artículo 126-1 ET, en virtud del cual constituyen renta exenta para las personas naturales, como se estudia en el apartado correspondiente.

En ambos regímenes la base de cotización para el sistema general de pensiones corresponde al salario mensual, en armonía con lo dispuesto en las normas del derecho laboral y las aplicables a los servidores del sector público. En todo caso, el artículo 18 de la Ley 100 de 1993 consagra que el límite de base de cotización es de 25 smlmv, tanto para los trabajadores del sector público como del sector privado.

Los trabajadores que laboran por periodos inferiores a un mes pueden cotizar con una base inferior a un smlmv. En aquellos casos en que se devenga una cuantía superior a un smlmv, la Ley 100 de 1993 permite que se reglamente una base de 45 smlm para garantizar pensiones de hasta 25 smlmv. Sin embargo, los regímenes especiales de los servidores públicos que coexisten bajo diversa producción legislativa se deben entender en observancia de las modificaciones introducidas por la Corte Constitucional en la Sentencia C-258 de 2013, por la cual, a partir del 1.º de julio de 2013 el tope pensional es de 25 smlmv.

Cuando se pacta la modalidad de salario integral la cotización se efectúa sobre el 70% de dicho salario.

Tanto las carteras ministeriales de salud y trabajo como la Unidad de Gestión Pensional y Parafiscales (UGPP) han sido enfáticas e insistentes en exigir la cotización sobre todos aquellos conceptos o ingresos percibidos por la persona natural, ya sea como empleado o como trabajador independiente, o por prestación de servicios como contratista[70]. Esta consideración es de primordial observancia, especialmente para quienes perciben ingresos o rentas de origen no laboral.

---

69 Decreto 1207 del 1.º de septiembre de 2020 que modifica el Decreto 2555 del 15 de julio de 2010 en lo relacionado con el régimen jurídico de los Fondos Voluntarios de Pensión.

70 Ministerio de Salud y Protección Social, Concepto 75266 del 16 de abril de 2012.

En armonía con lo dispuesto en el parágrafo 1.º del artículo 18 de la Ley 100 de 1993, todo afiliado debe cotizar a los sistemas de pensiones y salud sobre la totalidad de ingresos que devengue, sin importar si ha cotizado previamente por un determinado ingreso. Así mismo, el artículo 15 de dicha ley establece que el ingreso base de cotización debe guardar correspondencia con los ingresos realmente percibidos por el afiliado.

Así, independientemente del tipo de contrato y su cuantía, las personas naturales afiliadas deben determinar la base de cotización al sistema atendiendo la proporcionalidad de lo devengado. El artículo 23 del Decreto 1703 de 2002 definió que el ingreso base de cotización debe corresponder al 40% del valor bruto facturado en forma mensualizada para las personas con ingresos diferentes a los originados en una relación laboral, sin ser relevante la duración del o los contratos de los cuales se deriven tales ingresos, o el tiempo de vinculación o duración del servicio o labor ejecutada por la persona natural que los percibe[71].

Sobre la base determinada de cotización se calcula el monto del aporte obligatorio en salud, que corresponde al 12.5%, del cual aporta 8% el empleador, y para la cotización en pensiones se calcula el 16% del ingreso base, del cual el 12% está a cargo del empleador[72]. Los porcentajes faltantes (4% para cada cotización) son asumidos por el trabajador. Tratándose de trabajadores independientes, la cotización es asumida por estos en su integridad.

– *Fondo de solidaridad pensional y aporte a riesgos laborales*

El Fondo de Solidaridad Pensional integra también el SGP y está destinado a proteger y ampliar la cobertura de los grupos de población que por sus características y condiciones socioeconómicas no cuentan con acceso a los sistemas de seguridad social, y a las personas en estado de indigencia o pobreza extrema, mediante subsidios regulados por la ley[73].

En consonancia con el artículo 20 de la Ley 100 de 1993, cuando los afiliados al sistema general de seguridad social perciben ingresos iguales o superiores a 16 smlmv deben aportar un porcentaje adicional respecto del ingreso base de cotización con destino al Fondo de Solidaridad Pensional,

71 Ministerio de la Protección Social y Ministerio de Hacienda y Crédito Público, Circular Conjunta 001 del 6 de diciembre de 2004.

72 Artículo 204 Ley 100 de 1993.

73 Artículo 13 , literal i Ley 100 de 1993.

así: de 16 a 17 smlmv un 0.2%; de 17 a 18 smlmv un 0.4%; de 18 a 19 smlmv un 0.6%; de 19 a 20 smlmv un 0.8%, y para los ingresos superiores a 20 smlmv el 1% con destino exclusivo a la subcuenta de Subsistencia del Fondo de Solidaridad Pensional.

Por regla general cualquier beneficio que implique menor carga impositiva para el contribuyente está restringido a aquellos conceptos que expresamente la ley ha concedido, lo cual obliga a los sujetos pasivos a atender de manera taxativa las exclusiones fiscales.

En ese sentido, el artículo 135 de la Ley 100 de 1993 señala:

> [...] *Tratamiento tributario*. Los recursos de los fondos de pensiones del régimen de ahorro individual con solidaridad, los recursos de los fondos de reparto del Régimen de Prima Media con Prestación Definida, los recursos de los fondos para el pago de los bonos y cuotas partes de bonos pensionales y los recursos del fondo de solidaridad pensional, gozan de exención de toda clase de impuestos, tasas y contribuciones de cualquier origen, del orden nacional.

De otra parte, el artículo 55 ET califica los aportes obligatorios al Sistema General de Seguridad Social en Pensiones para las personas naturales aportantes, como ingresos no constitutivos de renta ni ganancia ocasional, entre los cuales se incluye el aporte al Fondo de Solidaridad Pensional, como bien lo ha ratificado la DIAN al afirmar que

> [...] Los aportes obligatorios a fondos de pensiones y solidaridad pensional efectuados por el trabajador [...] podrán ser llevados en su liquidación privada como ingresos no constitutivos de renta por expresa disposición legal [...][74].

Como se mencionó, el SGRL, que comprende el conjunto de entidades públicas y privadas, normas y procedimientos, destinados a prevenir, proteger y atender los efectos de las enfermedades, accidentes o siniestros derivados del trabajo que desarrollan, hace parte también del SGP. Este propósito se cumple, esencialmente, a través de la salud ocupacional, y el reconocimiento y pago de las prestaciones que se deriven de estas contingencias de origen laboral o profesional, como la pensión de invalidez y sobrevivientes, la

---

74 DIAN, Subdirección de Gestión Normativa y Doctrina, Oficio 053020 del 17 de agosto de 2012.

sustitución pensional y la indemnización o el subsidio por incapacidad, con cargo al Fondo Nacional de Riesgos Laborales[75].

En ese contexto, los aportes que se realizan a este fondo dependen del nivel de riesgo al que está expuesta la persona natural en su puesto de trabajo, oscilando entre el 0.522% previsto para el riesgo nivel I y el 6.960% para el riesgo nivel V. Estos aportes son asumidos por el empleador pero, tratándose de trabajadores independientes, que laboran en actividades con riesgos I, II, III, las cuales se definen en el Decreto 1607 del 31 de julio de 2002, a cargo del contratista está la obligación de pagar el valor de la cotización al SGRL, siendo para ellos la afiliación de carácter voluntario.

No sucede así con los trabajadores independientes que laboran en actividades de alto riesgo, es decir, clases IV y V, dado que en esos eventos el contratante es el responsable por el trámite de liquidación y pago de la cotización respectiva a la administradora de riesgos laborales a la que se encuentre afiliado el trabajador, para quien la afiliación es obligatoria[76].

En armonía con lo aquí presentado con relación al Fondo de Solidaridad Pensional, los aportes a riesgos laborales deben ser tratados como ingresos no constitutivos de renta ni ganancia ocasional, a pesar de no encontrarse disposición expresa que aluda al tratamiento tributario de dicho concepto. En el descriptor 1.12 del Concepto General Unificado n.º 0912 del 19 de julio de 2018, la administración tributaria nacional reconoció que esos aportes guardan concordancia con lo dispuesto para las cotizaciones al Sistema General de Seguridad Social en Salud y Pensiones, por lo que deben ser considerados no constitutivos de renta ni ganancia ocasional para la persona natural que los realiza.

Incluso en el mismo concepto la DIAN afirmó que

> ... no darle el tratamiento de ingreso no constitutivo de renta ni de ganancia ocasional vulneraría derechos de rango constitucional y no justifica la desigualdad en el trato de aportes que persiguen la misma finalidad, que es contribuir a los tres

---

75 Ley 1562 del 11 de julio de 2012 "por la cual se modifica el sistema de riesgos laborales y se dictan otras disposiciones en materia de salud ocupacional".

76 Ley 1562 del 11 de julio de 2012 y Decreto 0723 del 15 de abril de 2013 "por el cual se reglamenta la afiliación al Sistema General de Riesgos Laborales de las personas vinculadas a través de un contrato formal de prestación de servicios con entidades o instituciones públicas o privadas y de los trabajadores independientes que laboren en actividades de alto riesgo y se dictan otras disposiciones, el cual fue incorporado en el Decreto 1072 del 26 de mayo de 2015 por medio del cual se expide el Decreto Único Reglamentario del Sector Trabajo".

> componentes del sistema de seguridad social integral (pensiones, salud y riesgos laborales) con el objetivo de garantizar los derechos irrenunciables de la persona y la comunidad para obtener la calidad de vida acorde con la dignidad humana [...].

– *Aportes a salud obligatoria*

En armonía con lo precisado en los apartados anteriores, los aportes obligatorios efectuados por las personas naturales al Sistema General de Salud, el cual también integra el SGSSI, constituyen un concepto no constitutivo de renta ni ganancia ocasional, que tampoco hará parte de la base para aplicar la retención en la fuente por salarios. Así se preceptúa en el artículo 56 ET.

Cabe comprender que el Sistema General en Salud, regulado principalmente mediante las leyes 100 de 1993, 1122 de 2007 y 1438 de 2011, y el Decreto 780 de 2016, tiene como objeto central generar condiciones que protejan la salud de las personas mediante acciones de salud pública tales como la prevención de la enfermedad, la promoción de la salud y la prestación del servicio público esencial de salud.

Con el fin de incluir a toda la población, las personas naturales podrán participar: i) como afiliados al régimen contributivo las personas vinculadas a través de contrato laboral, los pensionados, los servidores públicos y los trabajadores independientes con capacidad de pago, o ii) como afiliados mediante el régimen subsidiado las personas sin capacidad de pago y en condiciones de vulnerabilidad social y económica, o en situación de discapacidad, y adultos mayores, entre otros.

Entonces, los aportes obligatorios al Sistema General en Salud a cargo del trabajador se consideran un ingreso no constitutivo de renta ni tampoco son ganancia ocasional, lo cual difiere de los aportes voluntarios o planes complementarios al plan obligatorio emitidos por las entidades promotoras de salud, los de medicina prepagada, las pólizas de seguros u otros planes o programas voluntarios que son financiados en su totalidad por el afiliado o por los patrocinadores que lo establezcan con recursos distintos a las cotizaciones obligatorias[77].

El artículo 387 ET concibe la disminución de la base de retención de los pagos de aportes voluntarios de salud hechos por el trabajador hasta en 16 UVT mensuales, y los califica como una deducción que se tendrá en

---

77 Artículo 169 Ley 100 de 1993, Planes Voluntarios de Salud.

cuenta en la declaración ordinaria del impuesto de renta, como se detalla en el apartado referido a deducciones tributarias para la cédula de rentas de trabajo de este capítulo.

– Pagos con destino a becas, inversiones o aportes para la educación de los trabajadores o miembros del núcleo familiar del trabajador

Entre los beneficios tributarios consagrados en el artículo 77 de la Ley de Financiamiento Económico, el artículo 107-2 ET incorporó como deducción para la persona jurídica aportante, y como un ingreso no constitutivo de renta para el empleado, las contribuciones con destino a la educación de los empleados, lo cual estaba sujeto a reglamentación, por lo que para efectos de aplicar dichos beneficios había que esperar que el gobierno nacional lo expidiera[78].

Luego de la declaratoria de inexequibilidad de la Ley de Financiamiento, como sucedió con gran parte de las modificaciones normativas, con la Ley 2010 de 2019, Ley de Crecimiento Económico, se mantuvo este beneficio en el artículo 87, que incluyó el artículo 107-2 ET.

Dicho artículo fue reglamentado mediante el Decreto 1013 del 14 de julio de 2020, permitiendo conocer el manejo de la deducción por contribuciones a la educación de los empleados o miembros de su grupo familiar en el impuesto de renta de las personas jurídicas, el cual para las personas naturales no constituye ingreso.

Sin consideración de la cuantía ni el tipo de trabajador, el artículo 107-2 ET concibe dicho tratamiento:

a. Por los pagos destinados a programas de becas de estudios parciales o totales, y de créditos condonables para educación, establecidos por las personas jurídicas en beneficio de sus trabajadores o de los miembros del núcleo familiar del trabajador.

b. Por las inversiones dirigidas a programas o centros de atención, estimulación y desarrollo integral y/o de educación inicial, para niños y niñas menores de siete años, establecidos por las empresas exclusivamente para los hijos de sus trabajadores.

---

78 DIAN, Subdirección de Gestión Normativa y Doctrina, Dirección de Gestión Jurídica, Oficio n.º 015472 del 13 de junio de 2019.

c. Por los aportes realizados por las empresas para instituciones de educación básica primaria, secundaria y media, reconocidas por el Ministerio de Educación, y las de educación técnica, tecnológica y de educación superior que cumplan con los requisitos establecidos por el Ministerio de Educación, y que se justifican por beneficiar a las comunidades y zonas de influencia donde se realiza la actividad productiva o comercial de la persona jurídica.

En consonancia con lo reglamentado en la materia, para los efectos del artículo 107-2 ET, es empleado o trabajador la persona natural con la que la persona jurídica pacta una actividad, labor o trabajo personal, que se concreta en una obligación de hacer, en virtud de un contrato laboral o de una relación legal o reglamentaria, y que, como contraprestación, recibe una remuneración que implica continuada dependencia o subordinación de la persona jurídica.

Se consideran miembros del núcleo familiar del empleado o trabajador su cónyuge o compañero(a) permanente, y los hijos hasta los veinticinco años de edad. En ausencia de cónyuge o compañero(a) permanente, serán tenidos en cuenta sus padres y hermanos con dependencia económica del trabajador.

Respecto de los programas para becas de estudios se tendrá en cuenta todo ofrecimiento educativo realizado por las personas jurídicas a favor del trabajador o su núcleo familiar, en las categorías de educación preescolar, básica, media o superior, en educación especial o en educación para el trabajo y el desarrollo humano, atendiendo a las condiciones definidas en el Decreto 1013 del 14 de julio de 2020 reglamentario.

El artículo 1.º del decreto que adiciona el artículo 1.2.1.18.82 al DUR, reafirma que los pagos por concepto de dichos beneficios educativos a favor de los trabajadores y los miembros de su núcleo familiar no se consideran pagos indirectos, por lo que no constituyen ingresos para el trabajador ni para los miembros de su núcleo familiar, y no cuentan con un límite de cuantía definido en la legislación.

Vale la pena advertir que se trata de los apoyos económicos entregados por el Estado o financiados con recursos públicos para desarrollar programas educativos en favor de personas naturales con las cuales se tenga una relación laboral, legal y reglamentaria.

– Pagos por alimentación del trabajador y/o su familia

En el artículo 387-1 ET se establece otro incentivo a favor de empleadores y trabajadores, en virtud del cual los pagos que efectúan los patronos a favor de terceras personas por concepto de: i) alimentación; ii) suministro de alimentación en restaurantes propios o de terceros, y iii) adquisición de vales o tiquetes de alimentación a favor del trabajador o de su familia, son deducibles para el empleador y no constituyen ingreso para el trabajador.

El tratamiento referido de estos pagos procede cuando el salario del trabajador es inferior a 310 UVT y hasta por una cuantía mensual de 41 UVT. Cuando dicho salario es superior a 310 UVT no aplica el beneficio; cuando los pagos en el mes en beneficio del trabajador o de su familia exceden las 41 UVT, el exceso constituye ingreso tributario del trabajador sometido a retención en la fuente por ingresos laborales.

La DIAN ratificó lo anterior al señalar que se puede disminuir de la base de retención en la fuente por salarios el valor menor o igual a 41 UVT por pagos por concepto de alimentación, en consonancia con lo establecido en el numeral 1 del artículo 388 ET, que se refiere a ingresos que la ley prevé como ingresos no constitutivos de renta ni ganancia ocasional, siempre y cuando dicho valor esté incluido dentro del total de ingresos recibidos por el trabajador por concepto de salarios[79].

Y si bien dichos pagos favorecen al trabajador, la norma los considera ingreso para el tercero que suministra los alimentos o presta el servicio de restaurante.

Para los efectos del artículo 387-1 ET, se debe entender por familia del trabajador, el cónyuge o compañero(a) permanente, los hijos y los padres del trabajador.

– *Componente inflacionario de los rendimientos financieros*

En términos generales se puede comprender el componente inflacionario de los rendimientos financieros como la proporción equivalente a la variación producida por la inflación sobre un capital, la cual a su vez expresa el incremento en el Índice de Precios al Consumidor (IPC), o la correlativa disminución del poder adquisitivo para un determinado periodo.

Entonces, ante el incremento de los precios el dinero vale menos lo que conlleva la adquisición de menos bienes o servicios, lo cual fue considerado por el legislador para que las personas naturales, las sucesiones ilíquidas

---

79 DIAN, Subdirección de Gestión Normativa y Doctrina, Oficio n.º 023054 del 25 de agosto de 2017.

y las asimiladas no obligadas a llevar libros de contabilidad[80], al percibir rendimientos financieros, tengan como ingreso no constitutivo de renta ni de ganancia ocasional, aquella parte que corresponde al componente inflacionario sobre tales rendimientos financieros.

Vale recordar que hasta 1985 todas las rentas de capital fueron gravadas al 100%, situación modificada por el artículo 27 de la Ley 75 del 23 de diciembre de 1986[81], que concedió el tratamiento de ingreso no constitutivo de renta ni ganancia ocasional al componente inflacionario de los rendimientos financieros percibidos por las personas naturales, con el fin de reponer la capacidad de pago afectada y de esa manera gravar el verdadero ingreso susceptible de generar enriquecimiento.

La regulación del componente inflacionario, contenida en los artículos 38, 39, 40, 40-1, 41, 81, 81-1 y 118 ET fue derogada por la Ley 1943 de 2018, por lo que durante 2019 no estuvo vigente. Con el artículo 160 de la Ley 2010 de 2019 se procedió a revivir expresamente el antedicho articulado, por lo que se vuelve a tener en cuenta el tratamiento tributario dado a este concepto a favor de los contribuyentes.

El artículo 38 ET señala que los ingresos por los rendimientos financieros que perciben las personas naturales y las sucesiones ilíquidas no constituyen renta ni ganancia ocasional en la parte que corresponde a las entidades sometidas a inspección y vigilancia de la Superintendencia Bancaria, hoy Superintendencia Financiera, las entidades vigiladas por el Departamento Administrativo Nacional de Cooperativas, los derivados de los títulos de deuda pública, los bonos y los papeles comerciales de sociedades anónimas cuya emisión u oferta haya sido autorizada por la Comisión Nacional de Valores.

En ese sentido, en virtud de lo señalado por el artículo 40-1 ET, para establecer los cálculos previstos en los artículos 38, 39 y 40 del mismo cuerpo normativo, el componente inflacionario de los rendimientos financieros se determina como el resultado de dividir la tasa de la inflación del respectivo año gravable, certificada por el Departamento Administrativo Nacional de Estadística (DANE),

80 En virtud del artículo 41 del Estatuto Tributario, "[...] el componente inflacionario de los rendimientos y gastos financieros a que se los artículos 40-1, 81-1 Y 118 de este estatuto, será aplicable únicamente por las personas naturales y sucesiones ilíquidas no obligadas a llevar libros de contabilidad [...]".

81 Ley 75 del 23 de diciembre de 1986 "por la cual se expiden normas en materia tributaria, de catastro, de fortalecimiento y democratización del mercado de capitales, se conceden unas facultades extraordinarias y se dictan otras disposiciones".

por la tasa de captación más representativa del mercado en el mismo período, la cual es certificada por la Superintendencia Financiera de Colombia.

Advertido lo anterior, tras analizar las cifras proporcionadas por el Banco de la República, el DANE y la Superintendencia Financiera, el Ministerio de Hacienda y Crédito Público decreta anualmente los porcentajes de componente inflacionario no constitutivos de renta, ganancia ocasional, costo o gasto para la determinación del impuesto sobre la renta y complementarios de cada año gravable, de que tratan los artículos 38, 39, 40, 40-1, 41, 81. 81-1 y 118 ET, vigentes para el correspondiente año fiscal.

d. COSTOS Y GASTOS

A continuación se aborda la procedencia fiscal de los costos y gastos de las personas naturales no obligadas a llevar contabilidad, lo cual aplica para la cédula general y las rentas que la conforman, esto es, rentas de trabajo, de capital y no laborales, de forma que, a medida que se desarrolla la temática se especifican las distinciones necesarias por cada tipo de renta.

– Requisitos de admisibilidad para la deducibilidad

En primer lugar, sea del caso precisar que el concepto de costos y gastos ha estado asociado principalmente a las personas obligadas a llevar contabilidad; de hecho, el régimen fiscal aplicable a estas personas emplea el término "deducciones" para lo que según la realidad contable son "costos y gastos" (art. 107 ET). Ahora bien, para efectos de las personas naturales no obligadas a llevar contabilidad, el numeral 4 del artículo 336 ET admite su posibilidad de detracción en las "Rentas no laborales" y en las "Rentas de capital", las cuales se explican más adelante. Justo en el apartado final del mismo artículo se autoriza la depuración de costos y gastos asociados a rentas de trabajo provenientes de honorarios o compensaciones por servicios personales en desarrollo de una actividad profesional independiente.

No obstante, se debe precisar que el apartado final del artículo 336 ET, señala la necesidad de que las personas naturales determinen si encajan dentro de los supuestos establecidos en el parágrafo 5.º del artículo 206 ET[82]

82 "La exención prevista en el numeral 10 también procede en relación con los honorarios percibidos por personas naturales que presten servicios y que contraten o vinculen por un término inferior a

(procedencia de la renta exenta laboral del 25%), caso en el cual se debe elegir entre los costos y gastos o la aplicación de la renta exenta.

Sin embargo, no se puede perder de vista que entre las "rentas del trabajo" se clasifican los ingresos por concepto de *honorarios* (art. 103 ET), los cuales, como ya se mencionó en apartados anteriores, exigen que se incurra en las erogaciones necesarias para su obtención. En ese sentido, en las Sentencias C- 520 de 2019[83], C-120 de 2018[84] y C-668 de 2015[85] la Corte Constitucional señaló que para establecer la renta líquida cedular las personas naturales que perciban ingresos considerados rentas de trabajo, derivados de una fuente diferente a la relación laboral o legal y reglamentaria, pueden detraer los costos y gastos que tengan relación con la actividad productora de renta.

---

noventa (90) días continuos o discontinuos menos de dos (2) trabajadores o contratistas asociados a la actividad".

83 "La Corte Constitucional reitera el precedente de las Sentencias C-668 de 2015 y C-120 de 2018 respecto de que no es constitucionalmente admisible impedir la depuración de gastos y costos en que incurran los trabajadores independientes para obtener sus ingresos a fin de establecer la base gravable del impuesto a la renta, por cuanto, implica una inequidad tributaria vertical respecto de los trabajadores dependientes que no deben incurrir en dichos gastos, y por otra parte, una vulneración del principio de progresividad tributaria por cuanto la medida desatiende la capacidad económica de los contribuyentes".

84 "La vulneración de la equidad tributaria se conjuró al declarar la exequibilidad condicionada del inciso primero del artículo 336 del Estatuto Tributario, modificado por el artículo 1.º de la Ley 1819 de 2016, en el entendido que los contribuyentes que perciban ingresos considerados como rentas de trabajo derivados de una fuente diferente a la relación laboral o legal y reglamentaria pueden detraer, para efectos de establecer la renta líquida cedular, los costos y gastos que tengan relación con la actividad productora de renta".

85 "La equiparación que efectuó el fragmento acusado entre los sujetos pertenecientes a la categoría de empleados en materia de costos y gastos, impide que los empleados cuyos pagos o abonos en cuenta no provengan de una relación laboral, o legal y reglamentaria puedan solicitar el reconocimiento fiscal de los costos y gastos en los que incurren en el ejercicio de su profesión, de esa manera resultan gravados sus ingresos brutos y no su renta real. // En consecuencia, la norma comporta un sacrificio del principio de equidad tributaria, en la medida en que desconoce la real capacidad económica de un grupo de contribuyentes y genera una tributación paritaria entre los trabajadores independientes y los empleados asalariados, quienes cuentan con una mayor capacidad económica, ya que por la forma en la que prestan sus servicios personales no incurren en los costos y gastos que deben sufragar los empleados que prestan servicios personales por su cuenta y riesgo. La Corte encuentra, por consiguiente, que no es razonable ni proporcional prohibir el reconocimiento de los costos y gastos en los que incurren los empleados independientes para definir la base gravable del impuesto sobre la renta. Efectivamente, esa prohibición (i) desconoce la capacidad económica de los contribuyentes, (ii) genera una tributación igual entre sujetos con diversa capacidad económica y (iii) genera un impacto regresivo en el sistema tributario".

Veamos un poco más en detalle la historia: en la normatividad tributaria el reconocimiento en cabeza de los trabajadores independientes de los costos y gastos para las rentas de trabajo ha trazado un largo camino de disputas jurídicas, pues el legislador ha insistido reiteradamente en inadmitir dichos conceptos en la depuración de las rentas de trabajo, y sólo en gracia de la jurisprudencia producida por las repetidas demandas de constitucionalidad se ha permitido su detracción.

Inicialmente el parágrafo 5.º del artículo 26 de la Ley 1739 de 2014, que modificó el artículo 206 ET, contemplaba que las personas naturales, clasificadas en el sistema vigente para la época en la categoría de empleados con ingresos no provenientes de una relación laboral, o legal y reglamentaria,

> … no podrán solicitar el reconocimiento fiscal de costos y gastos distintos de los permitidos a los trabajadores asalariados involucrados en la prestación de servicios personales o la realización de actividades económicas por cuenta y riesgo del contratante.

Dicha restricción fue demandada por violación del principio de equidad tributaria y de igualdad, entre otras razones, por no consultar las diferencias independientes y dependientes e imponer a sujetos no asimilables iguales limitaciones en la depuración de la renta líquida gravable, cuando en un caso asumen costos y gastos directamente, y en el otro los asume el empleador o contratante[86].

Mediante la Sentencia C-668 de 2015 la Corte Constitucional declaró inexequible la expresión demandada, con lo cual los independientes podrían solicitar el reconocimiento fiscal de los costos y gastos en que incurren en el ejercicio de su profesión o actividad. Con esa decisión judicial el Alto Tribunal salvaguardó el principio de equidad al darle el reconocimiento a la real capacidad económica de un grupo de contribuyentes que por cuenta y riesgo propio prestan sus servicios incurriendo en costos y gastos que no son asumidos por el grupo de contribuyentes bajo dependencia.

Producto de la reforma tributaria volvió al escenario normativo el desconocimiento de la inclusión de costos y gastos para los independientes en las rentas de trabajo con el artículo 1.º de la Ley 1819 de 2016, el cual se transcribe, subrayando el apartado demandado:

---

86 Corte Constitucional, Sentencia C-668 del 28 de octubre de 2015, M. P.: Gloria Stella Ortiz Delgado, Expediente D-10678.

Artículo 336. Modificado por el artículo 1.º de la Ley 1819 de 2016. *Renta líquida cedular de las rentas de trabajo*. Para efectos de establecer la renta líquida cedular, del total de los ingresos de esta cédula obtenidos en el periodo gravable, se restarán los ingresos no constitutivos de renta imputables a esta cédula.

Podrán restarse todas las rentas exentas y las deducciones imputables a esta cédula, siempre que no excedan el cuarenta (40%) del resultado del inciso anterior, que en todo caso no puede exceder cinco mil cuarenta (5.040) UVT.

Parágrafo. En el caso de los servidores públicos diplomáticos, consulares y administrativos del Ministerio de Relaciones Exteriores, la prima de costo de vida de que trata el Decreto 3357 de 2009 no se tendrá en cuenta para efectos del cálculo del límite porcentual previsto en el presente artículo.

Invocando consideraciones análogas a las presentadas en el fallo precedente de 2015, en la providencia C-120 de 2018 la Corte Constitucional decidió que se había vulnerado el principio de equidad tributaria, lo cual se conjuró al declarar exequible el inciso primero del artículo 336 ET, en el entendido de que los contribuyentes que perciban ingresos calificados como rentas de trabajo derivados de una fuente diferente a la relación laboral o legal y reglamentaria, a efectos de establecer la renta líquida cedular pueden detraer los costos y gastos que tengan relación con la actividad productora de la renta[87].

A pesar de estos antecedentes, en el numeral 4 del artículo 33 de la Ley de 1943 de 2018, que fija las reglas para la determinación de la renta líquida de la cédula general, el legislador restringió por tercera vez la posibilidad de excluir de la depuración de la base gravable del impuesto de renta de los trabajadores independientes, los costos y gastos en que incurren para generar sus ingresos, al establecer:

Artículo 33. Modifíquese el artículo 336 del Estatuto Tributario, el cual quedará así:

"Artículo 336. *Renta líquida gravable de la cédula general*. Para efectos de establecer la renta líquida de la cédula general, se seguirán las siguientes reglas:

[…] 4. En la depuración de las rentas no laborales y las rentas de capital se podrán restar los costos y los gastos que cumplan con los requisitos generales para su procedencia establecidos en las normas de este Estatuto y que sean imputables a estas rentas específicas".

---

87 Corte Constitucional, Sentencia C-120 del 14 de noviembre de 2018, Expediente D-12052, M. P.: Gloria Stella Ortiz Delgado.

A juicio de la Corte Constitucional en la Sentencia C-520 de 2019, tal redacción conduce a un trato diferenciado injustificado que transgrede el principio de equidad tributaria en su dimensión vertical, y al desconocimiento de la capacidad de pago de los trabajadores, cuyos pagos o abonos en cuenta son inferiores por los costos y gastos causados en el ejercicio de su actividad generadora de renta, la cual llevan a cabo por cuenta y riesgo propios.

De nuevo el Alto Tribunal insiste en que se ha reiterado que la norma legal que excluya u omita la posibilidad de descartar los costos y gastos en que incurren los trabajadores independientes para efectos de establecer la renta líquida gravable, violenta el principio de equidad tributaria, razón de peso que soporta la exequibilidad condicionada del artículo 33 de la Ley 1943 de 2018, que modifica el artículo 336 ET,

> [...] en el entendido de que los contribuyentes que perciban ingresos considerados como rentas de trabajo derivados de una fuente diferente a la relación laboral o legal y reglamentaria pueden detraer, para efectos de establecer la renta líquida cedular, los costos y gastos que tengan relación con la actividad productora de renta[88].

A juicio de las autoras, el hecho de que el legislador tributario mantuviera insistentemente disposiciones normativas en contravía de lo que la propia Corte Constitucional había definido en varias oportunidades frente al derecho que tienen las personas naturales a detraer costos y gastos de los ingresos que provengan de fuente diferente a la laboral, legal y/o reglamentaria, constituye un franco desconocimiento de los mandatos constitucionales y de la cosa juzgada constitucional, lo que transgrede el artículo 243 de la Carta Política, el cual prescribe que

> Los fallos que la Corte dicte en ejercicio del control jurisdiccional hacen tránsito a cosa juzgada constitucional. Ninguna autoridad podrá reproducir el contenido material del acto jurídico declarado inexequible por razones de fondo, mientras subsistan en la Carta las disposiciones que sirvieron para hacer la confrontación entre la norma ordinaria y la Constitución.

Ahora bien, el legislador de 2019 decidió aceptar el reconocimiento de los costos y gastos en la depuración de la renta del independiente que perciba honorarios o compensaciones por servicios personales en la cédula general,

---

88 Corte Constitucional, Sentencia C-520 del 5 de noviembre de 2019, Expediente D-12106, M. P.: Cristina Pardo Schlesinger.

al consagrar en el último inciso del artículo 41 de la Ley 2019 de 2019, que modifica el artículo 336 ET:

> Artículo 336. *Renta Líquida Gravable de la Cédula General.* Para efectos de establecer la renta líquida de la cédula general, se seguirán las siguientes reglas:
>
> [...]
>
> En estos mismos términos también *se podrán restar los costos y los gastos asociados a rentas de trabajo provenientes de honorarios o compensaciones por servicios personales*, en desarrollo de una actividad profesional independiente. Los contribuyentes a los que les resulte aplicable el parágrafo 5 del artículo 206 del Estatuto Tributario *deberán optar entre restar los costos y gastos procedentes o la renta exenta prevista en el numeral 10 del mismo artículo* (cursivas fuera del texto original).

De ese modo, si bien se aceptaba la inclusión de dichos conceptos sin límite, se condicionó para los trabajadores independientes enmarcados en el parágrafo 5.º del artículo 206 ET, el cual, antes de la Ley 2277 de 2022, se refería a aquellos que prestaran servicios y contrataran o vincularan por menos de noventa días dos o menos trabajadores o contratistas asociados a la actividad, quienes podían aplicar al beneficio del 25% de renta exenta laboral, como se estudiará más adelante. Los trabajadores independientes que cumplieran con dichas condiciones debían optar por reconocer los costos y gastos procedentes, o la renta exenta del 25%. Sin embargo, con la Ley 2277 de 2022, que modificó el artículo 336 ET al incorporar ajustes relacionados con el límite global a las rentas exentas, las deducciones especiales procedentes y la deducción por dependientes y compras de bienes y servicios, se introdujo un importante ajuste en los condicionamientos para la procedencia de la renta exenta laboral para los independientes previstos en el parágrafo 5.º del artículo 206 ET, pues ahora desaparecen, teniendo en cuenta que en lo pertinente la norma reza así: "*Parágrafo 5.º. La exención prevista en el numeral 10 también procede en relación con las rentas de trabajo que no provengan de una relación laboral o legal y reglamentaria*". De esta manera, a partir de 2023 es procedente la exención del 25% para las rentas de trabajo que no provengan de una relación laboral o legal y reglamentaria del contribuyente, sin ningún tipo de condición asociada a la vinculación de personas para su actividad generadora de renta, y sin perjuicio de que sea optativa para el contribuyente frente a los costos y gastos procedentes.

En el Decreto 1435 de 2020 se puntualizó al respecto al modificar el numeral 1.2.1.20.5 del DUR 1625 de 2016, titulado "Costos y gastos", que señala en el segundo inciso:

> Artículo 1.2.1.20.5. Costos y gastos.
>
> […]
>
> Los contribuyentes que perciban ingresos considerados como rentas de trabajo provenientes de honorarios o compensaciones de servicios personales, en desarrollo de una actividad profesional independiente podrán detraer los costos y gastos que tengan relación con la actividad productora de renta en los términos previstos en el Estatuto Tributario, siempre y cuando no hayan optado por la renta exenta de que trata el numeral 10 del artículo 206 del Estatuto Tributario.

Actualmente, como se precisó con antelación, si bien se permite la detracción de costos y gastos respecto de aquellos ingresos que no provengan de una relación laboral, legal y/o reglamentaria, lo cierto es que se establece la misma condición que ya se expuso para la procedencia de la renta exenta del 25%, esto es, el contribuyente estaría llamado a elegir entre costos y gastos y la citada renta exenta, y no podrá tomarla en simultánea con la detracción de costos y gastos. Ahora bien, en caso de que la persona natural que obtenga ingresos distintos a los de una relación laboral, legal y/o reglamentaria *no* cumpla con las condiciones para acceder a la renta exenta del 25%, entonces podrá acceder a la detracción de costos y gastos. Con ocasión de la Ley 2277 de 2022, la reglamentación sobreviniente podrá abordar este particular en un sentido análogo.

En lo que respecta a la realización de los costos de las personas naturales no obligadas a llevar contabilidad encontramos que, de manera expresa, el artículo 58 ET establece que su procedencia fiscal será cuando se paguen efectivamente en dinero o en especie, lo cual es coherente con el sistema de caja que se aplica a ese tipo de personas. Sin embargo, el mismo artículo también prescribe que los costos incurridos por anticipado solo se deducen en el año gravable o periodo gravable en que se preste el servicio o se venda el bien, lo cual pareciera obedecer a la posibilidad de diferir únicamente los costos, pues la norma no hace mención expresa a los gastos[89].

---

89 La definición entre costos y gastos tiene una implicación directa en el manejo financiero de una persona jurídica y, por lo tanto, obligada a llevar contabilidad. No obstante, en lo que respecta a las personas naturales no obligadas a llevar contabilidad, la norma también se refiere a esos

Entonces, dicho diferimiento de costos tiene como condición que se trate de una erogación anticipada directamente relacionada con la actividad productora de renta de la persona natural, pero bajo el supuesto de que en el año gravable en que se desarrolló no se obtuvieron los ingresos correlativos de la venta de los bienes o de la prestación de los servicios, sino que hipotéticamente ello ocurrirá en un periodo gravable posterior, pues será solo en el año de percepción efectiva de los ingresos que la persona natural podrá detraer los costos incurridos por anticipado.

En ese sentido, nótese que el artículo 58 ET establece una posibilidad de diferimiento del costo, semejante a un sistema de devengo contable, que le exige a la persona natural no obligada a llevar contabilidad mantener un control detallado de sus erogaciones y realizar una revisión permanente del período fiscal en que se genera el ingreso correlativo pues, según la norma, los costos no pueden disminuir la base gravable del período fiscal en el que no se generaron los ingresos correlativos a dichos costos. Desde la perspectiva de la realización del ingreso lo anterior puede ser equiparable a lo que establecen los últimos renglones del artículo 27 ET, y que fueron analizados en el capítulo correspondiente, es decir, que los ingresos percibidos por anticipado que correspondan a rentas no realizadas solo se gravan en el año o período gravable en que se realicen, lo cual también obliga a que, cuando se encuentre ante un pago anticipado (diferente a un anticipo)[90], correspondiente a una renta no realizada (p. ej., un servicio no prestado), la persona natural podrá diferir el gravamen de tales ingresos para el período fiscal en que se realice la renta (p. ej., cuando efectivamente se preste el servicio).

Finalmente, valga precisar que a partir de las normas reglamentarias (art. 1.2.1.20.5 modificado por el art. 8.º del Decreto 1435 de 2020) los costos y gastos admisibles para las personas naturales no obligadas a llevar

---

dos conceptos, por lo que será necesario tener en cuenta su definición y adecuar su aplicación a cada caso particular dentro del contexto de las personas naturales no obligadas a llevar contabilidad. Así, por *costo* se entiende la erogación necesaria para adelantar un proceso productivo, la comercialización de bienes para prestar un servicio. Por *gasto* se entienden los decrementos en los beneficios económicos, producidos a lo largo del período sobre el que se informa, a modo de salidas o disminuciones del valor de los activos, o bien por la generación o aumento de los pasivos, que dan como resultado decrementos en el patrimonio, distintos de los relacionados con las distribuciones realizadas a los inversores de patrimonio (NIC 16.6., NIC 38.8., NIC 40.5., parágrafo 13.5 de las NIIF para Pymes, parágrafo 2.23 (b) de las NIIF para Pymes).

90 Cfr. Capítulo II, "Pagos anticipados y anticipos".

contabilidad deben cumplir con los requisitos generales de procedencia y estar establecidos en las normas del Estatuto, por lo que es posible concluir que dichos costos y gastos deben cumplir con lo establecido en el artículo 107 ET, esto es, ser necesarios y proporcionales y tener relación de causalidad con la actividad productora de renta de la persona natural.

Con la Ley 2277 de 2022 se introdujo al Estatuto Tributario el artículo 336-1 que confiere a la DIAN la facultad de estimar topes indicativos de costos y gastos deducibles, teniendo en cuenta que para las rentas de trabajo en las que procedan, por ejemplo, los pagos derivados de honorarios o compensaciones por servicios personales, se estiman en un 60% de los ingresos brutos y deben estar soportados con factura electrónica de venta y/o comprobante de nómina electrónica y/o documentos equivalentes electrónicos, y cumplir los requisitos legales de procedencia. Así mismo, se estableció que cuando el contribuyente exceda el tope indicativo debe expresarlo en la declaración de renta so pena de incurrir en la sanción de que trata el literal d) del numeral 1 del artículo 651 ET referente a las sanciones por no enviar información.

– Depreciación en personas naturales

A partir de lo establecido en el artículo 128 ET, es improcedente imputar gastos por depreciación a las personas naturales no obligadas a llevar contabilidad, pues de manera expresa solo admite esta posibilidad respecto de las personas obligadas a llevar contabilidad, lo cual guarda relación con las demás disposiciones que rigen la materia en lo que respecta, por ejemplo, a los métodos de depreciación admisibles.

No obstante, la Corte Constitucional y el Consejo de Estado han proferido múltiples fallos en los que se ha abordado este tema, por cuanto podría resultar inequitativo que la deducción por depreciación de los activos solo beneficie a las personas obligadas a llevar contabilidad, lo cual pareciera indicar que una persona no obligada, por modo alguno podría contar con una activo generador de rentas que sea susceptible de depreciarse, como bien podría ser el caso de un odontólogo que utiliza sus equipos permanentemente como parte integrante de su actividad productora de renta.

En ese sentido, a través de la Sentencia C-606 del 11 de diciembre de 2019 la Corte Constitucional consideró que permitir la depreciación de los activos únicamente a los obligados a llevar contabilidad era plausible desde el punto de vista constitucional, en tanto propende por la eficiencia del sistema tributario y del recaudo del impuesto sobre la renta, declarando por lo tanto exequible el demandado artículo 77 de la Ley 1819 de 2016.

De igual manera, el Consejo de Estado se pronunció (Sent. Exp. 19902 del 2 de diciembre de 2015) respaldando los conceptos de la DIAN[91] y señalando que las normas fiscales son claras al establecer que únicamente los obligados a llevar contabilidad tienen derecho a la deducción por depreciación. No obstante, también existe un pronunciamiento posterior del Consejo de Estado (Sent. Exp. 52001-23-33-000-2012-00106-01 del 22 de septiembre de 2016)[92], en el que se establece de forma expresa que los no obligados a llevar contabilidad "deben solicitar la deducción por inversión en activos fijos productivos en el período en que realizan la inversión", de lo cual parece desprenderse que no hay una línea homogénea en el Alto Tribunal sobre este particular; lo anterior, sumado a que en el año 2002[93] el Consejo de Estado también había admitido la posibilidad de que las personas no obligadas a llevar contabilidad pudieran registrar gastos por depreciación.

Sin embargo, de los anteriores pronunciamientos jurisprudenciales, y especialmente de lo concluido por la Corte Constitucional en la Sentencia C-606 de 2019, es posible colegir que debido a la íntima relación entre los registros contables y la figura de la depreciación resultaría improcedente que un no obligado a llevar contabilidad registre gastos por depreciación, pues la legislación vigente está diseñada para que la depreciación sea posible dentro de los marcos técnicos contables. En ese sentido, lo que se podría concluir es que una persona natural que ejerza habitual y profesionalmente una actividad productora de renta, para cuya generación requiera de activos depreciables (es decir, que sea comerciante según el artículo 19 C. de Co.), debería ubicarse por el monto de sus ingresos (régimen de responsables de IVA), o por vía de constitución de empresa, como una persona obligada a llevar a contabilidad a fin de acceder a esta importante detracción; lo anterior, aunado a la posibilidad que tendría de llevar contabilidad de manera voluntaria (parág. 2 art. 21-1 ET).

---

91 Concepto 016805 de marzo de 2001.

92 Consejo de Estado, Sección Cuarta, Sentencia 20293 del 22 de septiembre de 2016, C. P.: Hugo Fernando Bastidas Bárcenas.

93 Sentencia Exp. 12316 del 8 de marzo de 2002.

e. DEDUCCIONES

A continuación se aborda la procedencia fiscal de las deducciones en las personas naturales no obligadas a llevar contabilidad, lo cual aplica para la cédula general y las rentas que las conforman, esto es, rentas de trabajo, de capital y no laborales, pues a medida que se va desarrollando la temática se realizan las distinciones necesarias por cada tipo de renta.

En primer lugar es importante señalar que, a diferencia de las personas naturales no obligadas a llevar contabilidad, para las obligadas estas detracciones corresponden a montos y conceptos específicos que el legislador ha establecido como procedentes a título de deducción y que normalmente tienen una serie de limitaciones para su procedencia. Además de las limitaciones de cada una de las deducciones, estas deben sumarse con las rentas exentas del contribuyente y su valor total no puede superar el 40% de los ingresos netos del periodo (inc. 1.° num. 3 art. 336 ET), el cual corresponde al límite consolidado de la cédula general.

Según lo expuesto, es importante advertir que las deducciones de las personas naturales no obligadas a llevar contabilidad reportan una condición diferente a las de las personas obligadas, pues para estas últimas se traducen en los costos y gastos que, en virtud de lo establecido en el artículo 107 ET, pueden depurar de su base gravable, siempre que cumplan las condiciones señaladas en el mismo artículo.

– Intereses y corrección monetaria por préstamos para adquisición de vivienda del contribuyente (crédito hipotecario y leasing habitacional) y sobre préstamos educativos del Instituto Colombiano de Créditos Educativo y Estudios Técnicos en el Exterior (ICETEX)

Otra deducción permitida por la normatividad tributaria en la determinación de la renta de las personas naturales está ligada con el incentivo para la adquisición de vivienda, el cual repercute colateralmente en el dinamismo del sector financiero y del sector de la construcción, ejes neurales de la economía nacional.

Las personas naturales que adquieren un crédito para la adquisición de su vivienda, o suscriben un contrato de leasing financiero con destino exclusivo a la adquisición de vivienda, pueden deducir los intereses pagados por tales operaciones durante el respectivo año en la depuración del impuesto sobre la renta y complementarios, en un monto que no supere anualmente las 1.200 UVT, en armonía con lo consignado en el artículo 119 ET, que a la postre reza:

> Artículo 119. *Deducción de intereses sobre préstamos educativos del ICETEX y para adquisición de vivienda.*
>
> Aunque no guarden relación de causalidad con la producción de la renta, también son deducibles los intereses que se paguen sobre préstamos para adquisición de vivienda del contribuyente, siempre que el préstamo esté garantizado con hipoteca si el acreedor no está sometido a la vigilancia del Estado, y se cumplen las demás condiciones señaladas en este artículo.
>
> Cuando el préstamo de vivienda se haya adquirido en unidades de poder adquisitivo constante, la deducción por intereses y corrección monetaria estará limitada para cada contribuyente al valor equivalente a las primeras cuatro mil quinientos cincuenta y tres (4.553) unidades de poder adquisitivo constante UPAC, del respectivo préstamo. Dicha deducción no podrá exceder anualmente del valor equivalente de mil (1.000) unidades de poder adquisitivo constante (hoy 1.200 UVT).
>
> También estarán sujetos a las deducciones de que trata este artículo los intereses que se paguen sobre préstamos educativos del Instituto Colombiano de Créditos Educativo y Estudios Técnicos en el Exterior –ICETEX– dirigidos para la educación superior del contribuyente. Dicha deducción no podrá exceder anualmente del valor equivalente a 100 UVT.

La norma es enfática en señalar que no se requiere relación de causalidad con la producción de la renta, razón por la cual no es preciso asociar las operaciones cuyos intereses son deducibles para la persona natural, con la actividad generadora de sus ingresos o rentas, lo que a su vez explica por qué este concepto puede ser incorporado como una deducción tributaria en las subcédulas de la cédula general. Sin embargo, en cuanto a las cédulas de pensiones y dividendos, ni el Estatuto Tributario ni el Decreto Reglamentario contemplan la deducción de los intereses pagados por créditos de vivienda.

Retomando lo señalado respecto de la viabilidad de la deducción incluso cuando estos pagos no guardan relación de causalidad con la actividad del contribuyente, en varios pronunciamientos la administración tributaria ha precisado que la razón para crear una excepción al requisito de causalidad entre los intereses por compra de casa o apartamento de habitación respecto de los ingresos del contribuyente,

> [...] se fundamentó en el hecho de habitar la vivienda, lo que impide al asalariado contribuyente utilizar el inmueble para su explotación económica. En consecuencia, la ley parte del supuesto que los intereses pagados correspondan a préstamos para adquisición de vivienda del contribuyente[94].

De allí que también se haya manifestado sobre el eventual desconocimiento de la deducción por concepto de intereses por créditos hipotecarios en aquellos casos en que no se cumpla con el supuesto de destinación del activo inmobiliario exclusivamente para la vivienda del trabajador, lo que de plano excluye la posibilidad de darle otro fin, como puede ser la obtención de algún tipo de renta[95].

En consonancia con el artículo 119 ET, el artículo 387 del mismo ordenamiento señala que para los trabajadores con derecho a la deducción por intereses o corrección monetaria en virtud de préstamos para adquisición de vivienda, la base de retención será disminuida proporcionalmente en la forma que indique el reglamento.

Así en el numeral 4 del artículo 1.2.4.1.6 del decreto 1625 de 2016 se ratifica la posibilidad de detraer de la base del cálculo de la retención en la fuente, como una deducción, los pagos efectivamente realizados por intereses o corrección monetaria por préstamos para adquisición de vivienda. Además, el parágrafo 7 del mismo artículo puntualiza que en los eventos en que el crédito haya sido otorgado a varias personas se debe aplicar proporcionalmente la deducción a cada una de ellas; sin embargo, una de las partes o deudores podrá solicitar el beneficio en su totalidad, caso en el cual debe manifestar bajo la gravedad de juramento que la otra persona no lo ha solicitado.

También contempla el artículo reglamentario que la deducción sólo podrá ser solicitada ante un patrono, cuando el trabajador labora para más de uno.

En la normatividad de los sectores financiero, asegurador y del mercado de valores se describen las operaciones y modalidades de leasing, cuya reglamentación general se encuentra principalmente en el Estatuto Orgánico del Sistema Financiero (EOSF) y en el Decreto 2555 de 2010.

El término *leasing* se traduce generalmente como "arrendamiento financiero", y su finalidad consiste en permitir el goce de una cosa por una de las partes a cambio de una remuneración a favor de la otra con un límite de

---

94 DIAN, División de Normativa y Doctrina Tributaria, Oficina Jurídica, Concepto n.º 064444 del 12 de septiembre de 2005.

95 Ibíd. Refiere al Oficio 015809 del 15 de junio de 2005 de la DIAN.

tiempo, y además con una intención traslaticia del dominio, ya que existe una obligación en ese sentido. En ese orden de ideas, la Corte Suprema de Justicia ha venido sosteniendo que el contrato de leasing financiero corresponde a un tipo de negocio jurídico comercial por el cual se hace entrega de un bien a una persona para que ejerza el derecho de uso y goce de la misma asumiendo la obligación de pagar un canon durante un tiempo determinado, con la opción de compra al finalizar el plazo acordado.

En una Sentencia del 13 de diciembre de 2002 el Tribunal Supremo de Justicia señaló:

> Es este, entonces, un negocio jurídico en virtud del cual, una sociedad autorizada –por la ley– para celebrar ese tipo de operaciones, primigeniamente le concede a otro *la tenencia* de un determinado bien corporal –mueble o inmueble, no consumible, ni fungible, *lato sensu*, necesariamente productivo–, por cuyo uso y disfrute la entidad contratante recibe un precio pagadero por instalamentos, que sirve, además, al confesado propósito de amortizar la inversión en su momento realizada por ella para la adquisición del respectivo bien, con la particularidad de que al vencimiento del término de duración del contrato, el tomador o usuario, en principio obligado a restituir la cosa, podrá adquirir, *in actus*, la propiedad de la misma, previo desembolso de una suma preestablecida de dinero, inferior –por supuesto– a su costo comercial (valor residual), sin perjuicio de la posibilidad de renovar, *in futuro*, el contrato pertinente, en caso de que así lo acuerden las partes[96].

El artículo 2.28.11.2 del Decreto 2555 de 2010 define la operación de leasing habitacional destinado a la adquisición de vivienda familiar como el contrato de leasing financiero mediante el cual una entidad autorizada entrega a un locatario la tenencia de un inmueble, para destinarlo única y exclusivamente al uso habitacional y al goce del contribuyente y su núcleo familiar a cambio del pago de un canon periódico, durante el plazo convenido, a cuyo vencimiento el bien se debe restituir a su propietario o transferirse al locatario, si este decide ejercer la opción de compra pactada a su favor y paga su valor. Así mismo, el artículo 2.28.1.1.3 del Decreto 1555 de 2010 regula el leasing habitacional destinado a vivienda no familiar, el cual, para efectos tributarios, está enmarcado bajo los efectos de los artículos 107 y 117 ET, relativos a la deducibilidad de las expensas necesarias e intereses

96 Corte Suprema de Justicia, Sala de Casación Civil, Sentencia 6462 del 13 de diciembre de 2002, Expediente. 6462, M. P.: Carlos Ignacio Jaramillo Jaramillo.

en el desarrollo de cualquier actividad productora de renta con la que se guarde relación de causalidad, necesariedad y proporcionalidad.

Las operaciones y contratos de leasing habitacional con destino a la adquisición de vivienda familiar son un mecanismo de financiación de vivienda de largo plazo que deben ser celebrados por escrito[97], atendiendo a las condiciones definidas en la ley.

En armonía con las normas del sector financiero, asegurador y del mercado de valores, en el artículo 127-1 ET se define también el arrendamiento financiero o leasing financiero y se determinan sus efectos tributarios.

Debido a la modificación introducida en el artículo 127-1 por la Ley 1819 de 2016, y en consonancia con diversos pronunciamientos de la administración de impuestos sobre la materia, los contratos de arrendamiento financiero o leasing con opción de compra celebrados entre el 1.º de enero de 2012 y el 31 de diciembre de 2016, debían someterse al tratamiento aplicable para el arrendamiento financiero y no el arrendamiento operativo.

Con anterioridad regía lo dispuesto en la Ley 1111 de 2006, norma que modificó el parágrafo 4 del artículo 127-1 ET, que establecía el tratamiento previsto en el numeral 2, referente al arrendamiento financiero para todos los contratos de leasing con opción de compra, lo que aplicaba para aquellos contratos de leasing habitacional con opción de compra suscritos entre el 1.º de enero de 2012 y el 31 de diciembre de 2016. En conclusión, durante ese período todos los contratos de leasing con opción de compra, independientemente de su naturaleza, debían someterse a las reglas aplicables para el arrendamiento financiero.

Con la entrada en vigencia de la Ley 1819 de 2016, los numerales 1 y 2 del artículo 127-1 ET establecen respectivamente tanto la definición del arrendamiento financiero y leasing financiero, como el arrendamiento operativo y el tratamiento tributario para los contratos de arrendamiento financiero o leasing financiero suscritos a partir del 1.º de enero de 2017. El numeral 3 da cuenta del tratamiento referente al arrendamiento operativo[98].

---

97 Decreto 2555 del 15 de julio de 2010.

98 "Artículo 127-1. Modificado. Ley 1819/2016, Art. 76. "*Contratos de arrendamiento*. Son contratos de arrendamiento el arrendamiento operativo y el arrendamiento financiero o leasing. // Los contratos de arrendamiento que se celebren a partir del 1 de enero de 2017, se someten a las siguientes reglas para efectos del impuesto sobre la renta y complementarios: // 1. Definiciones: a) Arrendamiento financiero o leasing financiero: Es aquel contrato, que tiene por objeto la adquisición financiada de un activo y puede reunir una o varias de las siguientes características: i) Al final del contrato se trasfiere la propiedad del activo al arrendatario o locatario. ii) El arrendatario

---

o locatario tiene la opción de comprar el activo a un precio que sea suficientemente inferior a su valor comercial en el momento en que la opción de compra sea ejercida, de modo que al inicio del arrendamiento se prevea con razonable certeza que tal opción podrá ser ejercida. iii) El plazo del arrendamiento cubre la mayor parte de la vida económica del activo incluso si la propiedad no se trasfiere al final de la operación. iv) Al inicio del arrendamiento el valor presente de los pagos mínimos por el arrendamiento es al menos equivalente al valor comercial del activo objeto del contrato. La DIAN podrá evaluar la esencia económica del contrato para comprobar si corresponde o no a una compra financiada. v) Los activos arrendados son de una naturaleza tan especializada que solo el arrendatario puede usarlos sin realizar en ellos modificaciones importantes. // Los contratos de leasing internacional se someten a las reglas anteriores. b) Arrendamiento operativo: Es todo arrendamiento diferente de un arrendamiento financiero o leasing financiero, de que trata el literal anterior. 2. Tratamiento del arrendamiento financiero o leasing: a) Para el arrendador financiero: i) Al momento de celebración del contrato deberá reconocer un activo por arrendamiento financiero por el valor presente de los cánones de arrendamientos, la opción de compra y el valor residual de garantía en caso de ser aplicable. ii) Deberá incluir en sus declaraciones de renta la totalidad de los ingresos generados por los contratos de arrendamiento. Para tal efecto, se entiende por ingresos, los ingresos financieros procedentes del activo por arrendamiento, así como los demás ingresos que se deriven del contrato. b) Para el arrendatario:
i) Al inicio del contrato, el arrendatario deberá reconocer un activo y un pasivo por arrendamiento, que corresponde al valor presente de los cánones de arrendamientos, la opción de compra y el valor residual de garantía en caso de ser aplicable, calculado a la fecha de iniciación del contrato, y a la tasa pactada en el contrato. La suma registrada como pasivo por el arrendatario, debe coincidir con la registrada por el arrendador como activo por arrendamiento. // Adicionalmente y de manera discriminada, se podrán adicionar los costos en los que se incurra para poner en marcha o utilización el activo siempre que los mismos no hayan sido financiados.
ii) El valor registrado en el activo por el arrendatario, salvo la parte que corresponda al impuesto a las ventas que vaya a ser descontado o deducido, tendrá la naturaleza de activo el cual podrá ser amortizado o depreciado en los términos previstos en este estatuto como si el bien arrendado fuera de su propiedad. iii) El IVA pagado en la operación solo será descontable o deducible según el tipo de bien objeto del contrato por parte del arrendatario, según las reglas previstas en este estatuto. iv) Cuando el arrendamiento financiero comprenda bienes inmuebles, la parte correspondiente a terrenos no será depreciable ni amortizable. v) Los cánones de arrendamiento causados a cargo del arrendatario, deberán descomponerse en la parte que corresponda a abono a capital y la parte que corresponda a intereses o costo financiero. La parte correspondiente a abonos de capital, se cargará directamente contra el pasivo registrado por el arrendatario, como un menor valor de este. La parte de cada canon correspondiente a intereses o costo financiero, será un gasto deducible para el arrendatario sometido a las limitaciones para la deducción de intereses. vi) Al momento de ejercer la opción de compra, el valor pactado para tal fin se cargará contra el pasivo del arrendatario, debiendo quedar este en ceros. Cualquier diferencia se ajustará como ingreso o gasto. vii) En el evento en que el arrendatario no ejerza la opción de compra, se efectuarán los ajustes fiscales en el activo y en el pasivo, y cualquier diferencia que surja no tendrá efecto en el impuesto sobre la renta, siempre y cuando no haya generado un costo o gasto deducible, en tal caso se tratara como una recuperación de deducciones. 3. Tratamiento del arrendamiento operativo: a) Para el arrendador: El arrendador del activo le dará el tratamiento de acuerdo a la naturaleza del mismo y reconocerá como ingreso el valor correspondiente a los cánones de arrendamiento realizados en el año o período gravable. Cuando el arrendamiento comprenda bienes inmuebles, la parte correspondiente a terrenos no será depreciable;

Del artículo 127-1 ET se desprende que los cánones de arrendamiento se deben descomponer en abono a capital y abono a intereses o costo financiero. Es menester resaltar que el tratamiento dado a los intereses por un crédito hipotecario dista del tratamiento dado a la cuota pagada por dicho préstamo, como ocurre con el trato que se debe dar a la cuota o canon periódico que paga el locatario por el contrato de leasing habitacional frente a los intereses pagados en virtud de esa modalidad contractual.

Teniendo en cuenta los cambios normativos, la DIAN atendió consultas relacionadas con los contratos de leasing habitacional y confirmó la identificación de esta modalidad contractual con los contratos de arrendamiento financiero para efectos tributarios, haciendo remisión obligatoria al artículo 1.2.1.17.5 del DUR que señala lo relativo al valor de la enajenación de los bienes en los contratos de arrendamiento financiero[99].

Sin embargo, en el Oficio 9185 de 2019 la Administración Tributaria Nacional advirtió la transformación del artículo 1.2.1.18.50 del DUR 1625 de 2016, como consecuencia de la referencia expresa al inciso 2 del artículo 127-1 ET,

> ... lo que supone que el leasing habitacional no debe ser entendido, en todos los casos, como un arrendamiento operativo. En esta medida, será necesario, (*sic*) revisar en cada caso, las particularidades del contrato de leasing habitacional en los términos del artículo 127-2 del Estatuto Tributario (ET) para determinar si aplica el tratamiento tributario del leasing financiero o el operacional.

Mediante el Decreto 1435 del 5 de noviembre de 2020, por medio del cual se reglamentaron los artículos 27, 46, 55, 119, 206, 206-1, 235-2, 240 parágrafo

---

b) Para el arrendatario: El arrendatario reconocerá como un gasto deducible la totalidad del canon de arrendamiento realizado sin que deba reconocer como activo o pasivo suma alguna por el bien arrendado. Parágrafo 1. Los contratos de arrendamiento financiero o leasing con opción de compra y los contratos de arrendamiento operativo, que se hayan celebrado antes de la entrada en vigencia de esta ley, mantendrán el tratamiento fiscal vigente al momento de su celebración. Parágrafo 2. El contrato de retroarriendo o *lease-back* se tratará para efectos del impuesto sobre la renta y complementarios como dos operaciones separadas, es decir, una venta de activos y un arrendamiento posterior. El arrendamiento posterior se somete a la regla prevista en el artículo 139 del Estatuto Tributario. El contrato de retroarriendo o lease-back debe cumplir con las siguientes dos condiciones: 1. Que el proveedor del bien objeto de arrendamiento y el arrendatario del bien, sean la misma persona o entidad, y 2. Que el activo objeto del arrendamiento financiero tenga la naturaleza de activo fijo para el proveedor. Parágrafo 3. Derogado. Ley 2010/2019, Art. 160. Parágrafo 4. El tratamiento de este artículo aplica a todas las modalidades contractuales que cumplan con los elementos de la esencia del contrato de arrendamiento, independientemente del título otorgado por las partes a dicho contrato".

99 DIAN, Dirección de Gestión Jurídica, Concepto 9185 del 16 de abril de 2019.

5 literal e, 330, 331, 332, 333, 335 y 336 ET y se modificó el Decreto 1625 de 2016, Único Reglamentario en Materia Tributaria, se sustituyó el artículo 1.2.1.18.50, del cual habíamos referido su transformación, quedando así:

> Artículo 1.2.1.18.50. *Efectos tributarios del leasing habitacional.* De conformidad con lo establecido en el Título 1 del Libro 28 de la Parte 2 del Decreto 2555 de 2010, el leasing habitacional que tenga por objeto un bien inmueble destinado a vivienda tendrá el tratamiento previsto en el artículo 127-1 del Estatuto Tributario para el locatario.
>
> En consecuencia, cuando el leasing habitacional sea tratado fiscalmente como un arrendamiento financiero el locatario podrá deducir la parte correspondiente a los intereses y/o corrección monetaria que haya pagado durante el respectivo año, hasta el monto anual máximo consagrado en el artículo 119 del Estatuto Tributario.

En lo que tiene que ver con los intereses pagados por préstamos educativos al ICETEX, en la exposición de motivos de la Ley de Financiamiento se aludió a las necesidades del sector educación el cual precisa financiamiento adicional del Gobierno central a través del fortalecimiento de los créditos y becas del ICETEX, subsidios a tasas de interés favorables, mejoramiento de la infraestructura educativa, la dotación física y tecnológica, entre otros.

A pesar de esta referencia, no fue sino hasta la Ley de Crecimiento Económico que se incluyó un aliciente para quienes paguen préstamos educativos del ICETEX. Así, el artículo 89 de la Ley 2010 de 2019 modificó el artículo 119 ET para permitir a las personas naturales con créditos educativos del ICETEX dirigidos a la educación superior del contribuyente, deducir del impuesto sobre la renta y complementarios el valor correspondiente a los intereses que se paguen por dichos préstamos, deducción que no puede exceder anualmente un valor equivalente a 100 UVT.

Por tratarse de una deducción similar a la de los intereses por préstamos para adquisición de vivienda se debe sumar a las rentas exentas y a las deducciones imputables a la cédula general, cuyo límite se contiene en el inciso 1.º del numeral 3 del artículo 336 ET, es decir, que no pueden superar el 40% del ingreso laboral o tributario del año, ni exceder las 1.340 UVT.

Cuando el crédito se ha otorgado a varias personas, el artículo 1.2.1.20.4 del DUR 1625 de 2016[100] señala que se debe aplicar la deducción proporcionalmente a cada una de ellas. Así mismo, una de ellas podrá solicitar en su totalidad la deducción, siempre y cuando la(s) otra(s) persona(s) no la haya(n) solicitado.

Con relación a la eventual inclusión de esta deducción para detraer de la base de retención en la fuente los pagos o abonos en cuenta por concepto de rentas de trabajo efectuados a las personas naturales, la DIAN aclara que no resulta aplicable, toda vez que el artículo 388 ET[101] establece los factores que se pueden depurar para el cálculo de la retención en la fuente, y no incluye los intereses que se paguen sobre préstamos educativos del ICETEX dirigidos a la educación superior del contribuyente; en igual sentido, el artículo 387[102] ET y las normas que regulan esta disposición tampoco lo permiten[103].

– *Pagos de salud*

El artículo 387 ET permite que el trabajador trate como deducibles los pagos por salud efectuados por contratos de prestación de servicios a empresas de

---

100 Artículo sustituido por el artículo 8 del Decreto 1435 de 2020.

101 "Artículo 388. Adicionado. Ley 1819/2016, Art. 18. "*Depuración de la base del cálculo de la retención en la fuente*. Para obtener la base de retención en la fuente sobre los pagos o abonos en cuenta por concepto de rentas de trabajo efectuados a las personas naturales, se podrán detraer los siguientes factores: 1. Los ingresos que la ley de manera taxativa prevé como no constitutivos de renta ni ganancia ocasional. 2. Las deducciones a que se refiere el artículo 387 del Estatuto Tributario y las rentas que la ley de manera taxativa prevé como exentas [...]".

102 "Artículo 387. Modificado. Ley 1607/2012, Art. 15. "*Deducciones que se restarán de la base de retención*. En el caso de trabajadores que tengan derecho a la deducción por intereses o corrección monetaria en virtud de préstamos para adquisición de vivienda, la base de retención se disminuirá proporcionalmente en la forma que indique el reglamento. El trabajador podrá disminuir de su base de retención lo dispuesto en el inciso anterior; los pagos por salud, siempre que el valor a disminuir mensualmente, en este último caso, no supere 16 UVT* mensuales; y una deducción mensual de hasta el 10% del total de los ingresos brutos provenientes de la relación laboral o legal y reglamentaria del respectivo mes por concepto de dependientes, hasta un máximo de 32 UVT* mensuales. Las deducciones establecidas en este artículo se tendrán en cuenta en la declaración ordinaria del Impuesto sobre la Renta. Los pagos por salud deberán cumplir las condiciones de control que señale el Gobierno Nacional: a. Los pagos efectuados por contratos de prestación de servicios a empresas de medicina prepagada vigiladas por la Superintendencia Nacional de Salud, que impliquen protección al trabajador, su cónyuge, sus hijos y/o dependientes. b. Los pagos efectuados por seguros de salud, expedidos por compañías de seguros vigiladas por la Superintendencia Financiera de Colombia, con la misma limitación del literal anterior [...]".

103 DIAN, Subdirección de Gestión Normativa y Doctrina, Oficio n.º 351 del 21 de abril de 2020.

medicina prepagada vigiladas por la Superintendencia Nacional de Salud, así como los pagos efectuados por seguros de salud, expedidos por compañías de seguros vigiladas por la Superintendencia Financiera de Colombia que impliquen protección al trabajador, su cónyuge, sus hijos y/o dependientes. Los referidos pagos por salud tienen como límite 16 UVT mensuales.

Según la disposición normativa, esta deducción únicamente es admisible para los trabajadores, esto es, para las personas naturales que devengan rentas de trabajo, por lo que no se podrían tomar las rentas de capital o no laborales. Y a pesar de que el artículo 8.º del Decreto 1435 de 2020 únicamente limita la deducción a los trabajadores, sin incluir la deducción por pagos de salud que se analiza en el presente numeral, lo cierto es que a lo largo del mismo artículo reglamentario se observa que esta deducción no se contempla como procedente respecto de las demás rentas (capital y no laborales)[104].

En lo que respecta a pagos de los planes voluntarios de salud que incluyan medicina prepagada, ambulancia prehospitalaria o servicios de ambulancia prepagada, la DIAN[105] señala que también son deducibles en el marco de lo dispuesto en el artículo 387 ET, siempre que se cumpla con las normas del sector salud y las demás condiciones establecidas en el mismo artículo.

Es importante diferenciar aquellos casos en los que el empleador asume (total o parcialmente) los pagos de medicina prepagada de sus empleados y los reporta ante la DIAN como “otros pagos” pues, según pronunciamiento de la misma entidad[106], en tal caso la persona natural los debe reportar como ingresos gravables al reconocerse en el marco de una relación laboral, legal y/o reglamentaria. Lo anterior no se debe confundir con el tratamiento de ingreso no constitutivo de renta ni ganancia ocasional del trabajador que figura en el artículo 387-1 ET, el cual se refiere a aquellos pagos que realiza el empleador a terceros, pero en beneficio de sus empleados por concepto de alimentación suya y de su familia, así como los demás pagos que establece el mismo artículo.

– Dependientes

El artículo 387 ET señala también que únicamente quienes clasifiquen en la renta del trabajo pueden tratar como una deducción el 10% de sus ingresos brutos

---

104 DIAN, Dirección de Gestión Jurídica, Resolución n.º 000022 del 5 de marzo de 2021.
105 DIAN, Subdirección de Gestión Normativa y Doctrina. Oficio n.º 359 del 26 de marzo de 2020.
106 DIAN, Subdirección de Gestión Normativa y Doctrina. Oficio n.º 1203 del 30 de septiembre de 2020.

por concepto de dependientes, siempre que tales ingresos provengan de una relación laboral, legal y/o reglamentaria del respectivo mes, hasta un máximo de 32 UVT mensuales; sin embargo, a partir de 2023, con la entrada en vigor de la Ley 2277 de 2022, la deducción en cuestión será de hasta cuatro dependientes económicos, cada uno por 72 UVT, sin que el valor supere 72 UVT por cada uno de ellos; es decir que podrían deducirse hasta 288 UVT al año por este concepto.

Lo anterior, en armonía con el numeral 3 del artículo 336, recientemente modificado por el artículo 7.º de la Ley 2277 de 2022, el cual preceptúa así en su inciso segundo:

> Artículo 336. [...]
>
> 3. [...] Sin perjuicio de lo establecido en el inciso 2 del artículo 387 del Estatuto Tributario, el trabajador podrá deducir, en adición al límite establecido en el inciso anterior, setenta y dos (72) UVT por dependiente hasta un máximo de cuatro (4) dependientes.

Por otro lado, es de observar que el artículo 8.º del Decreto 1435 de 2020 establece que la deducción por dependientes es aplicable únicamente a los ingresos provenientes de rentas del trabajo, las cuales entendemos como las previstas en el referido artículo 103 ET, motivo por el cual, en aplicación de la norma reglamentaria, esta deducción debería admitirse respecto de todas las personas naturales que obtengan ingresos de los que trata el artículo 103 ET, en el que, además de los salarios, figuran los honorarios y las compensaciones, entre otros.

El artículo 1.2.4.1.18 del Decreto 1625 de 2016 (Decreto Único Reglamentario en materia tributaria), lista como dependientes a los hijos del contribuyente menores de 18 años de edad, o que entre los 18 y 23 años de edad el padre o la madre contribuyentes estén financiando su educación superior en instituciones formales. Otra de las condiciones para que exista dependencia consiste en que el hijo del contribuyente mayor de 18 años de edad, el cónyuge, los padres o hermanos estén en situación de dependencia originada en factores físicos o psicológicos certificados por medicina legal. Adicionalmente, podrán considerarse dependientes los padres, el cónyuge y/o los hermanos que no tengan ingresos o que los mismos sean inferiores a 260 UVT, certificado por contador público.

Nótese que la norma antecede a los factores físicos o psicológicos que estas personas se encuentren en situación de dependencia, y aunque la norma no establece un porcentaje de discapacidad específico, se ha interpretado[107] que este debe generar una situación de dependencia económica a cargo del contribuyente.

De otro lado, vale la pena cuestionarse si una pareja (cónyuges) que tiene entre sí un solo hijo podría tomar de manera independiente esta deducción a cargo del mismo hijo. Frente a este supuesto no existe ninguna limitación y/o prohibición en la normal legal y reglamentaria, por lo cual se ha concluido que sería posible que cada contribuyente accediera a dicha deducción[108].

En reciente concepto general de la DIAN, proferido el 31 de marzo de 2023 sobre el impuesto sobre la renta a cargo de las personas naturales con motivo de la Ley 2277 de 2022 precisó que "[...] diferentes contribuyentes podrán tomar la deducción por dependientes (tanto la prevista en el artículo 336 del Estatuto Tributario como la contenida en el artículo 387 ibidem), siempre que tenga derecho a ello [...]".

La Administración tributaria también aclaró en dicho concepto que la expresión del inciso segundo del artículo 336 ET que reza: "Sin perjuicio de lo establecido en el inciso 2 del Artículo 387 del Estatuto Tributario, el trabajador podrá deducir, en adición al límite establecido en el inciso anterior, setenta y dos (72) UVT por dependiente hasta un máximo de cuatro (4) dependientes", implica que, además de la deducción por dependientes prevista en el inciso 2.º del artículo 387 ET, se contempla otra deducción por dependientes, con sus propias características: i) no está sometida a los límites del 40%, y ii) no está sometida al límite absoluto o global del inciso 10 del mismo numeral 30, es decir, no se encuentra dentro de las 1.340 UVT.

Sin embargo, en el aludido concepto la DIAN confirmó que lo anterior:

> ... no implica que el contribuyente puede aprovechar ambas deducciones en relación con los *mismos dependientes*. Al respecto, es preciso recordar que, según lo dispone el artículo 23 de la Ley 383 de 1997, un mismo hecho económico no puede generar más de un beneficio tributario para el mismo contribuyente, salvo la Ley expresamente lo autorice.
>
> Aunado a ello, "basta que se haya tomado una vez un monto como factor de detracción en la determinación, para que haya imposibilidad de detraerlo nuevamente" (énfasis propio) (cfr. Concepto 030172 del 26 de marzo de 2008).

---

107 DIAN, Subdirección de Gestión Normativa y Doctrina. Oficio n.º 359 del 26 de marzo de 2020.
108 Ídem.

Adicionalmente, ha quedado claro que los pagos realizados por un contribuyente a una compañía de seguros para, por ejemplo, garantizar la educación de sus hijos dependientes, no podría tratarse como costo o gasto al no tener relación de causalidad con su actividad productora de renta; siendo procedente, entonces, que esos pagos se entiendan cubiertos dentro de la deducción especial del 10% de dependientes[109].

– Gravamen a los Movimientos Financieros (GMF)

El artículo 115 ET establece la posibilidad de tratar como deducible el 50% del Gravamen a los Movimientos Financieros (GMF o 4 x 1.000) que haya sido efectivamente pagado por el contribuyente durante el respectivo año gravable, siempre que se encuentre debidamente certificado por el agente retenedor y aunque no tenga relación de causalidad con su actividad económica, lo cual permite entender que esta deducción se podría tomar en cualquiera de las rentas en las cuales se pueda llegar a clasificar un contribuyente (art. 8.º del Decreto 1435 de 2020).

Adicionalmente, debido a que esta deducción se podría tomar en cualquier renta (del trabajo, de capital o de pensiones), bien podría el contribuyente deducirla de manera proporcional en caso de clasificarse en más de una renta.

– Deducción de impuestos pagados (art. 115 ET)

Se observa también que el artículo 115 ET prescribe la posibilidad para los contribuyentes del impuesto sobre la renta de deducir de su base gravable la totalidad de los impuestos, tasas y contribuciones que efectivamente hayan pagado durante el año gravable y que tengan relación de causalidad con su actividad económica. Ahora bien, frente a esta posibilidad es necesario señalar que nada dicen las normas reglamentarias aplicables a las personas naturales no obligadas a llevar contabilidad, pues si bien en las mismas se señala al artículo 115 ET, lo cierto es que se circunscribe únicamente al gravamen a los movimientos financieros.

---

109 DIAN, Subdirección de Gestión Normativa y Doctrina. Concepto 1820 del 23 de julio de 2019.

Además de lo anterior, de la lectura del artículo 115-1 ET sería posible concluir que el artículo 115 solo es aplicable a los contribuyentes obligados a llevar contabilidad. Frente a este particular, la DIAN ha expresado[110].

> Debido a la inseguridad jurídica que genera la procedencia del artículo 115 ET a favor de las personas naturales no obligadas a llevar contabilidad, valdría la pena plantearse la posibilidad de que puedan detraer de su base gravable los impuestos efectivamente pagados, pero a título de costo o gasto, y siempre que cumplan con las condiciones del artículo 107 ET (necesidad, proporcionalidad y relación de causalidad con la actividad productora de renta).

– *Aporte a título de cesantías por partícipes independientes*

En el acápite referente a las rentas exentas se aborda el tratamiento del auxilio de las cesantías como una renta exenta en la depuración de la renta de los trabajadores que se rige conforme a lo consagrado en el numeral 4 del artículo 206 ET.

Con el Decreto 663 del 2 de abril de 1993, "por medio del cual se actualiza el Estatuto Orgánico del Sistema Financiero y se modifica su titulación y numeración", aplicable para las sociedades administradoras de fondos de pensiones y de cesantías, en su condición de instituciones financieras, incorpora la modalidad del afiliado independiente.

De esa manera, por mandato del numeral 2 del artículo 164 del Estatuto Orgánico del Sistema Financiero (EOSF) la persona natural que realiza personal y directamente una actividad económica, sin guardar relación de subordinación con un empleador, es decir, que presta servicios o realiza un trabajo de manera independiente, o que, siendo empleador, labora en su propia empresa, podrá efectuar cotizaciones al fondo de cesantías como un afiliado independiente.

De esa manera, los recursos percibidos por los fondos de cesantías con ocasión de los aportes voluntarios de los afiliados independientes se adicionan a las sumas que, conforme a la legislación laboral, se aportan por auxilio de cesantías para integrar el fondo de cesantías. Por lo anterior, no hay distinción en cuanto a las características de funcionamiento dentro del fondo de cesantías para los aportes tanto voluntarios como obligatorios.

---

110 DIAN, Subdirección de Gestión Normativa y Doctrina. Oficio n.º 012288 del 11 mayo de 2018.

Sin embargo, para determinar la renta de las personas naturales es expresa la diferencia entre dichos aportes, ya que se puede concluir que la referencia dada por el artículo 164 del EOSF a los afiliados independientes coincide con la descripción del artículo 126-1 ET que profesa:

> [...] Los aportes a título de cesantía, realizados por los partícipes independientes, serán deducibles de la renta hasta la suma de dos mil quinientas (2.500) UVT, sin que excedan de un doceavo del ingreso gravable del respectivo año.

Siendo así, para que el afiliado independiente pueda obtener la deducción en el impuesto sobre la renta por los aportes realizados al fondo de cesantías debe dar plena observancia a las condiciones que prevé el EOSF para los afiliados independientes.

En cuanto al tratamiento tributario, es imperativo advertir el límite a la deducción, puesto que no puede superar un doceavo del ingreso gravable del respectivo año hasta una cuantía equivalente a 2.500 UVT, lo cual en realidad resulta ser una cuantía menor por el límite establecido en el inciso 1.º del numeral 3 del artículo 336 ET, modificado por la Ley 2277 de 2022, pues determina que las rentas exentas y las deducciones especiales imputables a la cédula general no pueden superar el 40% del ingreso neto, ni exceder las 1.340 UVT anuales.

En el Oficio 14866 del 14 de marzo de 2005 la DIAN reseñó el Concepto 016449 del 9 de mayo de 1993, en el cual se pronunció sobre esta deducción, y señaló que los intereses que pague el fondo de cesantías al afiliado independiente "están sometidos a retención en la fuente por concepto de rendimientos financieros, más no la devolución de los aportes, por tratarse de un reembolso de capital a título de cesantía".

– Deducción de compras de bienes y/o servicios

Como se ha referido, entre los cambios introducidos por la recientemente sancionada Ley 2277 del 13 de diciembre de 2022, denominada "Ley para la igualdad y la justicia social", se estableció la posibilidad de que las personas naturales que tengan ingresos de cédula general puedan solicitar como deducción el 1%, sin que exceda 240 UVT de las compras de bienes y/o servicios realizados durante el periodo gravable, independientemente de que tenga o no relación de causalidad, siempre que i) la adquisición no haya sido solicitada como costo o deducción en el impuesto sobre la renta, impuesto descontable en el IVA, ingreso no constitutivo de renta ni ganancia ocasional, renta exenta, descuento tributario u otro tipo de beneficio o crédito fiscal; ii) la adquisición esté soportada con factura electrónica de venta con validación previa; iii) el pago de los bienes y/o servicios se haya efectuado a través de medios de pago bancarios en el año gravable en que se solicite la deducción, y iv) la factura electrónica de venta haya sido expedida por sujetos obligados a expedirla.

Conforme al artículo 336 ET esta deducción no está sujeta al límite general del 40% de rentas exentas y deducciones.

f. RENTAS EXENTAS

Como elemento de depuración de los ingresos fiscales gravables, las rentas exentas establecidas por el legislador tributario son decisiones de política fiscal con las que se busca beneficiar a los contribuyentes de ciertos sectores de la economía o de la población, normalmente dentro de ciertos límites. Adicionalmente, según el sistema vigente de depuración del impuesto, la totalidad de las rentas exentas y las deducciones, que también constituyen beneficios tributarios limitados, no pueden superar el 40% del resultado obtenido de restar de los ingresos brutos gravables los ingresos no constitutivos de renta ni ganancia ocasional, los cuales también se encuadran como beneficios tributarios, toda vez que representan ingresos fiscales que por política tributaria no se gravan y por regla general se dejan depurar en un 100%. Adicionalmente, se debe tener en cuenta que el límite global del 40% del ingreso neto no puede exceder de 1.340 UVT anuales (antes 5.040 UVT), cuantía que fue modificada por la Ley 2277 de 2022, por lo que será la vigente a partir del año gravable 2023.

A continuación se aborda la procedencia fiscal de las rentas exentas de las personas naturales no obligadas a llevar contabilidad, lo cual aplica para la cédula general y las rentas que la conforman, esto es, rentas de trabajo, de capital y no laborales, pues a medida que se va desarrollando la temática se realizan las distinciones necesarias por cada tipo de renta.

– *Cesantías*

Las cesantías, cuyo origen es la Ley 10.ª de 1934[III], fueron reguladas posteriormente por la Ley 6.ª de 1945, modificada por la Ley 50 de 1990, y corresponden al auxilio económico que reconoce el empleador a sus trabajadores para la construcción de un capital destinado a garantizar una ayuda económica en el momento en que se encuentren cesantes. Con la evolución normativa el auxilio de cesantía fue caracterizado como una prestación social que desde la Ley 6.ª de 1945 ha sido equivalente a un mes de salario por cada año de servicios, y proporcionalmente por fracción de año, y a partir de la Ley 65 de 1946 cubría a los empleadores oficiales, pues inicialmente se reguló para los privados.

En Colombia se encuentran vigentes dos regímenes de cesantías: i) el régimen tradicional, que aplica para los contratos de trabajo suscritos antes del 1.º de enero de 1991, marco en el cual el empleador tiene la responsabilidad de administrar, custodiar y pagar parcial o totalmente los dineros a los que el trabajador tiene derecho. Bajo este régimen, las cesantías se consolidan y liquidan al momento en que se van a pagar al trabajador, es decir, cuando se dan una o varias de las causales permitidas por ley para el pago parcial o total, o cuando termina su contrato de trabajo, y ii) el régimen especial de la Ley 50 de 1990, que rige los contratos de trabajo celebrados a partir del 1.º de enero de 1991 y aquellos que a pesar de haberse suscrito con anterioridad a esta fecha, adoptaron el nuevo régimen por decisión libre y voluntaria del trabajador. En el marco de la Ley 50 el empleador debe liquidar anualmente la totalidad de las cesantías y consignarlas antes del 15 de febrero en el fondo de cesantías al cual se encuentra afiliado el trabajador, so pena de asumir el pago de una indemnización correspondiente a un día de salario por cada día de retraso.

En el régimen especial las personas naturales que realizan una actividad económica de manera personal y directa, sin tener una relación laboral, es decir, como independientes, o quienes son empleadores y laboran en su propia empresa, pueden de manera voluntaria realizar aportes al fondo de cesantías al cual se han afiliado, sin perjuicio de que el tratamiento tributario de esas cesantías se rija por lo previsto en el artículo 126-1 ET que califica dichos aportes como una deducción tributaria del impuesto sobre la renta y complementarios.

III *Diario Oficial*, año LXX, n.º 22746, 27, noviembre de 1934, Ley 10 del 20 de noviembre de 1934 sobre pérdida y rehabilitación de derechos políticos y por la cual se establecen algunos derechos de los empleados.

Uno de los aspectos más controversiales relacionado con las cesantías es el tratamiento del ingreso, incorporado en el artículo 1.2.1.20.7 del DUR 1625 de 2016, y regulado en el artículo 6.º del Decreto 2250 de 2017, pues antes de esa norma se tenía que en virtud del principio de realización de caja para los contribuyentes que no llevan contabilidad, solo hasta el momento del pago o retiro de las cesantías se consideraban en su haber, a pesar de que previamente se hubieran consignado, pues al no contar con su libre disponibilidad se asimiló a la no realización del ingreso.

En efecto, a partir de 2017 se aclaró el tratamiento de las cesantías como ingreso para la persona natural al momento de la consignación en el fondo de cesantías, o cuando el empleador las reconoce contablemente aunque no hayan sido efectivamente recibidas por el trabajador.

En igual sentido, el concepto DIAN 915 del 23 de julio de 2018 analizó que el artículo 26 ET contempla el reconocimiento del ingreso siempre que produzca un incremento neto del patrimonio al momento de su percepción, lo que también respalda que las personas naturales, desde la consignación o pago del auxilio de cesantías y los intereses sobre cesantías, reconozcan el ingreso por tales conceptos con el correspondiente impacto patrimonial, aunque sólo puedan disponer de ellas con destino a vivienda o educación, o con ocasión de la terminación del contrato de trabajo.

Así, a partir de 2017 las cesantías y sus intereses, consignadas o pagadas, constituyen rentas de trabajo exentas para los trabajadores que las perciben. En consonancia con el numeral 4 del artículo 206 ET, son exentas:

> El auxilio de cesantía y los intereses sobre cesantías, siempre y cuando sean recibidas por trabajadores cuyo ingreso mensual promedio en los seis (6) últimos meses de vinculación laboral no exceda de 350 UVT*. Cuando el salario mensual promedio a que se refiere este numeral exceda de 350 UVT*, la parte no gravada se determinará así:

Salario mensual promedio en UVT	Parte no gravada
Entre 350 UVT y 410 UVT	90%
Entre 410 UVT y 470 UVT	80%
Entre 470 UVT y 530 UVT	60%
Entre 530 UVT y 590 UVT	40%
Entre 590 UVT y 650 UVT	20%
De 650 UVT en adelante	0%

De este apartado normativo surge una duda, pues las cesantías y sus intereses constituyen rentas derivadas de una relación laboral, y el numeral referido señala la condición de "ingreso mensual promedio", y a su vez "salario mensual promedio" para calcular la base del porcentaje no gravado de las cesantías. Estos conceptos son diferentes, en tanto que si bien el salario constituye ingreso, corresponde a la parte de la remuneración que se toma como base para el cálculo de pagos prestacionales y de cotizaciones a la seguridad social, hasta los límites establecidos y en observancia de las formalidades previstas por las normas laborales. Por otra parte, el concepto de ingreso puede abarcar todo lo recibido dentro de la relación laboral, legal o reglamentaria sin tener en cuenta la denominación que se le atribuya o la periodicidad dada al pago.

Este asunto fue tratado por la DIAN mediante el Oficio 2582 del 2 de noviembre de 2019, aclarando que

> ... el cálculo de las rentas exentas a que refiere el numeral 4 corresponde con el ingreso mensual promedio en los seis (6) últimos meses de vinculación laboral del respectivo periodo gravable que se está declarando. Toda vez que el auxilio de cesantía y los intereses sobre cesantías también corresponden con el periodo gravable (año) al que se refiere la declaración de renta y complementarios que se esté presentando.

En conclusión, cada año gravable el trabajador debe reconocer el ingreso por auxilio de cesantías, tomando la diferencia que resulte entre el respectivo saldo a 31 de diciembre de la vigencia fiscal materia de declaración del impuesto sobre la renta y complementario, y el saldo del año inmediatamente anterior. De haber efectuado retiros parciales antes del 31 de diciembre de cada año debe adicionar dicho valor.

Una vez ubicado este concepto en la cédula de las rentas de trabajo, con atención al contenido del numeral 4 del artículo 206 ET, corresponde aplicar el límite de rentas exentas y deducciones en los términos del inciso 1.º del numeral 3 del artículo 336 ET, es decir que como las demás rentas exentas y deducciones, el auxilio de cesantías y los intereses sobre cesantías, está sujeto al límite global del 40% del ingreso neto sin que pueda exceder de 1.340 UVT.

Con relación a los saldos por concepto de cesantías en los fondos de cesantías o en las cuentas del patrono al 31 de diciembre de 2016, el parágrafo 3 del artículo 1.2.1.20.7 del DUR 1625 de 2016 definió un régimen de transición para los trabajadores del régimen tradicional contenido en el capítulo VII, título VIII parte primera del CST, en virtud del cual se entenderán realizados al momento del retiro del fondo de cesantías o pago por el empleador y mantendrán el tratamiento previsto en el numeral 4 del artículo 206 ET sin que sea aplicable el límite dispuesto en el inciso 1.º del numeral 3 del artículo 336 ET, en consideración a los derechos adquiridos sobre situaciones jurídicas consolidadas, y al principio tributario de irretroactividad contenido en el artículo 338 de la Carta Política de 1991. En ese sentido, para estos casos, los pagos realizados son renta exenta sin límite.

Tratándose de los aportes a título de cesantía realizados por los partícipes independientes, en virtud del sexto inciso del artículo 126-1 ET, estas cuantías serán deducibles de la renta hasta la suma de 2.500 UVT, sin que excedan de un doceavo del ingreso gravable del respectivo año en cabeza del independiente. Por lo anterior, estas cesantías no son tratadas como renta exenta sino como una deducción tributaria, lo que, como se ha dicho en apartados anteriores, también se sujeta al límite global del inciso primero del numeral 3 del artículo 336 ET.

– Ahorro en cuentas AFC y Aporte voluntario a Fondo de Pensiones Voluntarias[112]

De conformidad con el artículo 126-4 ET, las sumas de dinero que los contribuyentes depositen en las cuentas AFC, y los aportes voluntarios que realicen a los seguros privados de pensiones y a los fondos de pensiones voluntarias tendrán el carácter de renta exenta, siempre que la sumatoria de estos dos aportes (o de uno solo) no exceda el 30% del ingreso laboral o tributario del año, y hasta un monto máximo de 3.800 UVT. Sin embargo, esta disposición no podrá contrariar lo previsto en el artículo 336 ET que impone como límite de rentas exentas y deducciones especiales imputables a la cédula general el 40% del ingreso neto, sin que este resultado pueda exceder 1.340 UVT anuales, pues el legislador de 2022 ajustó este límite con el propósito de desarrollar el principio de progresividad, entre otros postulados ya expuestos en el primer apartado de esta obra, lo que implica que las rentas exentas y deducciones se limitan a este nuevo número de UVT al año.

---

112 Esta renta exenta conserva el tratamiento vigente antes del 2012 (ingreso no constitutivo de renta ni ganancia ocasional) y un periodo menor de permanencia del ahorro (cinco años), de conformidad con el parágrafo 1 del artículo 126-4 del ET y el parágrafo 3 del artículo 126-1.

Los requisitos para que a los aportes voluntarios se les otorgue el carácter de renta exenta, frente a los ahorros en cuentas de AFC, es que se realicen en establecimientos de crédito vigilados por la Superintendencia Financiera, en organizaciones de economía solidaria y demás establecimientos de crédito también vigilados por la Superintendencia Financiera, que el retiro de esos ahorros tenga como única finalidad la adquisición de vivienda del trabajador a través de créditos hipotecarios o leasing habitacional o, en caso de adquisición no financiada, acreditar el cumplimiento de este requisito con la copia de la escritura de compraventa. Así las cosas, el retiro de los ahorros para cualquier otro propósito antes de un periodo mínimo de permanencia de diez años, contados a partir del momento de su consignación, genera la pérdida del beneficio de renta exenta, lo cual da lugar a que la entidad financiera realice las retenciones en la fuente que no se practicaron inicialmente, esto es, en el momento en que el contribuyente percibió el ingreso y se realizó el aporte.

El mismo artículo 126-4 ET establece que los retiros parciales y totales, tanto del capital ahorrado como de los rendimientos, que cumplan con el requisito de permanencia ya referido o que se destinen para la adquisición de vivienda, mantendrán la condición de renta exenta, por lo que no deberían ser incluidos en la declaración de renta del periodo gravable en el cual se efectúo el retiro.

Por su parte, el artículo 126-1 ET establece las mismas condiciones para que los aportes a seguros privados de pensiones y a los fondos de pensiones voluntarias reciban el tratamiento de renta exenta, esto es, la permanencia mínima del ahorro por diez años, salvo en caso de que se cumplan los requisitos para acceder a la pensión de vejez o jubilación, y en el caso de muerte o incapacidad que dé derecho a pensión. Así mismo, se conserva la condición de renta exenta en caso de que el retiro se destine a adquirir vivienda.

Es necesario señalar que la normativa reglamentaria (art. 8.º del Decreto 1435 de 2020) enlista de forma expresa estas rentas exentas como procedentes en la renta del trabajo y en la renta de capital, aunque no en la renta no laboral, lo cual en principio daría lugar a concluir que en esta última no se podría hacer uso de las rentas exentas, aunque no habría razón para excluirla de tales beneficios.

Veamos a continuación, de manera discriminada y con un mayor nivel de profundidad, estas rentas exentas.

– *Aportes voluntarios a Fondos Voluntarios de Pensiones*

En virtud de lo estipulado en el artículo 16 de la Ley 100 de 1993, las personas naturales afiliadas a los fondos obligatorios no podrán distribuir sus cotizaciones entre los dos regímenes del sistema general de pensiones, es decir que si se efectúa la cotización al Fondo Obligatorio de Pensiones en el Régimen de Prima Media con Prestación Definida, no podrán realizarse cotizaciones a la cuenta individual del Fondo Obligatorio de Pensiones en el Régimen de Ahorro Individual con Solidaridad.

Sin embargo, este impedimento no se debe entender en perjuicio de la facultad de los afiliados para ser partícipes o estar afiliados en planes complementarios dentro o fuera del SGP.

El Decreto 2513 del 30 de diciembre de 1987 creó el régimen jurídico de los Fondos de Pensiones de Jubilación e Invalidez, posteriormente compilado en el capítulo VI de la Parte V del Estatuto Orgánico del Sistema Financiero; sin embargo, en virtud del parágrafo 3.º del artículo 336 de la Ley 1955 de 2019, por el cual se expidió el Plan Nacional de Desarrollo 2018-2022 "Pacto por Colombia, Pacto por la Equidad", a partir del 25 de mayo de 2021 perdió vigencia.

El fundamento de esta derogatoria se trazó en el documento titulado Bases del Plan Nacional de Desarrollo 2018-2022 que acompañó el Proyecto de Ley n.º 311 de 2019, por el cual se expidió el referido Plan Nacional de Desarrollo, al evidenciar la necesidad de actualizar el marco normativo de los fondos de pensiones voluntarias y promover mejores condiciones de riesgo y retorno para los afiliados, lo cual quedaría en manos del Ministerio de Hacienda y Crédito Público. Así mismo, se incluyó el compromiso del Ministerio del Trabajo con la promoción de mecanismos de estímulo al ahorro pensional voluntario que cobijaran a toda la población[113].

Como corolario de lo expuesto, el 1.º de septiembre de 2020 el Ministerio de Hacienda y Crédito Público emitió el Decreto 1207, y sin perjuicio de los debates jurídicos que se puedan suscitar alrededor de los instrumentos legales empleados para hacer frente a la derogatoria mencionada, se adicionó al Decreto 2555 de 2010 el libro 42 a la Parte 2, denominado "Normas comunes

---

113 *Gaceta del Congreso*. Senado y Cámara, n.º 293 del 2 de mayo de 2019, Imprenta Nacional de Colombia.

a las Sociedades Administradoras de Fondos de Pensiones y de Cesantías, Sociedades Fiduciarias y Compañías de Seguro".

En este apartado se imprimió la denominación legal de Fondos Voluntarios de Pensión (FVP) a los anteriormente llamados Fondos de Pensiones de Jubilación e Invalidez, aunque en la práctica habían sido ya llamados de esa manera en el sistema financiero.

Así, el nuevo artículo 2.42.1.1.2. del Decreto 2555 de 2020 define los FPV como un mecanismo o vehículo de captación o administración de sumas de dinero u otros activos, integrado por los aportes de los afiliados partícipes y patrocinadores del mismo y sus rendimientos, para ser gestionados de manera colectiva y obtener resultados económicos colectivos, con el fin de cumplir uno o varios planes de pensiones de jubilación e invalidez, de lo cual se extrae la vocación pensional de estos fondos que justifica su denominación, y la vigencia de los alivios tributarios para el FPV, pues resulta de interés para el Estado, estimular el ahorro para un mejor futuro pensional de los colombianos y así promover la prosperidad general a su cargo (art. 2.º Constitución Política de 1991).

Los FVP pueden ser administrados por sociedades fiduciarias, compañías de seguros y sociedades administradoras de fondos de pensiones y cesantías, previa aprobación de la Superintendencia Financiera de Colombia, entidad que ejerce su inspección, control y vigilancia.

Estos fondos administran dos tipos de planes voluntarios de pensión: i) *abiertos*, que corresponden a los individuales por los que se vincula como partícipe cualquier persona natural, y ii) *institucionales*, en los que pueden participar los trabajadores, los contratistas o los miembros de las entidades que los patrocinen.

Son partícipes del FVP las personas naturales en cuyo interés se crea el plan, indistintamente del tipo de plan al que pertenecen; son beneficiarias las personas naturales que tienen el derecho a percibir las prestaciones establecidas en el plan, y son patrocinadoras las empresas, las sociedades, los sindicatos, las asociaciones o los gremios que participan en la creación o desarrollo de un plan institucional.

Como todo vehículo de inversión, el objetivo final a favor de las personas naturales es percibir una prestación, la cual puede consistir en el pago de un capital o de una renta vitalicia por causa de vejez, invalidez, viudez u orfandad.

En los eventos de prever una renta vitalicia se debe acudir a un sistema actualizado de capitalización que permita establecer la equivalencia entre los aportes realizados a la cuenta del FVP con sus rendimientos y las rentas futuras a que tienen derecho los beneficiados. De allí que se requiera la revisión anual de un actuario para el desarrollo y sostenibilidad de estas prestaciones.

Por lo demás, mediante el cumplimiento de las condiciones de administración del tipo de plan al que pertenece el partícipe, los FVP permiten efectuar retiros sobre los aportes consolidados y disponibles, a los cuales les aplica el tratamiento previsto en el artículo 126-1 ET.

En atención al artículo 126-1, los aportes voluntarios que realicen el trabajador, el empleador o el partícipe independiente a los FVP son considerados renta exenta hasta una suma que, adicionada a los aportes realizados a las cuentas AFC reguladas por el artículo 126-4 ET, no supere el 30% del ingreso laboral o ingreso tributario del año, según el caso, sin exceder las 3.800 UVT por año.

Este tratamiento opera para los aportes consolidados en cabeza de las personas naturales, pues tratándose de aportes patrocinados en el marco de un plan institucional, aquellos que se encuentran sometidos al cumplimiento de una condición[114] definida por el patrocinador, para que el partícipe tenga derecho a las prestaciones establecidas en el plan, no constituyen ingreso y se tienen como no consolidados a su favor.

Sobre el particular, en el Oficio 101636 de 2008[115], la DIAN señaló:

> [...] Así, para los beneficiarios, personas naturales no obligadas a llevar libros de contabilidad, los ingresos se consideran causados cuando son recibos, independientes de que quien realiza el pago los haya causado como costo o gasto en un ejercicio gravable anterior. Por tanto, los aportes voluntarios que se consolidan en cabeza de los beneficiarios en los fondos de pensiones se consideran ingresos del periodo en que la condición se cumple, sin perjuicio del carácter de ingreso no constitutivo de renta ni de ganancia ocasional de la parte que no exceda el 30% del ingreso laboral.

---

114 En virtud de la definición de un plan institucional con aportes efectuados por el patrocinador, sometidos a una condición suspensiva, como enseña el Código Civil en el artículo 1535, la cual mientras no se cumple, suspende la adquisición del derecho a favor del partícipe o beneficiario. Bajo el marco de las obligaciones condicionales, reguladas en el artículo 1530 y siguientes del Código Civil, las entidades patrocinadoras realizan aportes condicionados en el plan institucional, siguiendo además las normas reguladoras de los planes de pensiones trazados por el artículo 173 del Estatuto Orgánico del Sistema Financiero y demás normas complementarias.

115 DIAN, División de Normativa y Doctrina Tributaria, Oficina Jurídica. Oficio n.º 101636 del 14 de octubre de 2008.

En la actualidad debemos entender el carácter indicado de ingreso no constitutivo de renta ni ganancia ocasional como renta exenta, puesto que para el año 2008 los aportes a los FVP tenían esa condición, la cual fue modificada por el legislador a una renta exenta con la Ley 1607 de 2012.

Entonces, mientras no se cumpla la condición definida en el plan institucional para la consolidación de los aportes en cabeza de los partícipes beneficiarios, tales saldos no constituyen ingreso y no deben ser tenidos en cuenta en la declaración de renta.

Señala igualmente el artículo 126-1 ET que, hasta los límites señalados, los aportes en el FVP no hacen parte de la base para aplicar la retención en la fuente. Ahora bien, el valor correspondiente a la retención en la fuente por estos aportes debe ser reportada a la respectiva sociedad administradora como retención contingente[116], la cual no será practicada si el retiro de tales aportes (los que fueron excluidos de retención en la fuente) se efectúa con el cumplimiento de las siguientes condiciones:

i) hayan permanecido en el FVP por un período mínimo de diez años, respecto de lo cual es preciso señalar que se tiene en cuenta la antigüedad de cada aporte desde el momento en que se realiza al FPV, la cual no se pierde por traslados entre sociedades administradoras de FVP.

ii) que el afiliado cumpla los requisitos para acceder a la pensión de vejez o jubilación, y en caso de muerte o incapacidad que dé derecho a pensión, debidamente certificada de acuerdo con el régimen legal de la seguridad social.

iii) que los valores a retirar se destinan a la adquisición de vivienda, financiada o no por entidades sujetas a inspección y vigilancia de la Superintendencia Financiera de Colombia, a través de créditos hipotecarios o leasing habitacional. Cuando la adquisición de vivienda se realiza sin financiación, previo al retiro se debe acreditar ante la entidad financiera con copia de la escritura de compraventa que los recursos se destinaron a dicha adquisición.

---

116 La retención contingente corresponde a la retención en la fuente no descontada en razón al traslado de los recursos a un vehículo de ahorro o inversión que la ley señala que no da lugar al cobro de la retención mientras se cumplan las condiciones exigidas. Entonces, la retención contingente equivale a la diferencia entre el valor de la retención en la fuente que se hubiese retenido de no haber efectuado aportes al FVP o a la cuenta AFC, y la retención que se descontó al haber realizado tales aportes; el valor no descontado (retención contingente) debe ser reportado por el empleador a la sociedad administradora del fondo voluntario de pensiones, suma cuyo cobro por la sociedad administradora está sujeto a la contingencia del cumplimiento de las condiciones consagradas en la ley para que el partícipe del plan individual o institucional de pensiones en el FVP o titular de la cuenta AFC obtenga el beneficio.

Tampoco se causa retención en la fuente sobre rendimientos financieros cuando se retiren con el cumplimiento de las condiciones señaladas.

En la Sentencia C-308 de 2017 la Corte Constitucional resolvió declarar la exequibilidad de la expresión "de compraventa" contenida en el artículo 126-1 ET, en el entendido de que la acreditación de los aportes en los FVP destinados a la adquisición de vivienda se debe hacer mediante copia de escritura pública en la que conste cualquier título traslaticio de dominio del inmueble, lo que se explica porque el objeto del beneficio concedido por el legislador a través de ese requisito es garantizar que se adquiere efectivamente una vivienda.

Otro tópico interesante es el incorporado en el parágrafo 1 de la norma a partir de la Ley 1819 de 2016, que consagra:

> Parágrafo 1. Las pensiones que se paguen habiendo cumplido con las condiciones señaladas en el presente artículo y los retiros, parciales o totales, de aportes y rendimientos, que cumplan dichas condiciones, mantienen la condición de rentas exentas y no deben ser incluidas en la declaración de renta del período en que se efectuó el retiro.

Vale resaltar que el hecho de que sean aportes condicionados, que se consolidan y retiran en la misma vigencia fiscal sin el cobro de retenciones y sin perder el beneficio incorporado en la norma, puede dar lugar a una diferencia patrimonial si en vigencias anteriores no se incluyeron saldos condicionados y, en observancia del parágrafo 1.º del artículo 126-1 ET, al retirarlos con el cumplimiento de las condiciones no se deben incluir en la declaración de renta, puesto que el retiro se efectuó en el período de la consolidación.

Frente a ello podemos decir que se trata de una diferencia justificada por la norma, lo que al contemplar el artículo 236 ET es plausible cuando señala:

> Artículo 236. *Renta por comparación patrimonial.*
>
> Cuando la suma de la renta gravable, las rentas exentas y la ganancia ocasional neta, resultare inferior a la diferencia entre el patrimonio líquido del último período gravable y el patrimonio líquido del período inmediatamente anterior, dicha diferencia se considera renta gravable, *a menos que el contribuyente demuestre que el aumento patrimonial obedece a causas justificativas.*

Lo anterior puede suceder si, por ejemplo, la persona natural, partícipe de un plan institucional, debe permanecer vinculada a su empleador patrocinador durante diez años para tener derecho a una suma de los dineros aportados al FVP cumpliendo los límites de ley, y al cabo de los diez años se consolidan los aportes a favor del trabajador y decide retirarlos. Según el parágrafo 1.º del artículo 126-1 ET, el valor retirado mantiene la condición de renta exenta y no debe ser incluido en la declaración de renta del período en que efectuó el retiro, dado que se dio el requisito de permanencia en el FVP exigido por la norma. Esta nueva adquisición genera un incremento en su patrimonio que debe ser justificado.

Tratándose de aportes a los FVP realizados hasta el 31 de diciembre de 2012 con el tratamiento de ingreso no constitutivo de renta, los cuales tuvieron el límite del 30% del ingreso laboral o tributario del año sin considerar límites adicionales en UVT, en acatamiento al principio de irretroactividad, pueden ser retirados sin el cobro de retenciones sobre aportes y/o rendimientos al cumplir una permanencia mínima de cinco años en el FVP, o al ser destinados para adquisición de vivienda, conforme la normatividad vigente para el momento del aporte.

A partir del 1.º de enero de 2017, cuando los aportes se efectúen sin retención y no se cumplan las condiciones previstas para el retiro con beneficio, la sociedad administradora efectuará una retención en la fuente al momento del retiro a la tarifa del 7% si tales recursos se utilizaron para obtener alivios tributarios o se declararon como renta exenta en la declaración del impuesto sobre la renta y complementarios en el año del aporte.

Respecto de los rendimientos generados por los aportes a los FVP, el descriptor 1.5 del Concepto General Unificado n.º 0912 del 19 de julio de 2018 consideró la calificación dada a tal concepto por la Ley 100 de 1993 de "rendimientos financieros", por lo que la DIAN concluyó que son rentas de capital que integran la cédula general, como será abordado más adelante.

– Aportes a cuentas de ahorro para el fomento a la construcción

De conformidad con las normas legales vigentes, las personas naturales cuentan con un incentivo para el ahorro de largo plazo destinado a fomentar el sector de la construcción en el país mediante la adquisición de vivienda a través de la cancelación parcial o total de la misma, o para atender el pago de créditos hipotecarios para la adquisición de vivienda o al pago de cánones derivados de contrato de leasing habitacional o a la inversión en bonos hipotecarios.

Este incentivo tributario, concebido con la Ley 488 del 24 de diciembre de 1998 para las cuentas AFC, tuvo diversos cambios con el transcurrir de las diversas reformas tributarias, como ocurrió con los FVP, los cuales mantienen su relación para efectos de determinar uno de los límites previstos por la ley para las rentas exentas. A pesar de los diversos ajustes derivados de las reformas, los FVP mantienen el doble beneficio al ser excluidos de la base para aplicar la retención en la fuente y al ser considerados rentas exentas, atendiendo los límites legales.

El artículo 126-4 ET es la norma especial que regula el funcionamiento tributario de las cuentas AFC que pueden tomar las personas naturales contribuyentes que depositen recursos en este vehículo de ahorro, como renta exenta del impuesto sobre la renta y complementarios hasta una suma que, adicionada al valor de los aportes a FVP de que trata el artículo 126-1 ET, no exceda del 30% del ingreso laboral o tributario del año, y hasta un monto máximo de 3.800 UVT por año.

Así mismo, los aportes realizados a las cuentas AFC no forman parte de la base de retención en la fuente de la persona natural y, como se indicó en el numeral anterior relacionado con los FVP, para que no se efectúe el cobro de tal retención los aportes deben ser retirados i) al cumplir la permanencia mínima de diez años a partir de la fecha de su consignación, o ii) sin considerar la permanencia mínima, con destino a la adquisición de vivienda del aportante, sea o no financiada por entidades sujetas a la inspección y vigilancia de la Superintendencia Financiera de Colombia, a través de créditos hipotecarios o leasing habitacional.

Si se adquiere vivienda sin financiación con cargo a los recursos en la cuenta AFC, previo al retiro se debe acreditar ante la entidad financiera, con copia de la escritura de compraventa, que los recursos se destinaron a dicha adquisición.

De no presentarse el retiro con el cumplimiento de la mínima permanencia o la destinación para vivienda el contribuyente titular de la cuenta AFC pierde el beneficio y, en consecuencia, la entidad financiera debe practicar las retenciones no realizadas en el año en que se percibió el ingreso y se realizó el aporte.

Por otro lado, al darse las condiciones de ley para obtener el beneficio, los retiros parciales o totales de aportes y rendimientos mantienen la condición de rentas exentas y no deben ser incluidos en la declaración de renta del período en que se efectuó el retiro, tal como lo señala el inciso 4 del artículo 126-4 ET.

Con la entrada en vigencia de la Ley 1819 de 2016, si los aportes se efectúan sin retención y no se cumplan las condiciones previstas para el retiro con beneficio, la entidad financiera efectuará una retención en la fuente al momento del retiro a la tarifa del 7% si tales recursos se utilizaron para obtener alivios tributarios o se declararon como renta exenta en la declaración del Impuesto sobre la Renta y Complementarios en el año del aporte.

Lo dispuesto en el artículo 126-4 también es aplicable para las cuentas AFC administradas i) en organizaciones de economía solidaria que realicen préstamos hipotecarios y estén legalmente autorizadas para ofrecer cuentas de ahorro, que sean vigiladas por la Superintendencia Financiera de Colombia o por la Superintendencia de la Economía Solidaria, y ii) en establecimientos de crédito vigilados por la Superintendencia Financiera de Colombia.

– *Renta exenta del 25%*

Una de las exenciones previstas en la normatividad tributaria para la depuración de la renta de las personas naturales se ha entendido como una garantía de equidad para el mínimo vital y el principio de supremacía constitucional a favor de los trabajadores, como ha sido anotado por la jurisprudencia constitucional. Esta exención, soportada en el numeral 10 del artículo 206 ET, modificado por la Ley 2277 de 2022, se mantuvo en el 25% del valor total de los pagos laborales, pero el límite pasó de 2.880 UVT a 790 UVT anuales.

La jurisprudencia constitucional ha tomado esta exención como el equivalente al "mínimo vital" que debe salvaguardarse y librarse de cargas tributarias en las rentas laborales a favor del trabajador, en aras de ser sustraído de la base gravable como reserva de recursos para satisfacer necesidades básicas humanas; así, la exención tributaria del numeral 10 del artículo 206 ET, está "[...] asociada institucionalmente a la garantía del mínimo vital, para las personas naturales [...]"[117].

Esta renta exenta tuvo su última modificación con la Ley 2277 de 2022, quedando de esta manera:

> Artículo 206. *Rentas de trabajo exentas.* Están gravados con el impuesto sobre la renta y complementarios la totalidad de los pagos o abonos en cuenta provenientes de la relación laboral o legal y reglamentaria, con excepción de los siguientes:

---

117 Corte Constitucional. Sentencia C-492 del 5 de agosto de 2015, M. P.: María Victoria Calle Correa, Expedientes D-10559 y 10581 (acums.).

> [...] 10. El veinticinco por ciento (25%) del valor total de los pagos laborales, limitada anualmente a setecientas noventa (790) UVT. El cálculo de esta renta exenta se efectuará una vez se detraiga del valor total de los pagos laborales recibidos por el trabajador, los ingresos no constitutivos de renta, las deducciones y las demás rentas exentas diferentes a la establecida en el presente numeral.

Hasta 2012 el 25% del valor total de los pagos laborales tenía el carácter de renta exenta, porcentaje que se aplicaba sobre el ingreso, restando del mismo los ingresos no constitutivos de renta (aportes al Fondo de Pensiones Obligatorias, al FVP y a cuentas AFC) y las otras rentas laborales exentas (tales como cesantías e intereses sobre cesantías). A este resultado se le restaban las deducciones por concepto de intereses y corrección monetaria por créditos de vivienda o los pagos por salud prepagada o de educación, atendiendo los conceptos vigentes para el momento.

Con la Ley 1607 de 2012 se mantuvo el porcentaje (25%) y se estableció que el cálculo se debía efectuar restando previamente del ingreso los ingresos no constitutivos de renta ni de ganancia ocasional, las deducciones (pagos por salud voluntaria, dependientes, intereses por créditos de vivienda, GMF) y demás rentas exentas, lo que representó una reducción en este beneficio al tener que aplicarse el porcentaje sobre una base menor, conduciendo finalmente a una base gravable mayor para el cálculo del impuesto.

En conclusión, luego de la reforma de 2012 el cálculo de la renta exenta del 25% prevista en el numeral 10 del artículo 206 ET se hace prácticamente sobre la renta líquida, pues previamente deben ser detraídos en su totalidad los ingresos no constitutivos de renta, las deducciones y demás rentas exentas, sin incluir el 25%. Con la Ley 2277 de 2022 se mantiene este porcentaje y forma de cálculo, pero se ajusta el límite procedente en UVT, quedando en 790 UVT anuales, lo que será vigente a partir del año 2023.

Veamos un ejemplo:

Cédula general (Art. 336 del E.T.)

Ingresos ordinarios y extraordinarios (rentas del trabajo)
$1.500

- Ingresos no constitutivos de renta ni ganancia ocasional
$500

Ingresos netos = 1.000

- Deducciones + rentas exentas diferentes de la del 25%
$300

= Base para aplicar el 25% de renta exenta
$700

Renta exenta del 25%
$175

En el parágrafo 2.º del artículo 206 ET persiste la aclaración relacionada con el cálculo de la exención del 25%, la cual no se otorgará sobre las cesantías, sobre la porción de los ingresos que ha sido excluida o exonerada del impuesto de renta por mandato legal, ni sobre la parte gravable de las pensiones. Esta disposición resulta coherente por cuanto los conceptos registrados en el parágrafo ya tienen un tratamiento tributario especial individualmente considerados, y si se procediera a calcular sobre los mismos la exención se imputaría un doble beneficio.

En el mismo parágrafo se consagra también que "la exención del factor prestacional a que se refiere el artículo 18 de la Ley 50 de 1990 queda sustituida por lo previsto en este numeral", lo que alude al salario integral. Según la Ley 50 de 1990, en su momento el factor prestacional del salario integral (30%) estaba exento del impuesto a la renta. Con el apartado del parágrafo 2.º del artículo 206 ET se sustituye la exención del factor prestacional reglado en el artículo 18 de la Ley 50 de 1990 y en esa medida no está exento, por lo que el 25% de renta exenta se calcula sobre el total del salario integral, incluido el factor prestacional.

Mediante el artículo 24 de la Ley 1943 el legislador de 2018 adicionó al artículo 206 el parágrafo 5.º y dispuso que esta renta exenta era aplicable no sólo a trabajadores con vínculo laboral sino también a las personas naturales independientes que percibieran honorarios que vincularan por menos de noventa días continuos o discontinuos a menos de dos trabajadores o contratistas asociados a la actividad, lo cual fue modificado con la Ley 2277 de 2022, "Ley para la igualdad y la justicia social", mediante la cual se estableció que la exención procede sin estos requisitos para las rentas de trabajo que no provengan de una relación laboral o legal y reglamentaría, así:

> Artículo 206. *Rentas de trabajo exentas*. [...] Parágrafo 5. La exención prevista en el numeral 10 también procede en relación con las rentas de trabajo que no provengan de una relación laboral o legal y reglamentaria.

Conforme a esta novedad en el ordenamiento, como ya se había señalado en apartados anteriores, a partir del año 2023 no se exigirá que las personas naturales sin vínculo laboral, legal o reglamentario, deban tener dos o más vinculados, o vincular a un trabajador o contratista por noventa días o más.

Esta modificación se compadece con los precedentes de la Corte Constitucional[118] que, por una parte, recordó que el objeto del 25% de la renta exenta era proteger el mínimo vital de los trabajadores, y por otra, resaltó que, según el artículo 103 ET, entre los ingresos que integran las rentas de trabajo están aquellos obtenidos como resultado de un contrato de trabajo, como los honorarios y, en general, las compensaciones por servicios personales, sin plantear ninguna diferenciación.

Las reflexiones asociadas a la vinculación o no de trabajadores por un determinado tiempo dejaron de ser relevantes para clasificar los ingresos por honorarios de las personas naturales, pues con la Ley 1943 de 2018, que a la fecha se mantiene en lo pertinente, todos hacen parte de la misma cédula general que incluye: "rentas de trabajo, de capital y no laborales". Así mismo, con la Ley 2277 de 2022, deja de ser relevante también para efectos de aplicar la renta exenta del 25%.

En todo caso, se debe tener en cuenta que la Corte Constitucional decretó constitucionalmente válido que las rentas provenientes del trabajo personal gocen de manera exclusiva del tratamiento diferencial con el desgravamen del 25%, dada la naturaleza del salario y de la relación laboral.

Por lo anterior,

> [...] existen diferencias relevantes entre uno y otro grupo que justifican un trato diferencial. En primer lugar, el hecho de que la labor o servicio sea realizado exclusivamente por el trabajador asimila evidentemente la situación al de un empleado, mientras que tal situación es claramente diferente cuando la labor o el servicio no se presta directamente por el contratista, sino que para la actividad se requiere de la contratación de personal, asimilándose más al de un aparato productivo[119].

Esto se suma a que por regla general el independiente o contratista más asimilado al trabajador asume menos gastos que aquellos independientes

---

118 Corte Constitucional, Sentencia C-520 del 5 de noviembre de 2019, M. P.: Cristina pardo Schlesinger, Expediente D-13106.

119 Ídem.

que contratan personal u otros insumos para desarrollar la actividad, por lo que pueden incurrir en mayores rubros objeto de depuración.

Con la Ley 2277 de 2022 el límite de esa exención se redujo a 790 UVT anuales, en los siguientes términos:

> El veinticinco por ciento (25%) del valor total de los pagos laborales, limitada anualmente a setecientos noventa (790) UVT. El cálculo de esta renta exenta se efectuará una vez se detraiga del valor total de los pagos laborales recibidos por el trabajador, los ingresos no constitutivos de renta, las deducciones y las demás rentas exentas diferentes a la establecida en el presente numeral.

Finalmente, y como un elemento no menos importante, es necesario referirse a lo establecido en el parágrafo 2 del artículo 206 ET, en el sentido de que la exención del 25% no se otorgará sobre las cesantías, sobre la porción de los ingresos excluida o exonerada del impuesto de renta por otras disposiciones, ni sobre la parte gravable de las pensiones. Esta previsión normativa es resultado de la intención del legislador de que este porcentaje no se liquide sobre recursos gravados derivados de las cesantías, ni sobre la parte gravada de las pensiones.

– *Rentas asociadas a VIS y VIP*

Según el numeral 4.º del artículo 235-2 ET, reglamentado en el artículo 1.2.1.22.44 del DUR, tienen el carácter de renta exenta las siguientes rentas asociadas a la vivienda de interés social y de interés prioritario:

a. La utilidad en la enajenación de predios destinados al desarrollo de proyectos de vivienda de interés social y/o de vivienda de interés prioritario;

b. La utilidad en la primera enajenación de viviendas de interés social y/o de interés prioritario;

c. La utilidad en la enajenación de predios para el desarrollo de proyectos de renovación urbana;

d. Las rentas de que trata el artículo 16 de la Ley 546 de 1999, en los términos allí previstos;

e. Los rendimientos financieros provenientes de créditos para la adquisición de vivienda de interés social y/o de interés prioritario, sea con garantía hipotecaria o a través de leasing financiero, por un término de cinco años contado a partir de la fecha del pago de la primera cuota de amortización del crédito o del primer canon del leasing.

Adicionalmente, a lo largo del artículo 235-2 ET se observan otras rentas exentas que bien podrían predicarse de las personas naturales, pues nótese, por ejemplo, que en el numeral 5 se establece como una exención vigente hasta el 2036 el aprovechamiento de nuevas plantaciones forestales, incluida la guadua, el caucho y el marañón, según la calificación que para el efecto expida la corporación autónoma regional o la entidad competente.

También se establece que en las mismas condiciones gozarán de la exención los contribuyentes que a partir de la fecha de entrada en vigencia de la Ley 1943 de 2018 realicen inversiones en nuevos aserríos y plantas de procesamiento vinculados directamente al aprovechamiento a que se refiere el anterior apartado.

De otro lado, gozarán también de esta exención los contribuyentes que a la fecha de entrada en vigencia de la presente Ley 1943 de 2018 posean plantaciones de árboles maderables y árboles en producción de frutos debidamente registrados ante la autoridad competente. La exención queda sujeta a la renovación técnica de los cultivos.

En relación con esta renta exenta se pronunció la DIAN mediante el Concepto 842 del 16 de junio de 2021, así:

> Para este Despacho la venta de los recursos maderables y no maderables provenientes de las plantaciones forestales, que se espera que existan, podría dar lugar a la citada renta exenta siempre y cuando: i) el ingreso se realice fiscalmente antes de la finalización del año gravable 2036, ii) la venta se entienda efectuada bajo la condición de que los mencionados recursos lleguen a existir y, en efecto, se enajenen, y iii) se cumpla la totalidad de los requisitos exigidos por la normativa tributaria vigente para su procedencia.

– *Rentas hoteleras*

Vale la pena empezar por indicar que el artículo 1.2.1.20.4 del Decreto 1435 de 2020 establece que el límite del 40% aplicable a las rentas exentas más las deducciones no aplicarán a las rentas exentas establecidas en los numerales 6, 7, 8 y 9 del artículo 206 ET, ni a la prima especial, ni a la prima de costo de vida de que trata el artículo 206-1 ET, *ni tampoco a las derivadas de la prestación de servicios hoteleros de que tratan los numerales 3 y 4 del artículo 207-2 ET*.

Lo anterior lleva a analizar cómo opera la tarifa especial de renta sobre los servicios hoteleros, cuando es una persona natural la que presta tales servicios, y para ello es pertinente citar el Concepto DIAN 371 del 11 de marzo de 2021:

> La modificación efectuada por la Ley 2068 de 2020 a los literales a) al d) del parágrafo 5 del artículo 240 ET, *no comprende su extensión a nuevos sujetos*. Ahora bien, en dicha disposición se establece: "[...] e. Las rentas exentas a las que tengan derecho las personas naturales que presten servicios hoteleros conforme a la legislación vigente en el momento de la construcción de nuevos hoteles, remodelación y/o ampliación de hoteles, no estarán sujetas a las limitantes previstas en el numeral 3 del artículo 336 de este Estatuto". Tal como se puede observar de la lectura de dicho literal e), *el mismo fue establecido para efectos de dar claridad respecto del tratamiento de las rentas hoteleras exentas que algunas personas naturales puedan seguir percibiendo en virtud de las situaciones jurídicas consolidadas y la jurisprudencia de la Corte Constitucional. Sin embargo, lo anterior no significa que la tarifa especial para los servicios objeto de consulta se extiendan a las personas naturales*. En consecuencia, este Despacho concluye que las rentas gravadas al 9% de tratan los literales a) al d) del parágrafo 5 del artículo 240 ET *solamente son aplicables para las personas jurídicas*. De conformidad con lo anterior, queda clara la posición doctrina de la Autoridad Tributaria, la cual se encuentra en armonía con el tránsito legislativo que ha tenido este particular.

2. RENTAS DE CAPITAL

Conceptualmente podemos advertir diferencias entre las rentas del trabajo y las rentas de capital. Las primeras proceden de una fuente eminentemente personal y están expuestas a imprevistos, como la enfermedad o la muerte, lo cual, por supuesto, conduce al deterioro o cese definitivo de las percepciones del trabajo. Como su denominación indica, las rentas o rendimientos del capital corresponden a los frutos de aquellos activos, muebles, inmuebles, tangibles o intangibles que no guardan dependencia respecto de la suerte de la persona natural, ya que esta clase de rentas la puede seguir percibiendo la persona natural a favor de quien se suceden sus derechos[120].

A pesar de las diferencias entre estos tipos de rentas, el legislador colombiano decidió agregarlas en la cédula general, aunque cada una mantiene su depuración independiente, razón por la cual se proseguirá con la exposición de los conceptos asociados a las rentas de capital.

---

120 P. Álvarez. *La delimitación de los rendimientos del capital en el impuesto sobre la renta de las personas físicas*, Barcelona, Cedecs Editores, 2001, disponible en http://vlex.com/source/327.

En la depuración de la subcédula de rentas de capital se podrán restar los costos y gastos que cumplan los requisitos generales para su procedencia y que sean imputables a estas rentas.

Los ingresos correspondientes a esta subcédula están consagrados en el artículo 336 ET, frente a los cuales, en acatamiento del artículo 1.2.1.20.3 del DUR 1625 de 2016, sustituido por el Decreto 1435 de 2020, proceden las rentas exentas de los artículos 126-1 (aportes a FVP) y 126-4 (cuentas AFC) ET, y las deducciones correspondientes: i) al Gravamen a los Movimientos Financieros (GMF), en armonía con lo referido en el inciso 2 del artículo 115 ET, ii) los intereses de que trata el artículo 119 del Estatuto Tributario relacionados con préstamos de vivienda, y iii) a los aportes a que se refiere el artículo 126-1 ET, es decir, los aportes a título de cesantía que realicen los partícipes independientes.

a. INGRESOS BRUTOS

El artículo 336 ET preceptúa que son ingresos de la cédula general las rentas de capital que corresponden a las obtenidas por concepto de intereses, rendimientos financieros, arrendamientos, regalías y explotación de la propiedad intelectual.

– *Intereses o rendimientos financieros*

El interés corresponde a un índice que se expresa generalmente en términos porcentuales para medir la rentabilidad de los ahorros o el costo de un crédito. Representa el fruto, la ganancia, utilidad o lucro que produce un capital, una determinada suma de dinero que se invierte o se entrega en calidad de préstamo u otro acto o negocio jurídico en virtud del cual debe ser restituido el valor entregado con la compensación del reconocimiento, por el receptor, de una cuantía calculada sobre dicho valor durante el plazo pactado.

Técnicamente, la tasa de interés equivale al precio de mantener el dinero o el costo de invertirlo en el tiempo, para lo cual, las personas naturales regularmente acuden a instituciones del sistema financiero, como establecimientos de crédito, establecimientos bancarios, corporaciones financieras, corporaciones de ahorro y vivienda, cooperativas financieras, sociedades fiduciarias, sociedades administradoras de pensiones voluntarias, entre otras autorizadas por la normatividad colombiana para captar recursos del público, prestar servicios financieros y/o realizar operaciones de crédito y operaciones de inversión.

A través de diversos instrumentos, operaciones o vehículos de ahorro e inversión, las personas naturales perciben intereses o rendimientos financieros provenientes de su capital.

Sin perjuicio de que tanto en el lenguaje cotidiano como en la normatividad se asemeja el interés al rendimiento financiero, la condición de provenir de un instrumento u operación o entidad financiera le da el distintivo al rendimiento financiero, al igual que el interés corresponde al fruto o lucro que se percibe por un capital, activo o valor ahorrado o invertido.

Es necesario aclarar que el artículo 33 ET señala los efectos fiscales de los intereses o rendimientos financieros provenientes de instrumentos financieros, según se trate. Los intereses devengados por títulos de renta variable[121] o instrumentos derivados financieros[122], no serán objeto del Impuesto sobre la Renta y Complementarios, sino hasta el momento de su enajenación o liquidación, lo que suceda primero, pues es en tal evento cuando se puede determinar la realidad económica presentada por la correspondiente inversión.

Otro concepto que está asociado con las rentas del capital es la valorización, equivalente al comportamiento positivo o negativo del ahorro, valor o inversión en razón a la cotización en el mercado, lo que es característico de instrumentos de renta variable. La valorización ocurre en vigencia de la inversión, razón por la cual difiere del concepto de rendimiento efectivamente causado que existe al momento de la enajenación o liquidación de la inversión, pues es entonces cuando se puede determinar la utilidad. En esa medida las valorizaciones corresponden al aumento de valor de una inversión que no equivale a un ingreso en cabeza de su titular.

Al respeto cabe señalar que aunque se declare el valor certificado en un tipo de inversión, derecho o ahorro que genera valorizaciones o desvalorizaciones al cierre del año, el rendimiento efectivamente generado por tales inversiones, derechos o ahorros sólo se reconocerá al momento en que sea retirados. Por ello, es preciso analizar el tipo de vehículo o instrumento

---

121 Entiéndase por títulos de renta variable aquellos que suponen la inexistencia de una tasa determinada de antemano, puesto que la rentabilidad del ahorro, valor o inversión depende de aspectos como las condiciones del mercado, el comportamiento de otro activo, las perspectivas económicas o la situación de las entidades emisoras.

122 Son instrumentos derivados financieros aquellos cuyo valor depende del valor de otro activo.

financiero en el que se encuentra el capital, para efectos de determinar el tratamiento tributario.

En la misma línea, refiriéndose a las inversiones en los FVP y sus diversos tipos, como TES, bonos, CDT y acciones, que deben valorar diariamente los precios de mercado, la Superintendencia Financiera de Colombia señaló:

> Si el valor de mercado de las inversiones aumenta, el valor de las cuentas individuales también aumenta pero si el valor de mercado de las inversiones disminuye, el valor de las cuentas individuales disminuye. En el evento en que el fondo no tenga que salir a vender la inversión cuando los precios estén bajos, la pérdida no se realiza y la rentabilidad de la misma estará dada por la tasa de interés a la cual se compró el título[123].

De lo anterior se deduce, acudiendo al descriptor 1.6 del General Unificado 0912 del 19 de julio de 2018 de la Administración de Impuestos, que mientras las valorizaciones permanezcan en el FVP no tienen efecto alguno, por lo que no deberían incluirse como ingreso en la declaración de renta ni en el patrimonio del afiliado; sin embargo el tema realmente no es sencillo, pues algunos tratadistas sugieren que las valorizaciones o desvalorizaciones se deben reflejar en el patrimonio de la declaración de renta del contribuyente, aunque el rendimiento no se haya efectivamente causado por no haberse retirado del fondo.

A nuestro entender, las valorizaciones o desvalorizaciones de aportes corresponden a una mera expectativa de utilidad o pérdida para el contribuyente, por lo que no deberían reflejarse en el patrimonio. Por ello, lo interpretado por la DIAN tiene sentido y sólo cuando se causa el rendimiento y efectivamente se determina como consecuencia de la liquidación de la inversión, es que se conoce la realidad económica a incluir en la declaración de renta.

Ahora bien, en concordancia con el numeral 2 del artículo 33 ET para efectos fiscales los ingresos de los intereses o rendimientos por títulos de renta fija[124] se realizarán de manera lineal, es decir, se deben calcular teniendo

---

123 Superintendencia Financiera de Colombia, Concepto 2006026306-001 del 23 de agosto de 2006.

124 Los títulos o instrumentos de renta fija o tasa fija son títulos representativos de una deuda con un pago periódico a una tasa fija sobre el valor nominal de un ahorro o inversión, frente a los cuales los emisores deben responder por el pago de los rendimientos previamente establecidos. En ese tipo de títulos se conoce de antemano el rendimiento que se obtendrá en un determinado tiempo, como ocurre con los Certificados de Depósito a Término (CDT), los Bonos, los Títulos

en cuenta el valor nominal, la tasa facial, el plazo convenido y el tiempo de tenencia del título en el respectivo periodo gravable. Así, las utilidades o pérdidas en la enajenación de títulos de renta fija se realizarán al momento de su enajenación y estarán determinadas por la diferencia entre el precio de enajenación y el costo fiscal del título.

Los rendimientos que se generen a través de los fondos de inversión colectiva deben ser revelados por los suscriptores o partícipes al momento de su pago, cuando también se debe proceder a practicar la respectiva retención en la fuente[125].

Por otra parte, el artículo 41 ET señala que el valor de los rendimientos financieros correspondientes al componente inflacionario no es considerado ingreso constitutivo de renta ni ganancia ocasional, lo cual es aplicable a las personas naturales no obligadas a llevar contabilidad, pues para los obligados los rendimientos financieros constituyen ingreso gravable en su totalidad.

Sólo a partir de 2019, en virtud del artículo 122 de la Ley 1943 de 2018, los rendimientos financieros se encuentran gravados en su totalidad para personas naturales y jurídicas obligadas o no a llevar contabilidad, pues mediante esa norma se derogaron los artículos 38, 39, 40, 40-1 y 41 ET que permitían, y permiten a partir de la Ley 2010 de 2019, el beneficio del componente inflacionario sobre rendimientos financieros como no constitutivo de renta ni de ganancia ocasional para las personas naturales. Lo anterior por la reviviscencia normativa que resultó de la inexequibilidad de la Ley 1943 de 2018.

En este apartado resulta válido aclarar el discutible tratamiento de los intereses sobre las cesantías, puesto que, dada la fuente generadora de tal ingreso, para algunos resulta más apropiado registrarla en las rentas de trabajo. Sin embargo, los intereses sobre el auxilio de las cesantías, que se han concebido como una forma de compensación de la pérdida del valor del auxilio por el tiempo transcurrido entre su causación y su cancelación o pago al trabajador[126], han sido catalogados, dada su naturaleza jurídica, como rendimientos que se incluyen en la cédula de rentas de capital.

---

de Tesorería (TES), las Titularizaciones, Aceptaciones Comerciales y Papeles Comerciales (Autorregulador del Mercado de Valores, "Guía de Estudio de Renta Fija", 2.ª ed., 2019, disponible en https://www.amvcolombia.org.co/wp-content/uploads/2019/08/Guia-Renta-Fija-.pdf.

125 DIAN, Concepto 3937 del 1.º de marzo de 2016.

126 Corte Constitucional, Sentencia T-008 del 15 de enero de 2015, Expediente T-4.501.911, M. P.: José Iván Palacio.

Así lo definió la DIAN en el descriptor 1.5 del Concepto General Unificado 0912 del 19 de julio de 2018, en el que dio la misma instrucción respecto de los rendimientos provenientes de los aportes a FVP, sobre los cuales además señaló que la Ley 100 de 1993 los califica como "rendimientos financieros", lo que soporta su inclusión en la subcédula de rentas de capital.

– *Rentas pasivas*

El artículo 884 ET se refiere a las rentas pasivas provenientes de Entidades Controladas del Exterior (ECE)[127] correspondientes a las personas naturales que cumplan con los requisitos definidos en el Libro VII ET, es decir, las personas naturales residentes fiscales colombianos que tengan, directa o indirectamente, una participación igual o superior al 10% en el capital de la ECE o en los resultados de la misma (art. 883 ET). Antes de verificar la participación es preciso comprobar que la sociedad del exterior sin residencia fiscal en Colombia es efectivamente una entidad controlada en los términos del artículo 882 ET[128].

---

127 La Ley 1819 de 2016 incorporó en el ordenamiento jurídico colombiano el nuevo Régimen de Entidades Controladas del Exterior, cuyas principales características son la transparencia fiscal internacional y el antidiferimiento del impuesto sobre la renta de ingresos pasivos, causado por el no reconocimiento oportuno de las operaciones al momento de su realización.

128 "Artículo 882. *Entidades Controladas del Exterior sin residencia fiscal en Colombia (ECE)*. Para efectos de lo previsto en este Título, son entidades controladas del exterior sin residencia fiscal en Colombia (ECE), aquellas que cumplen con la totalidad de los requisitos siguientes: 1. La ECE es controlada por uno o más residentes fiscales colombianos en los términos de cualquiera de las siguientes disposiciones: a. Se trata de una subordinada en los términos de los numerales i, ii., iv. y v del literal b del numeral 1 del artículo 260-1 de este Estatuto; o, b. Se trata de un vinculado económico del exterior en los términos de cualquiera de los literales del Numeral 5 del artículo 260-1 de este estatuto. 2. La ECE no tiene residencia fiscal en Colombia. Parágrafo 1. Las ECE comprenden vehículos de inversión tales como sociedades, patrimonios autónomos, trusts, fondos de inversión colectiva, otros negocios fiduciarios y fundaciones de interés privado, constituidos, en funcionamiento o domiciliados en el exterior, ya sea que se trate de entidades con personalidad jurídica o sin ella, o que sean transparentes para efectos fiscales o no. Parágrafo 2. Se presume que los residentes fiscales tienen control sobre las ECE que se encuentren domiciliadas, constituidas o en operación en una jurisdicción no cooperante o de baja o nula imposición o a entidades sometidas a un régimen tributario preferencial en los términos del artículo 260-7 del Estatuto Tributario, independientemente de su participación en ellas. Parágrafo 3. Para efectos de determinar la existencia o no de control en los términos del numeral 1 del artículo 260-1 del Estatuto Tributario, la tenencia de opciones de compra sobre acciones o participaciones en el capital de la ECE, se asimila a la tenencia de las acciones o participaciones directamente".

En virtud del artículo 884 ET, referente a los ingresos pasivos, entre los cuales se incluyen dividendos, retiros y el reparto de utilidades, se debió precisar, para el caso de las personas naturales, a qué cédula se debían imputar los ingresos por rentas pasivas provenientes de esas entidades, lo cual se hizo a través del artículo 1.2.1.20.8 del Decreto 1625 de 2016, adicionado por el Decreto 2250 de 2017, por el cual se indicó que estas deben ser declaradas en la correspondiente cédula, según el origen de la renta. Así mismo, en dicha reglamentación se indicó que respecto de estas rentas procederán las reglas de realización de ingresos, costos y deducciones, de que tratan los artículos 886, 887 y 888 ET.

Bajo tales instrucciones, los ingresos pasivos obtenidos por una ECE, y/o los costos asociados a estos ingresos, se deben entender realizados en cabeza de los residentes fiscales colombianos contribuyentes del impuesto sobre la renta y complementarios, en el año o período gravable en que las ECE las realizó, en proporción a su participación en el capital de la ECE, o en los resultados de esta última, conforme corresponda (arts. 886 y 887 ET).

Frente a la realización de las deducciones, el artículo 888 ET prevé que las expensas en que incurra la ECE para la generación de los ingresos pasivos serán deducibles al momento de terminar las rentas pasivas, siempre que cumplan con los requisitos legales para su procedencia. Las deducciones que solicite una ECE se entienden realizados en cabeza de las personas naturales residentes contribuyentes del impuesto sobre la renta y complementarios, que directa o indirectamente la controlen, en el año o período gravable en que las ECE las realizó, en proporción a su participación en el capital de la ECE, o en los resultados de esta última, según se trate, en armonía con los artículos 104, 105 y 106 ET.

Teniendo en cuenta lo anterior, y previa categorización de las rentas pasivas según su naturaleza en la cédula tributaria respectiva, se someterán a las reglas de las cédulas en las cuales fueron declaradas[129].

– *Cánones de arrendamiento*

El canon de arrendamiento corresponde al ingreso o pago percibido en virtud del contrato de arrendamiento, por el cual la persona natural que lo recibe

---

129 DIAN, Concepto General n.º 009193 del 13 de abril de 2018, descriptor 4.2. en concordancia con el artículo 1.2.1.20.8 del Decreto Único Reglamentario en Materia Tributaria 1625 de 2016.

se ha obligado a conceder el uso o goce de una cosa a otra persona, natural o jurídica, que por tal derecho se obliga a pagar un determinado valor, durante el plazo por el cual se suscribe el acuerdo entre las partes.

Hacen parte de los ingresos por concepto de arrendamientos los cánones percibidos tanto por el arrendamiento de bienes muebles como inmuebles y todo tipo de activos cuyo uso, goce o disfrute pueda entregarse a cambio de una contraprestación económica.

– *Regalías y propiedad intelectual*

El artículo 335 ET contempla las regalías y la explotación de la propiedad intelectual dentro de los ingresos que comprenden las rentas de capital. En Colombia la propiedad intelectual, asemejada a cualquier otro derecho de propiedad, comprende la propiedad industrial y los derechos de autor, regulados en las Decisiones 351 de 1993 y 486 de 2000 de la Comunidad Andina de Naciones (CAN), la Ley 23 de 1982 sobre derechos de autor y el Código de Comercio. Así mismo, estos derechos se consagran en el artículo 27 de la Declaración Universal de Derechos humanos y otros Convenios Internacionales.

La propiedad intelectual le permite al autor, creador o titular de una marca, patente o derecho de autor, el pleno goce de los frutos o beneficios derivados de su creación u obra o de la inversión realizada en relación con una creación. Así se protegen los intereses morales y materiales consecuentes de la autoría de las producciones científicas, literarias o artísticas[130].

El término "regalía" tiene diferentes acepciones, por lo que vale precisar que para efectos de su entendimiento como una renta de capital, es válida la definición contenida en el literal i del artículo 2.º de la Decisión 578 de la CAN:

> ... cualquier beneficio, valor o suma de dinero pagado por el uso o el derecho de uso de bienes intangibles, tales como marcas, patentes, licencias, conocimientos técnicos no patentados u otros conocimientos de similar naturaleza en el territorio de uno de los Países Miembros, incluyendo en particular los derechos del obtentor de nuevas variedades vegetales previstos en la Decisión 345 y los derechos de autor y derechos conexos comprendidos en la Decisión 351.

130 Publicación de la Organización Mundial de la Propiedad Intelectual, n.º 450 (S), Ginebra, Suiza, disponible en www.wipo.int.

Ese mismo marco normativo prevé que las regalías sobre un bien intangible sólo podrán ser gravadas en el país miembro donde se use o se tenga el derecho de uso del intangible, es decir, en el Estado de la fuente donde se encuentre el pagador de las regalías, mientras que el país de domicilio del pago tendrá que eximir de impuestos dicho pago[131]. Lo anterior, sin perjuicio de la regla máxima que predica que la explotación de intangibles en general y las rentas obtenidas en el ejercicio de actividades comerciales dentro del país generan rentas de fuente nacional y, por tanto, gravadas, en armonía con los postulados del artículo 24 ET[132].

De acuerdo con la CAN, las regalías son aquellos pagos, rentas o reconocimientos económicos que surgen por el uso de la propiedad industrial.

Por otra parte, la explotación corresponde a aquella actividad o forma mediante la cual se obtiene utilidad o provecho económico de un activo, bien o derecho, que puede ser el ejercicio real de disposición, permitiendo su uso y goce a través del licenciamiento u otro tipo de formas contractuales o sublicencias. En suma, conforme al artículo 24 ET, los beneficios o regalías provenientes de la propiedad literaria, artística y científica explotada en el país, así como las derivadas de la explotación de toda clase de propiedad industrial, se consideran rentas de fuente nacional.

Se entiende, entonces, que los autores o sus herederos y derechohabientes, en su condición de titulares de los derechos sobre una creación, pueden percibir frutos, beneficios o regalías de cualquier naturaleza provenientes de la explotación de la propiedad intelectual, ya sea bajo el marco de la propiedad industrial integrada por patentes, modelos de utilidad, diseños industriales, marcas y secretos empresariales, o por los derechos de autor que protegen las obras literarias, artísticas y científicas, entre ellas libros, signos, marcas, conferencias, composiciones musicales, obras cinematográficas, audiovisuales, obras de bellas artes, de arquitectura, fotografía, programas de software, compilaciones de obras, bases de datos, entre otras creaciones personales.

Los ingresos por regalías y explotación de la propiedad intelectual están gravados en cabeza de su beneficiario con el impuesto sobre la renta y complementarios, debiendo registrarse y declararse en la cédula de rentas de capital, mientras que la utilidad obtenida por la venta de la propiedad

---

131 Decisión 578, Régimen para evitar la Doble Tributación y Prevenir la Evasión Fiscal. Comunidad Andina, artículos 3.º y 9.º.

132 DIAN, Dirección de Gestión Jurídica, Concepto n.º 057425 del 11 de septiembre de 2013.

calificada como activo fijo poseído por menos de dos años, o como inventario, debe ser incorporada en la cédula de rentas no laborales, puesto que es en ella que se registran y declaran los ingresos no clasificados en ninguna de las otras cédulas. Por otra parte, si el contribuyente ha poseído el activo por más de dos años, constituirá ganancia ocasional.

En cuanto a los intangibles, en el caso particular del uso de un software sin que el titular se desprenda del derecho de propiedad, ha dicho la administración tributaria nacional que el pago por dicho concepto corresponde a un canon o regalía; sin embargo, cuando se presenta la transferencia de la titularidad del derecho patrimonial de propiedad en todos sus elementos, tales pagos pueden constituir rentas de actividades empresariales o enajenación de activos[133].

b. INGRESOS NO CONSTITUTIVOS DE RENTA NI GANANCIA OCASIONAL

– Aportes obligatorios a salud, al Fondo de Pensiones Obligatorias y Fondo de Solidaridad Pensional

Aunque los rentistas de capital no son técnicamente trabajadores independientes, perciben ingresos con capacidad de incrementar su patrimonio, los cuales son tenidos en cuenta por la UGPP para efectos de las cotizaciones a seguridad social como independientes, pues el sistema de seguridad social sólo tiene dos clasificaciones: los asalariados y los independientes, que son todos aquellos no asalariados.

El Ministerio del Trabajo en el radicado n.º 11EE2019120000000039711 señaló que cuando el rentista de capital obtenga ingresos provenientes de sus bienes equivalentes o superiores a un smlmv, está en la obligación de cotizar al Sistema de Seguridad Social por dichos valores.

De acuerdo con el artículo 34 del Decreto 2353 de 2015[134], incorporado mediante el artículo 2.1.4.1. al Decreto Único Reglamentario 780 de 106,

---

133 Ídem.

134 Decreto 2353 del 3 de diciembre de 2015, "por el cual se unifican y actualizan las reglas de afiliación al Sistema General de Seguridad Social en Salud, se crea el Sistema de Afiliación Transaccional y se definen los instrumentos para garantizar la continuidad en la afiliación y el goce efectivo del derecho a la salud".

son afiliados como cotizantes al régimen contributivo del Sistema General de Seguridad Social en Salud,

> … los trabajadores independientes, los rentistas de capital, los propietarios de las empresas y en general todas las personas residentes en el país, que no tengan vínculo contractual y reglamentario con algún empleador y cuyos ingresos mensuales sean iguales o superiores a un salario mínimo mensual legal vigente.

En igual sentido, el artículo 3.2.1.1 del Título 1, relativo a las "disposiciones generales de la afiliación y autoliquidación de aportes al Sistema de Seguridad Social Integral" del Decreto 780 de 2016[135], define como aportante la persona o entidad que tiene la obligación de cumplir con el pago de aportes a uno o más de los servicios o riesgos que integran el sistema para uno o más afiliados. Bajo la denominación de aportante se refiere a

> … las personas naturales o jurídicas con trabajadores dependientes, a las entidades promotoras de salud, administradoras de pensiones o riesgos laborales obligadas a realizar aportes correspondientes al Sistema, *a los rentistas de capital* y demás personas que tengan capacidad de contribuir al financiamiento del SGSSS, y a los trabajadores independientes que se encuentren afiliados al Sistema de Seguridad Social Integral (cursivas fuera del texto original).

De ese modo se estableció que los rentistas de capital ostentan la calidad de aportantes al Sistema de Seguridad Social Integral. Así mismo se decretó que deberán afiliarse al SGP en iguales condiciones que se atienden para el Sistema General de Salud, y tener en cuenta que la base de cotización debe ser la misma tanto para pensiones como para salud, según reza el artículo 2.2.3.1.7 del Decreto Único Reglamentario 1833 de 2016:

> Artículo 2.2.3.1.7. *Límites a la Base de Cotización a partir de marzo de 2003.* La base de cotización del sistema general de pensiones será como mínimo en todos los casos de un salario mínimo legal mensual vigente, y máximo de 25 salarios mínimos legales mensuales vigentes, límite este que le es aplicable al sistema de seguridad social en salud. Este límite se aplicará a las cotizaciones cuyo pago debe efectuarse a partir del mes de marzo.

---

135 Decreto 780 del 6 de mayo de 2016, "por medio del cual se expide el Decreto Único Reglamentario del Sector Salud y Protección Social".

> *La base de cotización para el sistema general de pensiones deberá ser la misma que la base de la cotización del sistema general de seguridad social en salud.*
>
> Parágrafo. Cuando una persona dependiente deba realizar cotizaciones adicionales como independiente o por prestación de servicios, para los efectos del parágrafo primero del artículo 5º de la Ley 797 de 2003, que modifica el artículo 18 de la Ley 100 de 1993, deberá informar en los formatos que para tal efecto establezca la Superintendencia Financiera de Colombia el ingreso que efectivamente perciba, manifestando la fuente de sus recursos (cursiva fuera del texto original).

Se resalta lo indicado en el parágrafo descrito pues, cuando la persona natural afiliada percibe salarios e ingresos como trabajador independiente o como rentista de capital durante un mismo período, las cotizaciones deben ser efectuadas en forma proporcional por cada tipo de fuente de pago, de suerte que se deben sumar para las correspondientes cotizaciones hasta el tope máximo legal de 25 smlmv.

Para calcular el ingreso base de cotización se toma el total de los ingresos percibidos en esta cédula durante el mes, deducidos los gastos o las expensas causadas, previa observancia de las reglas contenidas en el artículo 107 ET, con el fin de determinar la utilidad y calcular el 40% para realizar sobre dicha base los aportes obligatorios.

– Aportes a riesgos laborales

Con base en lo dispuesto por el literal b del artículo 13 de la Ley 1562 de 2012, se pueden afiliar en forma voluntaria al SGRL los trabajadores independientes, los rentistas de capital y los informales, diferentes a los afiliados obligatorios, quienes están definidos en el literal b del mismo postulado normativo.

Sin embargo, a pesar de tener la condición de afiliados voluntarios cotizantes del SGRL, es condición que también coticen al régimen contributivo en salud, de conformidad con la reglamentación que expida el Ministerio de Salud y Protección Social en coordinación con el Ministerio del Trabajo, para los efectos.

Con todo, al atender una consulta relacionada con las cotizaciones al SGSSI, el Ministerio del Trabajo[136] reconoció "[...] que los rentistas de capital

---

136 Ministerio del Trabajo, Coordinación Grupo Interno de Trabajo de atención a consultas en materia laboral de la Oficina Jurídica, Radicado n.º 11EE2019120000000039711, Aportes a Seguridad Social de Rentista de Capital.

de manera obligatoria deberán cotizar a los Sistema de Seguridad Social en Salud y Pensiones y de manera voluntaria al Sistema de Riesgos Laborales".

– *Aporte voluntario a fondo de pensiones obligatorio*

Esta cuantía puede ser tenida como un ingreso no constitutivo de renta ni ganancia ocasional en la cédula de rentas de capital, en iguales términos a los descritos para este concepto en la cédula de rentas de trabajo.

– *Componente inflacionario de intereses y rendimientos*

Este rubro, considerado ingreso no constitutivo de renta ni ganancia ocasional en la cédula de rentas de capital, fue expuesto en el literal f del numeral 2.1.2 de esta obra.

Sin embargo, es preciso resaltar que el artículo 160 de la Ley 2010 de 2019 declaró la reviviscencia expresa de los artículos 35, 38, 39, 40, 40-1, 41, 81, 81-1 y 118 ET, reglamentados mediante el Decreto 455 del 3 de mayo de 2021, por medio del cual, a su vez, se sustituyen artículos del título 1 de la Parte 2 del libro 1 del Decreto 1625 de 2015.

Los artículos enunciados se refieren al tratamiento tributario del componente inflacionario, frente al cual el artículo 38 ET alude a los rendimientos financieros percibidos por las personas naturales y las sucesiones ilíquidas como no constitutivos de renta ni ganancia ocasional cuando provienen de: i) entidades sometidas a inspección y vigilancia de la Superintendencia Financiera que tienen por objeto intermediar en el mercado de recursos financieros y entidades vigiladas por la Unidad Administrativa Especial de Organizaciones Solidarias[137]; ii) títulos de deuda pública, y iii) y bonos y papeles comerciales de sociedades anónimas cuya emisión u oferta haya sido autorizada por la Superintendencia Financiera.

Recae en las entidades que paguen o abonen los rendimientos financieros causados conforme al artículo 38 ET el deber de informar a sus ahorradores el valor no gravado, el cual se determina según el artículo 40-1 como el resultado de dividir la tasa de inflación del respectivo año gravable certificada por el DANE, por la tasa de captación más representativa del mercado, en el

---

137 Denominación vigente en atención al Decreto 4122 de 2011, compilado en el artículo 1.2.1.2 del DU 1072 de 2015.

mismo período, certificada por la actual Superintendencia Financiera de Colombia. Este porcentaje se determina para efectos de los cálculos previstos en los artículos 38, 39 y 40 ET.

En virtud de lo anterior, el Ministerio de Hacienda y Crédito Público expide anualmente un decreto para definir el componente inflacionario de los rendimientos financieros percibidos durante el año o período gravable anterior, por las personas naturales y las sucesiones ilíquidas no obligadas a llevar libros de contabilidad, indicando que no constituirá renta ni ganancia ocasional un determinado porcentaje del valor de los rendimientos financieros percibidos, el cual aplicará también para las utilidades que los fondos mutuos de inversión, los fondos de inversión y los fondos de valores distribuyan, paguen o abonen en cuenta a estas personas[138].

De igual manera, mediante este decreto, el MHCP define para el mismo período la parte del componente inflacionario que no constituye costo ni deducción respecto de los intereses y demás costos y gastos financieros en que hayan incurrido las personas naturales y sucesiones ilíquidas[139], en armonía con los artículos 81 y 81-1 ET que prevén que no constituye costo el ciento por ciento del componente inflacionario de los intereses y demás costos y gastos financieros, incluidos los ajustes por diferencia en cambio, y la forma de calcular tal valor, el cual resulta de multiplicar el valor bruto de los intereses o costos y gastos financieros, por la proporción que exista entre la tasa de inflación del respectivo ejercicio, certificada por el DANE y la tasa promedio de colocación más representativa en el mismo período, según certificación de la Superintendencia Financiera de Colombia.

El segundo inciso del artículo 81-1 ET, en referencia al artículo 81 del mismo cuerpo normativo, dispone que cuando se trate de costos o gastos financieros por deudas en moneda extranjera, no será deducible en los porcentajes señalados en el artículo 81 ET, la suma que resulte de multiplicar el valor bruto de tales intereses o costos y gastos financieros, por la proporción que exista entre la inflación del mismo ejercicio, certificada por el DANE, y la

---

138 En virtud del Decreto 455 del 3 de mayo de 2021, para el año 2020 se tendrá el 44.23% del valor de los rendimientos financieros y las utilidades obtenidas por fondos mutuos de inversión, fondos de inversión y fondos de valores distribuidas o abonadas en cuenta a personas naturales y sucesiones ilíquidas no obligadas a llevar libros de contabilidad.

139 Conforme al Decreto 455 de 2021, para el año 2020 no constituirá costos ni deducción el 10.56% de los intereses y demás costos o gastos financieros incurridos por las personas naturales y sucesiones ilíquidas.

tasa más representativa del costo promedio del endeudamiento externo en el mismo año, según certificación del Banco de la República[140].

El artículo 118 ET consagra que no constituye deducción el componente inflacionario de los intereses y demás costos y gastos financieros, incluidos los ajustes por diferencia en cambio, en la forma señalada en el artículo 81.

Así las cosas, teniendo en cuenta que para el año 2020 la tasa más representativa del costo promedio del endeudamiento externo fue del -5.18%, no constituyen costo ni deducción los ajustes por diferencia en cambio, ni los costos y gastos financieros por concepto de deudas en moneda extranjera en el porcentaje del 100%, de conformidad con lo previsto en los artículos 41, 81, 81-1 inciso 2.º y 118 ET, lo cual se consagra en el Decreto 455 del 3 de mayo de 2021.

C. DEDUCCIONES

– *Cesantías de independientes*

Cuando nos referimos a este concepto como deducible en la depuración de la cédula de rentas de trabajo aplicable para las personas naturales independientes, debemos remitirnos a la última parte del inciso 6.º del artículo 126-1 ET que establece el derecho a deducir los aportes a las cesantías realizados por partícipes independientes, hasta una cuantía de 2.500 UVT y sin que exceda de un doceavo del ingreso gravable del respectivo año.

Con la expedición de la Ley 50 de 1990 se modificó el régimen de cesantías regulado en el CST para los trabajadores del sector privado, manteniéndose el sistema tradicional aplicable a los trabajadores vinculados antes del 1.º de enero de 1991, e instituyéndose un nuevo régimen de cesantías para los trabajadores vinculados a partir del 1.º de enero de 1991 y para los antiguos que se acojan voluntariamente, con el sistema de liquidación definitiva anual y administración a través de los fondos de cesantías. Así mismo, para los trabajadores que devenguen más de 10 smmv se permitió el pacto de un salario integral con el empleador, el cual contiene la retribución ordinario y otros factores salariales y prestacionales, incluida la cesantía.

---

140 De conformidad con la información suministrada por el Banco de la República, mediante oficio DTIE-CA-06185-2021 del 4 de marzo de 2021, la tasa más representativa del costo promedio del endeudamiento externo en el año 2020 fue de -5.18%.

Para efectos de comprender el funcionamiento del régimen de cesantías se debe tener presente que las sociedades administradoras de fondos de pensiones y de cesantías son sociedades de servicios financieros reguladas por el Estatuto Orgánico del Sistema Financiero (EOSF), en desarrollo de lo previsto por la Ley 50 de 1990 y las normas complementarias. El artículo 164 del EOSF señala que toda persona natural que, sin contar con un vínculo laboral o una relación de subordinación a un empleador, realice una actividad económica de manera directa y personal, o que labore en su propia empresa siendo empleador, tiene la posibilidad de ser un afiliado independiente a los fondos de cesantía y realizar sus contribuciones de manera voluntaria con recursos propios, los cuales, por supuesto, ya hacen parte de su patrimonio.

Si bien la naturaleza del auxilio de cesantía como prestación representa una clara orientación social en el marco de las relaciones entre empleador y trabajador, puesto que tiene por principal objeto amparar a este último cuando se encuentre cesante, lo que da origen a la denominación de auxilio, y adicionalmente está orientado a contribuir para que el trabajador pueda atender sus necesidades de vivienda y educación o capacitación, lo que soporta los condicionamientos legales establecidos para el retiro de los recursos, dichos requisitos no son exigibles para quienes efectúan las contribuciones a título de cesantías como independientes, puesto que no se encuentran en el marco de una relación laboral sino en el ejercicio voluntario de construir un capital a título de cesantía.

Bajo ese contexto, resulta acorde que la normatividad tributaria tenga una calificación y un tratamiento tributario diferente para las cesantías de los trabajadores respecto de las cesantías del independiente, reguladas en el artículo 126-1 ET como una deducción, las cuales pueden ser aportadas por un rentista de capital o una persona natural que perciba rentas no laborales o rentas de trabajo no derivadas de una relación laboral, como pueden ser los honorarios o compensaciones por servicios personales, hasta la suma de 2.500 UVT, sin que excedan de un doceavo del ingreso gravable del respectivo año.

Así, la deducción de los aportes a título de cesantías realizados por los partícipes independientes es reconocida por la normativa reglamentaria (art. 8.º del Decreto 1435 de 2020) como procedente en las diferentes rentas de la cédula general (de trabajo, de capital y no laboral); sin embargo, esta también debe atender el límite general del 40% por rentas exentas y deducciones aplicables respecto del ingreso neto, es decir, las 1.340 UVT, como reza el artículo 336 ET, recientemente modificado por el artículo 7.° de la Ley 2277 de 2022.

Por último, con relación al cobro de retenciones por parte del fondo de cesantías al momento del retiro de los recursos, en Oficio el 014866 de 2005 la DIAN[141] aclaró que "los intereses que pague el Fondo de Cesantías al trabajador independiente están sometidos a retención en la fuente por concepto de rendimientos financieros, más no la devolución de los aportes, por tratarse de un reembolso de capital a título de cesantía".

– *Gravamen a los Movimientos Financieros (GMF)*

En correspondencia con el artículo 115 ET y el artículo 1.2.1.20.3 del DUT, para la cédula de rentas de capital persiste la posibilidad de tratar como deducible el 50% del Gravamen a los Movimientos Financieros efectivamente pagado por el contribuyente durante el respectivo año o período gravable, siempre que se encuentre debidamente certificado por el agente retenedor, y sin que se requiera relación de causalidad con la actividad económica del contribuyente.

Sin perjuicio de que, como se ha indicado en la descripción de este concepto para las cédulas precedentes, esta deducción pueda ser tomada en otras rentas, es preciso advertir lo indicado por los artículos 330 y 332 ET que consagran la regla prohibitiva de reconocimiento simultáneo en dos o más cédulas o de doble beneficio, lo que no impide que se pueda tomar la deducción de manera proporcional en más de una renta, como bien lo ratificó la DIAN mediante el Concepto general unificado 0912 del 19 de julio de 2018, al indicar:

> [...] De la interpretación de las normas en comento, este despacho considera que esta persona natural tendría dos opciones a saber: (i) tomar esta deducción en una de las cédulas, para el ejemplo mencionado en la de rentas de capital, o en la cédula de rentas no laborales; (ii) tomarlo de forma proporcional en función de los ingresos percibidos en cada cédula.
>
> Respecto de la segunda opción, este despacho interpreta que la restricción consignada en la norma, esto es, que no se pueda imputar en más de una cédula una misma renta exenta o deducción, no significa que no sea posible imputar este valor

---

141 DIAN, Oficio 14866 del 14 de marzo de 2005.

> de forma proporcional a cada cédula, pues lo que se prohíbe es reconocer el mismo en más de una cédula una misma renta exenta o deducción, razón por la cual se deberá hacer el correspondiente cálculo [...].

– Intereses de vivienda e ICETEX

En el artículo 1.2.1.20.3 del DUT encontramos también la deducción vigente para las rentas de capital por concepto de los intereses a que se refiere el artículo 119 ET, es decir, los derivados de préstamos educativos del ICETEX y de préstamos para adquisición de vivienda del contribuyente, los cuales están limitados anualmente al valor equivalente a 100 y 1.200 UVT anuales, respectivamente.

En concordancia con el artículo 119 ET, el artículo 1.2.1.20.4 del DUT señala que para efectos de la deducción por intereses o corrección monetaria en virtud de préstamos para adquisición de vivienda, cuando el crédito ha sido otorgado a varias personas, se aplica proporcionalmente a cada una de ellas. Sin embargo, esta deducción podrá ser solicitada en su totalidad en cabeza de una de ellas, siempre y cuando la otra persona no la haya solicitado.

De acuerdo con el artículo 119 ET, serán deducibles hasta por 100 UVT anuales los intereses que se paguen sobre préstamos educativos del ICETEX dirigidos para la educación superior del contribuyente, lo que se debe también adicionar a las demás rentas exentas y deducciones para efectos de observar el límite general contenido en el inciso 1.º del numeral 3 del artículo 336 ET.

d. RENTAS EXENTAS

– Aportes a cuentas AFC y Fondos de Pensiones Voluntarias

Como rentas exentas previstas para la cédula de rentas de capital, aplican las consignadas en los artículos 126-1 y 126-4 ET, con las condiciones y limitaciones generales señaladas, frente a lo cual también cabe advertir la observancia del límite general del 40% por rentas exentas y deducciones aplicables al ingreso neto, sin exceder 1.340 UVT anuales.

– Ingresos de países miembros de la CAN

Atendiendo al régimen previsto en la Decisión 578 del 4 de mayo de 2004 de la Comisión de la CAN, de la cual Colombia es país miembro, las rentas de cualquier naturaleza que perciban las personas naturales, independientemente de su nacionalidad o domicilio, sólo serán gravables en el país miembro en el que tales rentas tengan su fuente productora, salvo los casos de excepción previstos en la Decisión. En consecuencia, "*los demás Países Miembros que, de conformidad con su legislación interna, se atribuyan potestad de gravar las referidas rentas, deberán considerarlas como exoneradas*, para los efectos de la correspondiente determinación del impuesto a la renta o sobre el patrimonio"[142] (cursivas fuera del texto original).

En igual sentido, respecto de las rentas de cualquier naturaleza provenientes de bienes inmuebles, lo que incluye, por supuesto, las correspondientes a los ingresos derivados por cánones de arrendamiento, en su artículo 4.º la Decisión consagra que sólo serán gravables por el país miembro en el cual estén situados dichos bienes.

Así, en el marco de un convenio internacional para evitar la doble imposición, cuya finalidad primaria es repartir la potestad tributaria de los Estados contratantes para efectos de eliminar la doble imposición, las disposiciones definen cuál de los dos Estados tiene la facultad impositiva para gravar las rentas y cómo se ejerce dicha facultad, lo que puede corresponder al Estado de la fuente del ingreso o al Estado de la residencia, o a ambos Estados de manera compartida, según la renta de que se trate[143].

En la misma línea, en su artículo 3.º la Decisión 578 consagra la prevalencia del principio de la fuente productora, lo que conduce a que los demás países miembros que, según su legislación interna, se atribuyan la potestad de gravar las rentas, deben considerarlas exoneradas para los efectos de la determinación del impuesto a la renta o sobre el patrimonio.

Así lo confirmó la DIAN al señalar que

> [...] *en el contexto del convenio* y teniendo en cuenta la necesidad de armonizar la normatividad relativa a este tipo de rentas, que respecto de las personas domiciliadas en cualquiera de los Países Miembros, son exoneradas por virtud de la expresa norma supranacional, procede dar aplicación al método de exención completa o integral, reconocido por la doctrina internacional, en el que el Estado

---

142 Comunidad Andina, Decisión 578 Régimen para evitar la Doble Tributación y Prevenir la Evasión Fiscal, artículo 3.º.

143 DIAN, Dirección de Gestión Jurídica, Concepto 000309 del 19 de marzo de 2014.

del domicilio se abstiene de gravar las rentas obtenidas en el país de la fuente[144] (cursivas fuera de texto).

Dada la naturaleza jurídica supranacional del Convenio, y el alcance en materia tributaria, en su Concepto 000309 de 2014 la DIAN destacó una directriz dada por la Secretaría General de la Comisión de la CAN[145], que advierte la responsabilidad de la DIAN en hacer una interpretación tributaria enmarcada en lo previsto en la Decisión, con el fin de evitar la doble tributación sobre una misma renta o patrimonio en el ámbito comunitario.

– *Derechos de autor*

Desde sus orígenes en el Convenio de Berna de 1886 el régimen del derecho de autor tiene por objeto proteger las obras literarias y artísticas, entendidas como toda producción en el campo literario, científico y artístico, cualquiera sea su modo o forma de expresión, de las cuales se derivan derechos morales y de explotación[146]. En Colombia la Ley 23 de 1982, reguladora de los derechos de autor, los cuales integran la propiedad intelectual, comprende la protección de una serie de expresiones definidas en el artículo 2.°, entre ellas libros, folletos, otros escritos, obras dramáticas, conferencias, composiciones musicales, obras cinematográficas, dibujos, pinturas, arquitectura, ilustraciones y toda producción dominio científico, literario o artístico que se pueda reproducir o definir por cualquier forma de impresión o reproducción.

La condición de autor recae en una persona natural que realiza la creación intelectual de carácter literario o artístico, lo que a su vez implica la concepción y expresión de una obra a la cual pueden estar vinculadas una o varias personas que pueden tener la calidad de coautores, si respecto de cada una de ellas se puede predicar haber realizado la creación intelectual, lo que les confiere derechos morales y patrimoniales en el marco de la ley.

Los derechos morales corresponden al reconocimiento del vínculo entre el autor y su obra, y son inalienables, inembargables, instransferibles e irrenunciables. Los derechos patrimoniales se relacionan con las formas en

---

144 Ídem.

145 Secretaría General de la Comisión de la Comunidad Andina de Naciones, Oficio SF-C/511/2889/2008.

146 M. Ruiz Muñoz. *Derecho de la propiedad intelectual. Derecho de autor y propiedad industrial*, Valencia, Tirant lo Blanch, 2017.

que se puede explotar la obra, incluyendo la reproducción, la distribución, la adaptación y la traducción, entre otras expresiones que generalmente conllevan una retribución económica, y que en esencia son derechos transferibles y protegidos por la ley. Es así como toda renta, fruto, regalía o beneficio económico percibido por los titulares de tales derechos, se incorpora en la cédula de rentas de capital.

En virtud de la Ley 98 de 1993, por medio de la cual se dictaron normas sobre democratización y fomento del libro colombiano, hoy vigente, se buscó, entre otros objetivos, incentivar la producción intelectual de obras literarias, culturales y científicas, conceder beneficios tributarios a los autores y a las empresas editoriales nacionales para darles mayor competitividad en el mercado internacional. El artículo 28 calificó como exentos del pago de impuestos sobre la renta y complementarios los ingresos que por concepto de derechos de autor perciban los autores y traductores residentes en Colombia, por libros de carácter científico o cultural editados e impresos en el país, por cada título y por cada año.

Señala el artículo 28:

> [...]. Igualmente están exentos del impuesto a la renta y complementarios los derechos de autor y traducción de autores nacionales y extranjeros residentes en el exterior, provenientes de la primera edición y primera tirada de libros, editados e impresos en Colombia. Para las ediciones o tiradas posteriores del mismo libro estará exento un valor equivalente a sesenta (60) salarios mínimos mensuales vigentes. Del pago de impuestos sobre la renta y complementarios; la exención de dichos impuestos será por cada título y por cada año y en ambos casos se deberá pagar el impuesto sobre la remesa correspondiente.

En virtud del artículo 51 de la ley 1111 de 2006, los salarios mínimos se ajustaron a UVT, quedando como valor exento el equivalente a 1.200 UVT.

La administración tributaria nacional señaló en el Oficio 001732 del 9 de febrero de 2016:

> Desde el punto de vista del autor, los ingresos que este reciba por concepto de regalías o derechos vinculados a su producción artística, científica o literaria, se encuentran gravados con el impuesto sobre la renta, salvo las excepciones consagradas en la ley, como es el caso de los derechos de autor a que hace referencia el artículo 28 de la Ley 98 de 1993, conocida como Ley del Libro y derechos de autor sobre esta clase de publicaciones o participaciones en sociedades dedicadas a la mencionada actividad.

Conforme a lo expuesto, las rentas exentas y deducciones aplicables a cada una de las cédulas se limita estrictamente a las permitidas en el ET, por lo que deben ser observados los postulados del artículo 235-2 ET que deja sin vigencia todas las rentas exentas salvo las expresamente allí contenidas como excepción. Entonces, es en el numeral 8 de este texto normativo que encontramos como excepción la renta exenta contenida en el artículo 28 de la Ley 98 de 1993, calificada como incentivo tributario a las creaciones literarias de la economía naranja, aplicable a las personas naturales[147].

Esta exención considera también los límites definidos en el artículo 336 ET, por lo que debe sumarse con las demás rentas exentas y deducciones para efectos de establecer el máximo equivalente al 40% del ingreso neto de la cédula general, sin que exceda de 1.340 UVT.

e. COSTOS Y GASTOS

Siguiendo lo señalado por el artículo 336 ET, en este concepto se incorporan sin límite todos los costos y gastos, debidamente soportados conforme a la regulación tributaria, que tengan relación con la actividad productora de las rentas de capital, y todas aquellas erogaciones imputables a estas rentas específicas que cumplen los requisitos y limitaciones para su procedencia en atención al artículo 107 ET, entre otros, el impuesto predial del inmueble arrendado, los gastos de oficina, los gastos asociados a las regalías, los costos relativos a la propiedad intelectual y los costos o comisiones por concepto de administración.

3. RENTAS NO LABORALES

Según el numeral 3 del artículo 335 ET y lo contemplado en el artículo 1.2.1.20.2 del DUT 1625 de 2016, el cual fue sustituido por el artículo 8.º del Decreto 1435 de 2020, esta subcédula que integra la cédula general comprende todos los ingresos que no se clasifiquen expresamente en ninguna otra cédula, de lo que ha derivado su denominación de cédula residual.

---

147 DIAN, Subdirección de Gestión Normativa y Doctrina, Oficio n.º 968 del 3 de julio de 2018.

a. INGRESOS BRUTOS

De lo indicado resulta que en la cédula de rentas no laborales se deben incluir, por ejemplo, los siguientes ingresos.

– *Enajenación de activos poseídos por menos de dos* años

En este rubro se registran todos los ingresos producto de la enajenación de activos, lo que no se limita exclusivamente a inmuebles, los cuales, además, serán movibles para quienes perciben ingresos producto de su compraventa. Así, según el artículo 179 ET, los ingresos obtenidos por la enajenación de activos poseídos por menos de dos años no son considerados ganancia ocasional sino renta líquida en la cédula de rentas no laborales. En ese sentido, la posesión del activo durante un período inferior a los dos años, resulta determinante para incorporar el producto de su enajenación en esta subcédula.

Entonces, como se mencionó en el párrafo precedente, es importante precisar que los activos enajenados bajo el marco del artículo 60 ET pueden ser movibles y fijos o inmovilizados, siendo los movibles aquellos bienes corporales muebles o inmuebles y los incorporales que se enajenan dentro del giro ordinario de los negocios del contribuyente e implican ordinariamente existencias al principio y al fin de cada año o período gravable. Por otra parte, los activos fijos o inmovilizados corresponden a los bienes corporales muebles o inmuebles y los incorporales que no se enajenan dentro del giro ordinario de los negocios del contribuyente.

Según el artículo 263 ET, posesión es el aprovechamiento económico, potencial o real, de cualquier bien en beneficio del contribuyente. De igual manera, atendiendo a la norma, se presume que quien está registrado como propietario o usufructuario de un bien, obtiene un aprovechamiento económico en su beneficio, lo que en consecuencia le confiere la calidad de poseedor. Sin perjuicio de lo anterior, generalmente se entiende que el término de la posesión se cuenta desde el momento de la adquisición del activo por la persona natural. Así las cosas, como se infiere de la norma, si el término de posesión es igual o superior a dos años, el resultado de la enajenación debe tratarse en el marco de las ganancias ocasionales y no como renta líquida en la cédula tributaria residual.

Cabe resaltar que la administración tributaria ha precisado que el factor de permanencia de estos activos en el patrimonio del contribuyente resulta un criterio determinante para calificar la utilidad obtenida en su enajenación, como renta líquida en la cédula de rentas no laborales o como ganancia ocasional[148].

– Indemnizaciones diferentes a las contempladas en el artículo 303-1 ET y las originadas de las relaciones laborales

Toda indemnización que tenga como origen la relación laboral se debe incorporar en la subcédula de rentas de trabajo, como las indemnizaciones por despido injusto o anticipado según el tipo de vinculación laboral, o la indemnización percibida por incapacidad permanente por accidente de trabajo. Como reza el artículo 303-1 ET, modificado por la Ley 2277 de 2022, las indemnizaciones por seguro de vida se gravan con la tarifa aplicable a las ganancias ocasionales en un monto que supere las 3.250 UVT (antes 12.500 UVT), por lo que este tipo de indemnizaciones tampoco se incluye en la cédula de rentas no laborales.

En ese sentido, cualquier otro tipo de indemnización no calificada en otras cédulas tributarias se debe declarar en la cédula residual, verbigracia, la indemnización por seguros de daño, la cual incorpora el reconocimiento tanto del daño emergente que representa los ingresos en dinero o en especie percibidos por el asegurado con el fin de sustituir el activo patrimonial afectado o perdido, como el lucro cesante que cubre los ingresos percibidos para sustituir la renta que el asegurado dejó de realizar con ocasión a la situación amparada[149]. Como se expondrá más adelante, en virtud del artículo 45 ET la parte correspondiente al daño emergente debe ser tratada como ingreso no constitutivo de renta ni ganancia ocasional.

Así mismo, existen otras indemnizaciones, como la procedente como compensación por concepto de la erradicación o renovación de cultivos o por el control de plagas, contemplada en el artículo 46-1 ET, ingresos que no constituirán renta ni ganancia ocasional para el beneficiario cuando formen parte de programas encaminados a racionalizar o proteger la producción agrícola nacional, y tales pagos se efectúen con recursos públicos, lo que, además, requiere el cumplimiento de normas reglamentarias sobre el particular.

---

148 DIAN, División de Normativa y Doctrina Tributaria, Oficio 057803 del 27 de julio de 2007.
149 DUR, artículo 1.2.1.12.2.

b. INGRESOS NO CONSTITUTIVOS DE RENTA NI GANANCIA OCASIONAL

– Aporte obligatorio a fondo de pensiones obligatorio, al fondo de solidaridad pensional, aporte voluntario al fondo de pensiones obligatorias, aportes a salud obligatorias, aportes a riesgos laborales

Se trata de conceptos que se han abordado y soportado normativamente en los apartados correspondientes a las subcédulas de rentas de capital y de trabajo, respecto de las rentas percibidas para esta subcédula de rentas no laborales; es decir que aquellos pagos que se realicen por estos conceptos sean imputables sobre los ingresos o rentas no laborales serán tratados como ingreso no constitutivo de renta ni ganancia ocasional teniendo en cuenta las condiciones y límites legales.

– Apoyos económicos para estudios

En la subcédula de rentas de trabajo fue abordado el tratamiento de los pagos con destino a becas, inversiones o aportes para la educación de los trabajadores o miembros del núcleo familiar del trabajador, los cuales representan un financiamiento de programas educativos en el marco de una relación laboral.

Pues bien, cuando ese tipo de financiamiento es concedido por el Estado o financiado con recursos públicos, en virtud del artículo 46 ET para la persona natural que los percibe se tienen como ingresos no constitutivos de renta ni ganancia ocasional.

En ese sentido, el artículo 1.2.1.12.8 del DUR consagra que los apoyos económicos no reembolsables o condonados, entregados por el Estado o financiados con recursos públicos, para financiar programas educativos entregados a la persona natural no constituyen renta ni ganancia ocasional. Aclara también cómo deben ser incluidos los ingresos en la declaración de renta, al precisar que corresponde a una renta de trabajo el apoyo económico otorgado en razón a una relación laboral, legal y reglamentaria, y en caso contrario el apoyo económico corresponde a una renta no laboral.

En el descriptor 1.9 del Concepto General Unificado 0912 del 19 de julio de 2018, respecto al entendimiento y alcance de los apoyos económicos entregados por el Estado o financiados con recursos públicos, la administración tributaria nacional indica:

> [...] este despacho interpreta que el carácter de ingreso no constitutivo de renta o ganancia ocasional del apoyo económico se mantiene, siempre que una de las fuentes sea esta (recursos públicos). Es decir, que un apoyo económico será ingreso no constitutivo de renta ni ganancia ocasional cuando provenga, en todo o en parte, de un recurso público; independientemente, de la calidad que ostente la entidad que entrega el apoyo.

– *Recompensas por delación*

En su ejercicio legítimo de adoptar medidas y mecanismos para mantener el orden y realizar la convivencia ciudadana, el Estado concede recompensas a quienes suministran información y pruebas para hacer efectivo el cumplimiento de órdenes de captura dictadas con ocasión de la comisión de delitos[150], con cargo principalmente a los recursos del Fondo Nacional de Seguridad y Convivencia Ciudadana, creado mediante la Ley 418 de 1997, el cual es administrado por el Ministerio del Interior.

Es así como los ciudadanos que colaboren con la justicia son recompensados monetariamente y esos valores, tratados en el artículo 42 ET, no constituyen renta ni ganancia ocasional para los beneficiarios del pago, dado que califican como retribuciones otorgadas por organismos estatales en reconocimiento por el suministro de datos e informaciones especiales sobre la ubicación de imputados o perseguidos por actividades delictivas o sobre estas en particular, en un lugar determinado.

– *Gananciales*

En el ET no existe una definición directa del concepto de gananciales, y curiosamente tampoco en el Código Civil; sin embargo, del análisis normativo, especialmente del artículo 1775 del CC que trata de la renuncia a los gananciales, es posible deducir que se trata de aquellos bienes, activos o patrimonio que resultan de la liquidación de la sociedad conyugal, sin perjuicio de los derechos de terceros, pues este acto jurídico implica la determinación del activo y del pasivo de la sociedad, siendo la diferencia resultante, residuo o remanente dividida por mitad entre los cónyuges, en

150 Corte Constitucional, Sentencia C-683 del 4 de diciembre de 1996, expediente D-1312, M. P.: Fabio Morón Díaz.

observancia al artículo 1830 del CC, cuota que se le adjudica a cada uno de los consortes a título de gananciales.

Por ello, podemos decir que los gananciales son las utilidades de la sociedad conyugal distribuidas entre los cónyuges, calificados por el Consejo de Estado como no representativos de un incremento patrimonial y deben entenderse como "un reembolso de capital"[151] por lo que no pueden considerarse un ingreso.

El artículo 47 ET consagra que los gananciales no constituyen renta ni ganancia ocasional, por lo que si bien deben ser denunciados en la declaración de renta, se tratan en la cédula residual bajo tal calificación.

Expresó el Consejo de Estado que, al no constituir un ingreso por no incrementar el patrimonio del cónyuge, los gananciales no deben hacer parte de los ingresos brutos del contribuyente, sin perjuicio de que para efectos tributarios se deban considerar un ingreso no constitutivo de renta ni ganancia ocasional, y de esa manera se deben reflejar en la correspondiente declaración de renta[152].

Bajo esta comprensión, en el Concepto 028286 del 6 de abril de 2001 la DIAN ratificó que

> ... en el momento de la liquidación de la sociedad conyugal, los gananciales no son susceptibles de producir un incremento neto del patrimonio porque ya forman parte del patrimonio mismo. El activo o el bien objeto de ganancial fue capitalizado en su momento es decir en la medida que se iba generando el ingreso.

Sin embargo, cabe advertir que en el evento de la renuncia a gananciales en favor del otro cónyuge, se tratará como ingreso constitutivo de renta el valor patrimonial neto recibido en la cédula residual.

– Remuneración de proyectos de ciencia y tecnología

Las personas naturales que perciban recursos con destino al desarrollo de proyectos calificados como de carácter científico, tecnológico o de innovación, o perciban una remuneración o reconocimiento económico por la ejecución

---

151 Consejo de Estado, Sección Cuarta, Sentencia 16272 del 26 de noviembre de 2008, C. P.: Martha Teresa Briceño de Valencia.

152 Consejo de Estado, Sección Cuarta, Sentencia 22570 del 15 de junio de 2017, C. P.: Milton Chaves García.

personal y directa de labores de carácter científico, tecnológico o de innovación, cuya fuente de pago provenga de los recursos destinados a proyectos calificados con tal carácter, según los criterios y las condiciones definidas por el Consejo Nacional de Beneficios Tributarios en Ciencia, Tecnología e Innovación, y en observancia del artículo 57-2 ET, podrán considerar tales cuantías como ingreso no constitutivo de renta ni ganancia ocasional y, por tal calidad, no estarán sometidos a retención en la fuente[153].

– Daño emergente en indemnizaciones por seguros de daño

En atención al artículo 45 ET, al reconocer una indemnización por seguro de daño, ya sea en dinero o en especie, la parte correspondiente al daño emergente, que equivale al valor que representa la sustitución del activo patrimonial perdido, hasta la ocurrencia del valor asegurado, debe tratarse como ingreso no constitutivo de renta ni ganancia ocasional.

Al referirse al concepto de incremento neto del patrimonio el artículo 1.2.1.7.1 del DUR reconoce que la indemnización por daño emergente no es susceptible de representar un incremento patrimonial, lo que guarda correspondencia con lo contemplado por el artículo 45 ET.

Sin embargo, para que así proceda, el artículo 1.2.1.12.3 del DUR exige que el contribuyente demuestre, dentro del término para presentar la declaración de renta, que la inversión de la totalidad de la indemnización recibida se ha destinado a la adquisición de bienes de igual o semejante naturaleza a los que fueron objeto del respectivo seguro, o demostrar que dentro del término señalado constituyó un fondo con tales recursos con exclusivo destino a la adquisición de tales bienes, lo que debe certificar un revisor fiscal o, en su defecto, un contador público.

En todo caso, si se da una destinación diferente a los recursos o al fondo constituido con estos, tales valores constituirán renta gravable.

– Utilidad en la enajenación de acciones que coticen en bolsa, distribución de acciones o cuotas de interés producto de la capitalización

La normatividad tributaria incorpora a algunas operaciones o conceptos una serie de tratamientos especiales que aminoran o eximen la carga impositiva,

153 DIAN, Subdirección de Gestión Normativa y Doctrina, Oficio 001813 del 26 de enero de 2015.

y que son consideradas de manera genérica como un beneficio tributario; sin embargo, teniendo en cuenta su diverso contenido y alcance, encontramos, entre otros, exenciones, deducciones de base, incentivos tributarios, suspensión temporal del recaudo, regímenes contributivos sustitutos y devolución de impuestos. Algunas disposiciones que consagran deducciones, rentas exentas o ingresos no constitutivos de renta, constituyen un incentivo tributario dado su propósito de estimular, promover o preferir determinados sujetos, operaciones o actividades, por su relación o necesidad frente a sectores económicos de interés para el Estado o preferentes por fines extrafiscales[154].

Ahora bien, el artículo 26 ET advierte que ingreso tributario es aquel susceptible de incrementar el patrimonio del contribuyente, lo que supone una directriz para determinar si un ingreso constituye renta o no; sin embargo, por expresa disposición legal, algunos ingresos con capacidad de incrementar el patrimonio no constituyen renta ni ganancia ocasional, por lo que por ellos no se paga impuesto a la renta ni a las ganancias ocasionales.

Así lo dispone el artículo 36-1 ET al contemplar la utilidad obtenida por la venta de acciones, las cuales representan las grandes empresas del país, como un concepto que no constituye ni renta ni ganancia ocasional cuando tales acciones se encuentran inscritas en la Bolsa de Valores de Colombia, y se predique la titularidad de un mismo beneficiario real sin que el valor de la enajenación supere el 3% de las acciones en circulación de la respectiva sociedad durante el mismo año gravable en que se produce la enajenación, conforme se ajustó por el artículo 16 de la Ley 2277 de 2022. De esa manera se incentiva el mercado de capitales colombiano a través de su principal operador, y mediante el cual también se dinamiza el sector financiero.

Atendiendo la norma,

> [...] Tampoco constituye renta ni ganancia ocasional las utilidades provenientes de la negociación de derivados que sean valores y cuyo subyacente esté representando exclusivamente en acciones inscritas en una bolsa de valores colombiana, índices o participaciones en fondos o carteras colectivas que reflejen el comportamiento de dichas acciones.

De esa manera, el legislador confiere el tratamiento de no constitutivo de renta ni ganancia ocasional a las utilidades resultantes de la negociación de

154 Consejo de Estado, Sentencia 18865 del 10 de julio de 2014, C. P.: Hugo Fernando Bastidas Bárcenas.

derivados, los cuales se caracterizan por tener un valor que depende del valor de otro activo, siempre que este, entendido como el activo subyacente, sean acciones inscritas en una bolsa de valores colombianas o índices o participaciones en fondos o carteras colectivas que representen o reflejen el comportamiento de dichas acciones, lo que evidencia el interés del incentivar el mercado accionario colombiano a través de la Bolsa de Valores de Colombia.

Otro concepto que adquiere relevancia por el tratamiento especial dado por el legislador tiene que ver con la capitalización de la revalorización del patrimonio, la cual puede realizarse por aumento nominal de las acciones, cuotas o partes de interés, capital de personas naturales o aportes del Estado, o por la emisión de nuevas acciones, cuotas o partes de interés al valor nominal establecido. Es así como la capitalización de la revalorización del patrimonio representa una distribución de utilidades, por lo que el accionista, socio o propietario debe registrar el mayor valor de su inversión como un ingreso que se determina por la alícuota de revalorización del patrimonio correspondiente en la distribución[155].

En el artículo 36-3 ET (vigente hasta el año gravable 2022, pues fue derogado por la Ley 2277 del 2022) encontramos que la distribución de utilidades en acciones o cuotas de interés social, o su traslado a la cuenta de capital producto de la capitalización de la cuenta de revalorización del patrimonio, es un ingreso no constitutivo de renta ni ganancia ocasional. De conformidad con los artículos 48 y 49 ET cuando se trata de las sociedades cuyas acciones se cotizan en la bolsa, tampoco constituye renta ni ganancia ocasional la distribución en acciones o la capitalización de las utilidades que excedan de la parte que no constituye renta ni ganancia ocasional.

Por su parte, en el artículo 1.2.1.12.1 del DUR encontramos que las sociedades pueden capitalizar la totalidad de la cuenta de revalorización del patrimonio, de la reserva contenida en el artículo 130 ET y de las utilidades de que trata el artículo 50 ET, mediante distribución en acciones o cuotas de interés social o su traslado a la cuenta de capital. Tal distribución o capitalización se tiene como un ingreso no constitutivo de renta ni ganancia ocasional.

En los anteriores escenarios, la utilidad que obtiene la persona natural se debe clasificar como ganancia ocasional o como renta ordinaria en la cédula residual, dependiendo de si las acciones, derivados, o cuotas de interés social

---

155 Consejo Técnico de la Contaduría Pública, Sala Plena, Concepto CCTCP 005 del 27 de marzo 2001, Revalorización del Patrimonio.

enajenados fueron poseídos por dos años o menos; así, estarán tratados como ganancias ocasionales, siguiendo las normas aplicables, cuando las utilidades provienen de la enajenación de los bienes que ha poseído el contribuyente por un término de dos o más años (art. 300 ET). En caso contrario, si el activo enajenado estuvo en poder del contribuyente por menos de dos años, debe tratarse dentro de los ingresos ordinarios en la cédula de rentas no laborales.

C. COSTOS Y GASTOS

Al tratarse de la cédula residual, advertimos una serie diversa de conceptos que pueden componer los ingresos tributarios a declarar; bajo ese presupuesto, atendiendo a los artículos 336 ET y 1.2.1.20.5 del DUR, se permite restar todas las erogaciones en que se incurra para la obtención de los ingresos, siempre y cuando cumplan con los requisitos generales para su procedencia y que sean imputables a tales rentas de la cédula.

En esa medida, las expensas procedentes corresponden a las deducciones a que se refiere el artículo 107 ET, sin que se encuentren sujetas a límite alguno, lo que ha sido aclarado en varios pronunciamientos de la administración tributaria nacional, entre ellos los que aluden a las deducciones limitadas:

> [...] que los costos y gastos que cumplan con las condiciones de causalidad, necesidad y proporcionalidad que hacen parte de las deducciones en sentido general conforme lo regulado en el artículo 107 del Estatuto Tributario, no estarían cobijados por esta limitación, dado que estos no tienen el trato de beneficio tributario, sino que hacen parte de las erogaciones o expensas necesarias para el desarrollo de la actividad económica [...][156].

Así, en la depuración gastos está permitido incluir comisiones, pagos de administración, impuestos, arrendamientos, contribuciones, seguros, servicios, regalías, asistencia técnica, otros servicios, gastos de investigación y desarrollo, reparaciones, costos financieros, intereses, entre otros, que guarden relación de causalidad, necesidad y proporcionalidad con la actividad generadora de las rentas contenidas en la cédula de rentas no laborales.

---

156 DIAN, Oficio 027529 del 10 de octubre de 2017 que refiere en igual sentido a los Oficios 004884 del 24 de febrero, 900191 del 28 de febrero y 900868 del 2 de marzo de 2017.

d. DEDUCCIONES PROCEDENTES Y RENTAS EXENTAS

A diferencia de las rentas exentas taxativas y puntualmente definidas en la cédula de rentas de capital, para las rentas no laborales, dada su naturaleza residual para la incorporación de diferentes tipos de conceptos, la legislación señala que aplican las rentas exentas establecidas en el ET, con sus limitaciones específicas y generales previstas en la ley, lo que por supuesto también se refiere a los límites consagrados en el artículo 336 ET referente al 40% del ingreso neto que no supere 1.340 UVT anuales.

Sin perjuicio de lo anterior, conviene destacar las siguientes rentas exentas:

– Aportes a cuentas AFC y Fondos de Pensiones Voluntarias

Al igual que aplica para las rentas de trabajo y las de capital, en la subcédula de rentas no laborales proceden las rentas exentas incluidas en los artículos 126-1 y 126-4 ET, con las condiciones y limitaciones generales correspondientes. Se reitera que al incorporar estos valores en una subcédula no es posible tomar igual concepto en otra subcédula.

– Ingresos de países miembros de la CAN

Las rentas no laborales que se perciban en observancia del régimen previsto en la Decisión 578 de 2004 de la Comisión de la CAN sólo serán gravadas en el territorio de la fuente, salvo los casos exceptuados por la misma decisión, por lo que se tendrán como rentas exentas en Colombia en salvaguarda del principio que emerge de la decisión relativa a evitar la doble imposición y prevenir la evasión fiscal en los países miembros.

– Rentas exentas hoteleras

Con la Ley 788 de 2002 se consagró en los numerales 3 y 4 del artículo 207-2 ET el tratamiento de exentas a las rentas hoteleras hasta por un término de treinta años, lo que aplicaría bajo el Decreto Reglamentario 2755 de 2003 para todos los hoteles nuevos construidos entre el 1.º de enero de 2003 y el 31 de diciembre de 2017, bajo las condiciones definidas en el reglamento.

Este tratamiento, que les permitió a las personas jurídicas y naturales que obtuvieran rentas por la explotación de nuevos hoteles construidos entre el año 2002 y el año 2017 el tratamiento como 100% exentas por los primeros treinta años de operación estuvo vigente hasta el cierre del año gravable 2016, cuando mediante el artículo 100 de la Ley 1819 de 2016 se modificó el artículo 240 ET indicando que a partir del 1.º de enero de 2017 dichas rentas debían ser tratadas como gravadas y que sólo las personas jurídicas podrían aplicar una tarifa del 9%. Así, el contribuyente persona natural tendría que llevar las rentas hoteleras como ingresos gravados en la cédula de rentas no laborales, con la tarifa general correspondiente, puesto que la norma no hizo alusión a ellas para gravarlas rentas con la tarifa especial, lo que se confirmó incluso en algunos oficios emitidos por la DIAN[157], en los que se puso de manifiesto una derogatoria tácita de la exención de las rentas hoteleras para personas naturales.

Así, mediante el Concepto Unificado 912 del 19 de junio de 2018, bajo la Ley 1819 de 2016, se precisó que del contenido de los numerales 3, 4 y 5 del artículo 207-2 ET, no derogado por el artículo 376 de la Ley 1819 de 2016, se deduce que la renta exenta a que se refieren los numerales 3, 4 y 5 del artículo 207-2 ET se debe aplicar a las personas naturales que cumplan los requisitos allí contenidos y la reglamentación expedida para tal fin, pero considerando el límite general para las rentas exentas y las deducciones introducido por la Ley 1819 de 2016.

Posteriormente, el artículo 80 de la Ley 1943 de 2018 modificó nuevamente el parágrafo 5.º del artículo 240 ET, al cual se le agregó el literal e que dispuso que las rentas exentas a las que tengan derecho las personas naturales que presten servicios hoteleros según la legislación vigente al momento de la construcción de nuevos hoteles, la remodelación y/o ampliación de los antiguos, no estarán sujetas a las limitantes del inciso 1.º numeral 3 del artículo 336 ET[158].

Por su parte, es pertinente aludir a la Sentencia C-235 de 2019 de la Corte Constitucional, a través de la cual se consideró que en virtud del principio de irretroactividad de la ley, buena fe y confianza legítima se mantienen los efectos del tratamiento previsto por las normas vigentes antes de la ley 1819 de 2016, durante los plazos y bajo los términos previstos por ellas.

---

157 DIAN, Oficios 006401 del 22 de marzo de 2017 y 000358 del 15 de marzo de 2018.

158 DIAN, Subdirección de Gestión Normativa y Doctrina, Oficio 1046 del 29 de abril de 2019.

Por tanto, se entiende que en la declaración del año 2019 y siguientes, las personas naturales pueden restar como renta exenta las rentas hoteleras obtenidas durante los primeros treinta años de operación de los hoteles construidos entre el 2002 y 2017, sin que sobre ellas opere límite alguno.

Posteriormente, con el artículo 41 de la Ley 2068 de 2020, denominada "Ley General de Turismo", se modificó el parágrafo 5.º del artículo 240, correspondiente a la tarifa general para las personas jurídicas, y en el literal e establece que las rentas a las que tengan derecho las personas naturales que presten servicios hoteleros conforme a la legislación vigente en el momento de la construcción de nuevos hoteles, remodelación y/o ampliación de hoteles, no estarán sujetas a las limitantes previstas en el inciso primero del numeral 3 del artículo 336 ET, lo que se traduce en que aún pueden seguir percibiendo rentas hoteleras exentas algunas personas naturales, en virtud de las situaciones jurídicas consolidadas bajo el tratamiento exento dado por la normatividad tributaria para las vigencias fiscales en que aplique.

Sobre la materia la administración de impuestos expresó:

> [...] Tal como se puede observar de la lectura de dicho literal e), el mismo fue establecido para efectos de dar claridad respecto del tratamiento de las rentas hoteleras exentas que algunas personas naturales puedan seguir percibiendo en virtud de las situaciones jurídicas consolidadas y la jurisprudencia de la Corte Constitucional.
>
> Sin embargo, lo anterior no significa que la tarifa especial para los servicios objeto de consulta se extienda a las personas naturales. En consecuencia, este Despacho concluye (*sic*) que las rentas gravadas al 9% de que tratan los literales a) al d) del parágrafo 5 del artículo 240 del Estatuto Tributario solamente son aplicables para las personas jurídicas [...][159].

Con la Resolución 000022 del 5 de marzo de 2021, que prescribe el formulario 210 para el cumplimiento de las obligaciones tributarias de las personas naturales en el año 2021, se reconoce dentro de las rentas exentas la inclusión de las rentas por servicios hoteleros prestados en nuevos hoteles o en hoteles que se remodelen y/o amplíen para los contribuyentes que hubieren acreditado las condiciones para acceder a la renta exenta consagrada en los numerales 3 y 4 del artículo 207-2 ET, beneficio vigente durante la totalidad del término otorgado en la precitada norma, por considerarse constitucionalmente

---

159 DIAN, Subdirección de Gestión Normativa y Doctrina, Oficio n.º 0371 del 11 de marzo de 2021.

este derecho como una situación jurídica consolidada, la cual no puede ser afectada por cambios normativos posteriores, ni será limitada por las reglas del inciso 1.º numeral 3 del artículo 336 ET.

Sin perjuicio de lo anterior y teniendo en cuenta las derogatorias y ajustes tarifarios incorporados en la Ley 2277 de 2022 con relación a las rentas hoteleras, es preciso destacar que en el último inciso del artículo 96 de la referida ley se dispuso:

> Los contribuyentes que hubieren acreditado las condiciones para acceder a las tarifas diferenciales y demás beneficios tributarios derogados o limitados mediante la presente ley, podrán disfrutar del respectivo tratamiento durante la totalidad del término otorgado en la legislación bajo la cual se consolidaron las respectivas situaciones jurídicas, en cuanto ello corresponda.

– Deducciones: intereses pagados sobre préstamos para adquisición de vivienda, GMF y aportes del independiente a cesantías

Como se ha expuesto en los apartados precedentes, proceden también las siguientes deducciones:

i) el GMF, de conformidad con el inciso 2.º del artículo 115 ET, es decir, hasta el 50% certificado;

ii) los intereses a que se refiere el artículo 119 ET, es decir, aquellos pagados por el contribuyente sobre préstamos para adquisición de vivienda hasta una suma que no supere las 1.200 UVT al año. Vale la pena precisar que este beneficio aplica teóricamente para la adquisición de vivienda de habitación, por lo que resulta comprensible que una vez se cumpla con ese propósito, atendiendo que la persona natural vive en principio en un lugar específico de habitación, no procedería el beneficio para adquirir otro tipo de inmuebles, y

iii) los aportes de que trata el inciso 6.º del artículo 126-1 ET, es decir, las contribuciones a título de cesantía que puede realizar el partícipe independiente o el cotizante no vinculado laboralmente, las cuales serán deducibles de la renta hasta la suma de 2.500 UVT, sin que excedan de un doceavo del ingreso gravable del respectivo año.

– Renta líquida gravable en la cédula de rentas no laborales

– *Renta líquida por activos omitidos o pasivos inexistentes*

Uno de los grandes desafíos a los que se enfrenta el Estado es la formalización y regularización de los ciudadanos ante la DIAN, por lo que en el curso de las diversas reformas tributarias se han adoptado ciertas estrategias y medidas, tales como incentivos, estímulos, exenciones, sanciones e impuestos orientados a incrementar el recaudo y sanear las finanzas públicas, entre otros fines.

De allí que cuando en su declaración de impuestos una persona natural ha omitido activos o ha incluido pasivos inexistentes, alterando la información correspondiente a la realidad económica que debe reflejar como administrado y ciudadano, en observancia del artículo 239-1 ET opera el cálculo de la renta líquida gravable con la inclusión de activos preexistentes no declarados y de pasivos declarados pero inexistentes. Esta inclusión, que se debe dar en la subcédula de rentas no laborales, opera voluntariamente a instancia de parte cuando tales activos y pasivos se originan en períodos gravables no revisables, pero también puede operar por determinación oficial, cuando la Administración los detecta en vigencias fiscales revisables.

Entonces, el artículo 239-1 ET realmente permite generar una fuente de ingresos permanente para el Estado, al facultar a los contribuyentes incluir el valor de los activos omitidos y los pasivos inexistentes originados en períodos no revisables[160], adicionando el correspondiente valor como renta líquida gravable de la declaración del impuesto sobre la renta dentro de la subcédula de rentas no laborales, y liquidando el respectivo impuesto sin que se genere renta por diferencia patrimonial.

La aplicación de esta norma se condiciona a la preexistencia de activos no declarados y de pasivos declarados pero inexistentes, operando voluntariamente a instancia de parte, cuando tales activos y pasivos se originan en periodos no revisables. Ahora bien, si en el marco de acciones de fiscalización la administración detecta pasivos inexistentes o activos omitidos por el contribuyente, el valor de los mismos constituirá renta líquida gravable en el período objeto de revisión, frente a lo cual el mayor valor de impuesto a cargo por este concepto dará lugar a la sanción por inexactitud, la que

---

160 Consejo de Estado, Sección Cuarta, Sentencia 22985 del 5 de noviembre de 2020, C. P.: Stella Jeannette Carvajal Basto.

también deberá aplicar cuando el contribuyente incluya activos omitidos o excluya pasivos inexistentes sin declararlos como renta líquida gravable.

En torno al artículo 239-1 ET se presentaron reiteradas y amplias discusiones respecto de la incorporación de una amnistía a favor de los contribuyentes que incurren en estas conductas lesivas para las arcas de la nación; sin embargo, al referirse a la norma la Corte Constitucional indicó que

> ... lejos de establecer una amnistía, dispone un régimen más gravoso para el tratamiento de los activos omitidos o los pasivos inexistentes, en la medida en que los considera, en todo caso, como renta líquida gravable y los grava como tales, sin perjuicio de la sanción por inexactitud, cuando corresponda[161].

Así, al no ser tratados como renta líquida gravable, no se permite ningún tipo de depuración sobre tales valores y, adicionalmente, según opere, dará lugar a la sanción por inexactitud.

Según la DIAN, el contribuyente podrá acudir al tratamiento previsto en el artículo 239-1 ET sobre activos omitidos y pasivos inexistentes originados en períodos no revisables, y para la administración aplica sobre activos omitidos y pasivos inexistentes originados en períodos en los cuales tiene facultades de fiscalización, ya que aplica cuando tales activos o pasivos son detectados, es decir que opera mientras las declaraciones tributarias no hayan alcanzado firmeza[162].

El entendimiento expresado por el Consejo de Estado sobre la materia afirma:

> [...] el cálculo de la renta líquida gravable en la forma establecida por el artículo 239-1 del ET se encuentra condicionada únicamente a la preexistencia de activos no declarados y de pasivos declarados pero inexistentes y opera voluntariamente a instancia de parte, cuando dichos activos y pasivos se originan en períodos no revisables, y por determinación oficial, cuando se detectan por la Administración en vigencias revisables [...][163].

Sin embargo, la DIAN insistió en aclarar un entendimiento más amplio respecto de sus facultades:

---

161 Corte Constitucional, Sentencia C-910 del 21 de septiembre de 2004, expediente D-5074, M. P.: Rodrigo Escobar Gil.

162 DIAN, Subdirección de Gestión Normativa y Doctrina, Concepto 18645 del 9 de agosto de 2019.

163 Ídem.

> […] el inciso segundo del artículo 239-1 no establece una diferenciación entre períodos no revisables y revisables; por lo anterior, consideramos que la facultad que tiene la Administración de incluir como renta líquida gravable los activos omitidos o pasivos inexistentes, no se limita a que los mismos se hayan detectado en un período no revisable […][164].

Bajo tal comprensión dada por la administración de impuestos, en el ejercicio de su facultad fiscalizadora podría incluir como renta líquida gravable los activos omitidos o los pasivos inexistentes que se hayan detectado tanto en un período no revisable, como en uno revisable.

Sin embargo, en el Concepto 18645 del mismo año la DIAN señaló:

> … no existe contradicción alguna en la doctrina proferida, puesto que ella es clara en diferenciar los supuestos legales que expresa la norma para su aplicación, los cuales indican que: (i) de ser el contribuyente quien pretende incluir como renta líquida gravable en la declaración de renta y complementarios o en las correcciones a que se refiere el artículo 588, el valor de los activos omitidos y los pasivos inexistentes, estos deberán ser originados en períodos no revisables, y (ii) en caso de que sea la administración quien los detecte, tendrá que hacerlo en desarrollo de las acciones de fiscalización, es decir, sobre periodos revisables […].

Con todo, es claro que la aplicación del artículo 239-1 ET parte del supuesto de la inclusión de los activos omitidos o la exclusión de los pasivos inexistentes originados en períodos no revisables, en cuyo caso el valor de los activos o pasivos se declaran e incorporan como renta líquida gravable, sin sanción por inexactitud cuando los incluye el contribuyente, pero se debe reconocer la respectiva sanción cuando lo hace la administración, siempre bajo el supuesto de que sean originados en períodos no revisables.

Es de advertir que a partir del año gravable 2018 la sanción por inexactitud equivale al 200% del mayor valor del impuesto a cargo determinado.

Finalmente, conviene señalar que en su artículo 1.2.1.21.4 el DUR consagra el tratamiento de los activos omitidos, los pasivos inexistentes y la recuperación de deducciones, contemplando la inclusión de estos valores en la cédula general, de la cual hace parte la subcédula de rentas no laborales, y destaca que no admite ningún tipo de renta exenta ni deducción, reafirmando la naturaleza de la renta líquida gravable que tienen estos conceptos.

---

164 DIAN, Dirección de Gestión Jurídica, Oficio 1013 del 19 de septiembre de 2019.

– Renta líquida por comparación patrimonial

Se trata de una renta especial que expresa la comparación del patrimonio de dos años o vigencias fiscales diferentes, es decir, el patrimonio líquido declarado del período gravable con el patrimonio líquido declarado del período inmediatamente anterior, con el fin de "evitar la evasión del tributo derivada de la omisión de ingresos percibidos y no declarados por el contribuyente".

En observancia del artículo 236 ET tenemos que cuando la suma de la renta gravable, las rentas exentas y la ganancia ocasional neta sea inferior a la diferencia entre el patrimonio líquido del último período gravable y el patrimonio líquido del período inmediatamente anterior, dicha diferencia de considera renta gravable, a menos que el contribuyente demuestre que el aumento patrimonial obedece a causas justificadas. Con esta norma se presume que si un contribuyente incrementa su patrimonio en cuantía superior a las rentas y ganancias ocasionales declaradas, está omitiendo la diferencia, salvo que justifique el mayor incremento del valor patrimonial; con esto, se comprende que opera una presunción legal a favor de la administración, lo que implica un traslado de la carga de la prueba al declarante circunscrita a la justificación del incremento patrimonial y a que la diferencia no se originó por la omisión de rentas capitalizables[165].

Correlativamente señalan los artículos 237 y 358-1 ET, así como el artículo 1.2.1.19.2 del DUR, que para determinar la renta por comparación de patrimonios, a la renta gravable se le debe adicionar el valor de la ganancia ocasional neta y las rentas exentas, suma de la que se sustrae el valor de los impuestos de renta y complementarios pagados durante el año gravable, incluyendo la retención y el anticipo pagado.

El resultado de dicha operación se compara con la diferencia entre el patrimonio líquido declarado en el año gravable y en el ejercicio inmediatamente anterior, previos los ajustes por valorización o desvalorización, y si resulta superior la comparación patrimonial de las dos vigencias fiscales, se toma tal diferencia como renta líquida gravable en la cédula general, a menos que el contribuyente justifique el incremento patrimonial.

---

165 Consejo de Estado, Sección Cuarta, Sentencia 13238 del 6 de marzo de 2003, C. P.: Ligia López Díaz, referida en la Sentencia 19748 del 13 de octubre de 2016, de la Sección Cuarta, C. P.: Hugo Fernando Bastidas Bárcenas.

De no presentarse causas justificativas, la diferencia de renta por comparación patrimonial opera en la cédula residual como renta líquida gravable y no se admite ningún tipo de renta exenta ni deducción, siendo una excepción a la depuración ordinaria consagrada en el artículo 26 ET bajo el fundamento de que a ningún declarante le es legalmente posible incrementar el patrimonio poseído al cierre de una determinada vigencia fiscal, durante el período gravable siguiente, en una cuantía superior a la resultante de los ingresos ordinarios y extraordinarios percibidos en este último, una vez detraídas las erogaciones efectivas que haya realizado durante la respectiva anualidad. Así, el contribuyente puede capitalizar la renta gravable, las rentas exentas, los ingresos no constitutivos de renta, las ganancias ocasionales y las valorizaciones nominales del año gravable, y tomar como renta del año la diferencia restante no justificada. En todo caso, la diferencia resultante por el incremento patrimonial de un año frente al ingreso declarado, que se presume no ha sido incluido en la declaración, admite prueba en contrario[166].

C. CÉDULA DE PENSIONES

En atención a lo establecido por el artículo 337 ET, en la cédula de pensiones se deben declarar las pensiones de jubilación, de invalidez, de vejez, de sobrevivencia, las pensiones sobre riesgos laborales así como aquellos recursos provenientes de indemnizaciones sustitutivas de las pensiones o las devoluciones de saldos de ahorro pensional.

En capítulos precedentes, al abordar la comprensión de los aportes obligatorios y voluntarias a los fondos de pensiones obligatorias, los cuales se incorporan en la depuración cedular que corresponda como un ingreso no constitutivo de renta ni ganancia ocasional, se expusieron las principales características del SGSSI vigente en Colombia, integrado por el SGP, el Sistema General de Salud y el SGRL o Profesionales, a través del cual se reconoce y realiza el derecho constitucional y el servicio público de la seguridad social contenido en los artículos 48 y 49 de la Carta política de 1991, así como en diversos instrumentos de derecho internacional.

Los orígenes del sistema de pensiones colombiano se remontan a la Ley 1600 del 30 de junio de 1945, por la cual se organizó la Caja de Previsión

166 Consejo de Estado, Sección Cuarta, Sentencia 19748 del 13 de octubre de 2016, C. P.: Hugo Fernando Bastidas Bárcenas.

Social de los Empleados y Obreros Nacionales; posteriormente se crearon otras cajas de previsión y planes de pensiones públicos y privados destinados al financiamiento de las pensiones de los trabajadores o afiliados, así como el Instituto Colombiano de los Seguros Sociales, luego llamado Instituto de Seguros Sociales (ISS), el cual estaba a cargo de la atención de los riesgos de enfermedad y profesionales, de la administración de los beneficios de invalidez, vejez, y muerte, así como de establecer el sistema de cotizaciones; sin embargo, fue con la Ley 100 de 1993 que se institucionalizó el SGP colombiano y se establecieron dos regímenes paralelos, pero excluyentes, con el fin de garantizar a las personas el amparo en la vejez, la invalidez y la muerte.

Desde entonces coexisten en Colombia el Régimen Solidario de Prima Media con Prestación Definida (RPM), de naturaleza pública administrado por Colpensiones, y el Régimen de Ahorro Individual con Solidaridad (RAIS), de carácter privado, administrado por las Administradoras de Fondos de Pensiones y Cesantías, a cualquiera de los cuales se podrá afiliar una persona natural de manera libre y voluntaria, salvo cuando se trate de trabajadores con vínculo laboral, en cuyo caso la afiliación es obligatoria.

Bajo cualquiera de los dos regímenes los afiliados tienen derecho al reconocimiento y pago de las prestaciones y las pensiones de invalidez, vejez y de sobrevivientes[167], previo cumplimiento de los requisitos y condiciones definidos en la ley, valores sobre los cuales se contempla un reajuste anual de oficio, el 1.º de enero de cada año, con el fin de mantener su poder adquisitivo constante.

En el RPM los aportes de los afiliados y los rendimientos generados constituyen un fondo común con el cual se garantiza el pago de las pensiones, la cobertura de los gastos de administración y la constitución de reservas legales, con el respaldo y garantía del Estado, el cual también garantiza el pago de los beneficios a los que tienen derecho los afiliados[168]. A través del RPM se reconoce a sus afiliados o beneficiarios las pensiones de vejez, invalidez, de sobrevivencia o una indemnización sustitutiva.

Según los artículos 59 y 60 de la Ley 100 de 1993, el RAIS se basa en el ahorro proveniente de las cotizaciones y sus respectivos rendimientos financieros, la solidaridad a través de garantías de pensión mínima y aportes al Fondo de Solidaridad, con lo cual se garantiza principalmente el

---

167 Artículo 13 Ley 100 de 1993.
168 Artículo 32 Ley 100 de 1993.

reconocimiento y pago de las pensiones de vejez, invalidez y sobrevivientes, así como la devolución de saldos, gastos de administración, pago de primas de seguros para cubrir las pensiones de invalidez y sobrevivencia. Según los términos de la Ley 100 de 1993, en caso de incumplimiento de las entidades administradoras o aseguradoras procede la garantía del Estado en el pago de las pensiones, lo que resulta inquietante para los ciudadanos; sin embargo, frente a ello es preciso recordar que a través del SGP se deben salvaguardar los derechos constitucionales a la seguridad social, la salud, la integridad y la vida de quienes se encuentran en las situaciones o contingencias que son objeto de protección, lo que por mandato constitucional y legal exige el respaldo del Estado para el cabal cumplimiento de las obligaciones frente a los cotizantes o afiliados.

A diferencia del RPM, en el RAIS se permite a los afiliados optar por una pensión de vejez a la edad que elijan, siempre y cuando el capital acumulado en su cuenta de ahorro individual les permita obtener una pensión mensual superior al 110% del smlmv, lo que motiva a construir un capital adicional para mejorar o complementar la pensión obligatoria, ya sea a través de las cotizaciones voluntarias en la cuenta de ahorro pensional del afiliado en el Fondo de Pensiones Obligatorias del RAIS, la cual se califica como un ingreso no constitutivo de renta ni ganancia ocasional, en los términos del artículo 55 ET, o a través de los ahorros en el FVP regulados como renta exenta en el artículo 126-1 ET.

Entonces, tenemos que el SGP, aplicable a la gran mayoría de trabajadores tanto dependientes como independientes, ofrece a los afiliados la posibilidad de elegir el régimen que prefieran, el cual se puede cambiar cada cinco años, pero faltando diez años para cumplir la edad para tener derecho a la pensión de vejez[169], es decir, antes de cumplir 47 años las mujeres y 52 años los hombres, dado que la edad requerida para ellos es de 57 y 62 respectivamente, el afiliado o la afiliada, no podrán trasladarse de régimen, salvo conforme excepcionalmente lo prevé la ley[170].

---

169 Artículo 2.° Ley 797 de 2003.

170 Cuando las personas que, estando en régimen de transición por haber cumplido más de quince años de aportes al 1.° de abril de 1994, trasladan el valor acumulado en la cuenta de ahorro individual, que debe ser equivalente al valor que hubiere acumulado en el Régimen de Prima Media si hubiese permanecido en él (Corte Constitucional, Sentencia SU 062 del 3 de febrero de 2010, expediente T 2021850, M. P.: Humberto Antonio Sierra Porto). En otros casos los jueces han declarado la nulidad del traslado de afiliados que buscan el cambio de régimen de pensiones a pesar del vencimiento de la oportunidad temporal para hacerlo, invocando la confluencia de la

Cuando se introdujo la Ley 100 de 1993 al ordenamiento colombiano se cambió el sistema de seguridad social, tanto en pensiones como en salud y riesgos profesionales, frente a lo cual es preciso destacar que a pesar de la aplicabilidad del modelo pensional impuesto, atendiendo al artículo 279 se contemplaron excepciones para los miembros de las Fuerzas Militares y de la Policía Nacional, el personal civil del Ministerio de Defensa vinculado con anterioridad a la ley, los trabajadores de Ecopetrol y los docentes públicos vinculados al Fondo Nacional de Prestaciones Sociales del Magisterio. De allí que coexista un sistema exceptuado o especial, además del sistema pensional de la Ley 100 de 1993.

1. INGRESOS BRUTOS

En la cédula de pensiones se incluyen los ingresos de pensiones de jubilación, invalidez, vejez y de sobrevivientes percibidas de los Fondos Obligatorios del RAIS y el RPM en el marco de la Ley 100 de 1993, en virtud de la cual también se reconoce el pago de indemnizaciones sustitutivas de las pensiones o las devoluciones de ahorro pensional, las cuales de igual manera se suman a los ingresos en esta cédula, así como aquellas pensiones sobre riesgos laborales y las de fuente extranjera.

En este apartado conviene señalar que la Corte Constitucional ha establecido que para evitar el natural deterioro de los ingresos en términos reales cuando no se paguen oportunamente las pensiones, se deben reconocer intereses moratorios que consulten la real situación de la economía[171]. En esa medida, conforme a lo expuesto en el oficio DIAN 025428 del 20 de septiembre de 2017[172], los intereses moratorios deben ubicarse en la cédula de pensiones lo que, por supuesto, guarda sentido con la naturaleza de tal valor, ya que no representa una renta de capital ni un rendimiento o interés con la capacidad de incrementar el patrimonio del contribuyente.

---

omisión del suministro suficiente y relevante de información de las administradoras de fondos de pensiones, así como del incumplimiento del deber de asesoría, siendo tales eventos causantes de un gravoso impacto en las condiciones a las que accederá el afiliado a la pensión de vejez, dado que no tomó oportunamente una decisión informada y consciente de las consecuencias de elegir su fondo de pensiones.

171 Corte Constitucional, Sentencia C-364 del 29 de marzo de 2000, expediente D-2470, M. P.: Alejandro Martínez Caballero.

172 DIAN, Subdirección de Gestión Normativa y Doctrina, Oficio n.º 0053 del 23 de enero de 2020.

a. PENSIÓN DE JUBILACIÓN Y PENSIÓN DE VEJEZ

El término jubilación había sido empleado con la Ley 6.ª de 1945 que estableció una pensión vitalicia de jubilación a favor de los empleados y obreros nacionales que cumplieran 50 años de edad y veinte años de servicios, y también fue utilizado para aquellas pensiones reconocidas por el patrono o las entidades públicas y privadas, al amparo del cumplimiento del tiempo de servicios y edad exigidos por el Código Sustantivo del Trabajo[173].

Así mismo, en su artículo 1.º la Ley 33 de 1973 señalaba que si fallecía un trabajador particular pensionado o con derecho a pensión de jubilación, invalidez o vejez, o un empleado o trabajador del sector público, oficial o semioficial con el mismo derecho, su viuda podría reclamar la respectiva pensión en forma vitalicia. De igual manera, la Ley 33 de 1985 mantuvo la referencia a la pensión de jubilación exigible por los empleados oficiales que hubieran servido veinte años continuos o discontinuos y cumplieran 55 años de edad; posteriormente, el Decreto 1160 de 1989 indicó que el artículo 5.º que operaba la sustitución pensional cuando fallecía "una persona pensionada o con derecho a pensión de jubilación, invalidez o vejez", o cuando fallecía "un trabajador particular o un empleado trabajador del sector público después de haber completado el tiempo de servicios requerido por la ley, convenciones o pactos colectivos para adquirir el derecho a la pensión de jubilación".

Con todo, y sin perjuicio de lo anterior y de los regímenes excepcionales, los cambios introducidos al régimen de seguridad social en pensiones fueron reemplazando la pensión de jubilación con la pensión de vejez, por lo que usualmente los dos términos se toman como asimilables.

Al respecto, la Corte Constitucional[174] indicó que antes de la entrada en vigor de la Ley 100 de 1993 la legislación colombiana no empleaba un lenguaje uniforme para referirse a las prestaciones dirigidas a asegurar a los trabajadores en su vejez. Sin embargo, se hacía referencia a la pensión de jubilación en el caso de los empleados públicos o las pensiones reconocidas por las empresas o por cajas especiales. Con la Ley 100 de 1993 operó una derogatoria de las disposiciones que regulaban las pensiones para los empleados públicos y los trabajadores oficiales al establecer el sistema general

---

173 Artículo 60 del Decreto 3041 del 19 de diciembre de 1966.

174 Corte Constitucional, Sentencia C-1255 del 28 de noviembre de 2001, Expediente D-3560, M. P.: Rodrigo Uprimny Yepes.

de seguridad social, y además, se unificó el lenguaje en la materia, para denominar la cobertura de la contingencia en la vejez con la "pensión de vejez", sin importar si se trata de trabajadores privados o servidores públicos.

Así, el régimen de la nueva pensión de vejez de la Ley 100 de 1993 reemplazó y modificó la pensión de jubilación o vejez del anterior régimen, sin que por ello se afecten los derechos que corresponda salvaguardar.

Hecha la anterior salvedad, se colige que la pensión de vejez corresponde a aquella a la que un afiliado o cotizante tiene derecho por reunir las siguientes condiciones: i) haber cumplido 57 años de edad si es mujer, o 62 años de edad si es hombre, y ii) haber cotizado un mínimo de 1.300 semanas si se encuentra en el RPM, o 1.150 semanas si está afiliado al RAIS[175], sin perjuicio de las reglas del régimen de transición La determinación del monto mensual de pensión de vejez, depende del régimen, pues en el RPM depende del número de semanas cotizadas, desde el 65 al 80% del ingreso base de liquidación, el cual corresponde al promedio de los salarios o rentas de cotización durante los diez años anteriores al reconocimiento de la pensión[176].

Por su parte, el monto de la pensión en el RAIS depende del capital acumulado en la cuenta individual del afiliado, incluyendo los rendimientos obtenidos, la modalidad de pensión elegida y el cálculo actuarial que proyecta la duración probable de la pensión, considerando, entre otros insumos para la estimación técnica, la edad del pensionado y de su grupo familiar que puedan tener derecho a la pensión de sobrevivencia y la expectativa de vida. Ahora bien, es preciso resaltar que en el RAIS los afiliados pueden obtener la pensión de vejez a la edad que escojan, siempre y cuando el capital acumulado en su cuenta de ahorro individual les permita financiar una pensión mensual superior al 110% del salario mínimo.

En armonía con los artículos 115 y siguientes de la Ley 100 de 1993 y el Decreto 1299 de 1994 que contiene las normas para la emisión, redención y demás condiciones de los bonos pensionales, en el RAIS se considera también el reconocimiento del bono pensional, el cual corresponde a un título valor que representa en tiempo y dinero los aportes efectuados por los afiliados en el RPM y que se reconocen en el fondo privado al momento del traslado de régimen. Este bono puede ser integrado al capital de la cuenta de ahorro individual para financiar la pensión, y según la edad en la que se desea percibir

---

175 Artículos 33 y 65 Ley 100 de 1993.

176 Artículos 21 y 34 Ley 100 de 1993.

la mesada pensión, operan reglas para su negociación (anticipada o normal), puesto que se deben tener en cuenta factores como tasas de descuento, el valor del bono, el tiempo que falta para su redención ordinaria, entre otros.

En ningún caso el monto mensual de la pensión de vejez o jubilación puede ser inferior al valor de un smlmv[177] y el límite de la base de cotización será de 25 smlmv para trabajadores del sector público y privado. De acuerdo con el artículo 18 de la Ley 100 de 1993, cuando se devengue mensualmente una mayor cuantía a la indicada, la base de cotización será reglamentada por el gobierno nacional y podrá ser hasta de 45 salarios mínimos legales mensuales para garantizar pensiones hasta de 25 salarios mínimos legales.

b. PENSIÓN DE INVALIDEZ

Esta pensión se reconoce a quien sea declarado *inválido* por enfermedad o por accidente y haya cotizado cincuenta semanas dentro de los últimos tres años inmediatamente anteriores a la fecha de estructuración o al hecho causante de tal condición. Cuando se trate de menores de 20 años de edad, se deberán acreditar veintiséis semanas de cotización en el último año inmediatamente anterior al hecho causante de su invalidez o su declaratoria[178].

El monto mensual de esta pensión varía del 45 al 75% del ingreso base de liquidación, según las semanas cotizadas y el porcentaje de disminución o pérdida de la capacidad laboral, el cual es dictaminado por las juntas regionales y nacional de calificación de invalidez, en primera instancia. Con todo, la pensión de invalidez no podrá ser inferior a un salario mínimo legal mensual[179].

c. PENSIÓN DE SOBREVIVIENTES

Atendiendo a lo establecido en los artículos 46 y siguientes, y 73 y siguientes de la Ley 100 de 1993, la pensión de sobrevivencia corresponde al beneficio pensional que se concede, de manera temporal o vitalicia, a los miembros del grupo familiar i) del pensionado que fallezca por vejez o invalidez por riesgo común, o ii) del afiliado al sistema que fallezca, siempre y cuando haya

---

177 Artículo 35 Ley 100 de 1993.
178 Artículos 39 y 69 Ley 100 de 1993.
179 Artículo 40 y ss. Ley 100 de 1993.

cotizado cincuenta semanas dentro de los últimos tres años inmediatamente anteriores al fallecimiento.

Los pensionados por sobrevivencia temporales son aquellos que reciben la mesada por un periodo determinado de tiempo, entre ellos los hijos menores de 18 años, los hijos entre 18 y 25 años que se encuentren estudiando, y los hijos inválidos que dependían económicamente del fallecido, mientras subsistan las condiciones de invalidez, y el, o la cónyuge o compañero(a) permanente, menor de 30 años, sin hijos del afiliado, caso en el cual se pagará por un período máximo de veinte años.

Los pensionados por sobrevivencia vitalicios son el o la cónyuge o compañero(a) permanente supérstite, siempre y cuando a la fecha del fallecimiento del causante, tenga 30 o más años de edad y acredite la vida marital con el causante hasta su muerte con una convivencia de mínimo cinco años continuos antes de su fallecimiento.

A falta de cónyuge, compañero o compañera permanente o hijos con derecho, serán beneficiarios en forma vitalicia los padres del causante, si dependían económicamente de él. A falta de padres, serán beneficiarios los hermanos inválidos, con dependencia económica del afiliado o pensionado fallecido.

Conforme al artículo 76 de la Ley 100 de 1993 si el afiliado o pensionado se encontraba en el RAIS, y al momento de la muerte no hubiere beneficiarios de la pensión de sobrevivientes, el valor ahorrado en la cuenta individual de ahorro pensional hará parte de la masa sucesoral de bienes del causante. Tratándose de afiliados en el RPM, el artículo 49 del mismo cuerpo normativo consagra que los miembros del grupo familiar que no reúnan los requisitos para percibir la pensión de sobrevivientes tendrán derecho a una indemnización equivalente a la correspondiente a la indemnización sustitutiva de la pensión de vejez.

d. PENSIÓN DE RIESGOS LABORALES

El SGRL o Sistema de Riesgos Profesionales que, conforme a la Ley 100 de 1993, integra el Sistema General de la Seguridad Social, es un mecanismo de protección para los trabajadores, orientado a su aseguramiento y atención ante la eventual ocurrencia de accidentes de trabajo o la ocurrencia de una enfermedad profesional o laboral. Así mismo, contempla la indemnización de los trabajadores o sus familiares, en caso de que se presenten tales sucesos.

La Ley 1562 de 2012 dicta que la afiliación al sistema general de riesgos laborales a través de una Administradora de Riesgos Laborales (ARL), procede de manera obligatoria para todos los trabajadores dependientes, nacionales o extranjeros, los vinculados a través de un contrato de prestación de servicio con duración superior a un mes y con precisión de situaciones de modo, tiempo y lugar para la realización de la prestación, los jubilados o pensionados que se reincorporen a la fuerza laboral como trabajadores dependientes, los trabajadores independientes que laboren en actividades catalogadas por el Ministerio del Trabajo como de alto riesgo, entre otros. De manera voluntaria podrán afiliarse independientes e informales que no desarrollen actividades de alto riesgo.

El decreto entiende como accidente de trabajo todo suceso repentino que sobrevenga por causa o con ocasión de la actividad, y que produzca en el trabajador una lesión orgánica, una perturbación funcional o psiquiátrica, una invalidez o la muerte; también se considera accidente de trabajo el que se produce durante la ejecución de actividades ordenadas por el empleador o contratante y el que ocurre durante el traslado del trabajador o contratista desde su residencia a los lugares de trabajo o viceversa, cuando el transporte lo suministra el empleador.

Enfermedad laboral es aquella contraída por el trabajador o contratista como resultado de la exposición a factores de riesgo inherentes a la actividad ejercida o del medio en el que se ha visto obligado a trabajar.

El libro tercero de la Ley 100 de 1993 contempla el reconocimiento de las *pensiones de invalidez* originadas en accidentes de trabajo o por enfermedad profesional, lo que ha sido desarrollado en la Ley 776 de 2002, mediante la cual se define que el valor de la pensión de invalidez estará entre el 60 y el 75% del ingreso base de liquidación, cuando la invalidez esté entre el 50 y el 66%, o sea superior al 66%, respectivamente. En aquellos casos en que el pensionado por invalidez requiera auxilio o asistencia de otras personas para realizar las funciones elementales de la cotidianidad, el monto de la pensión se incrementa en un 15%.

Por otro lado, si como consecuencia de un accidente de trabajo o de la enfermedad profesional sobreviene la muerte del afiliado o muere un pensionado por riesgos profesionales, se procederá a reconocer una *pensión de sobrevivencia*, conforme lo contempla el artículo 47 de la Ley 100 de 1993, el cual ilustramos en apartados precedentes. De acuerdo con el artículo 12 de la Ley 776 de 2002, el monto mensual de la pensión de sobrevivientes será según el caso: i) el 75% del salario base de liquidación por muerte del afiliado, o ii) el 100% de lo que se le venía reconociendo como pensión por invalidez a la muerte del pensionado.

Estas prestaciones asistenciales y económicas derivadas de un accidente de trabajo o de una enfermedad profesional serán reconocidas y pagadas por la administradora de riesgos laborales en la cual se encuentre afiliado el trabajador al momento de ocurrir el accidente o, en el caso de la enfermedad profesional, al momento de requerir la prestación; una vez reconocidos estos conceptos también se incorporan en la cédula tributaria de pensiones.

e. INDEMNIZACIÓN SUSTITUTIVA Y DEVOLUCIONES DE SALDOS DE AHORRO PENSIONAL

En el artículo 337 ET observamos que en la cédula de pensiones se incluyen las anteriormente descritas y también los ingresos provenientes de indemnizaciones sustitutivas o las devoluciones de saldos de ahorro pensional.

De acuerdo con el artículo 37 de la Ley 100 de 1993, la indemnización sustitutiva corresponde al pago o prestación económica reconocida al afiliado que cumplió la edad para obtener la pensión de vejez pero no las semanas de cotización, y declara la imposibilidad de seguir cotizando, lo que podría hacer para reunir los requisitos para obtener la pensión. Al no cumplir la totalidad de los requisitos, recibirá una indemnización equivalente a un salario base de liquidación promedio semanal multiplicado por el número de semanas cotizadas, al cual se le aplica el promedio ponderado de los porcentajes sobre los cuales el afiliado ha cotizado. Esta prestación también se reconoce al afiliado que al momento de la invalidez no reúne los requisitos para la pensión de invalidez (art. 45) y a los miembros del grupo familiar del afiliado que al momento de su muerte no reúnan los requisitos para la pensión de sobrevivientes (art. 49).

Vale la pena anotar que es posible que una persona reciba la indemnización sustitutiva por pensión de vejez y una indemnización sustitutiva por pensión de invalidez, cuando esta sea por riesgo laboral a cargo de una ARL, pues se trata de sistemas independientes.

En atención al artículo 66 de la Ley 100 de 1993, la devolución de saldos corresponde a la prestación económica del RAIS que se reconoce y paga a aquellos afiliados que no cumplieron los requisitos para acceder a una pensión por vejez, es decir que a la edad prevista, 57 años para las mujeres o 62 años si se trata de hombres, no han cotizado el número mínimo de semanas exigidas y no han acumulado el capital necesario para financiar una pensión, por lo menos igual al smlmv. También procede la devolución de saldos por invalidez y sobrevivencia cuando los afiliados, beneficiarios o miembros del grupo familiar, conforme corresponda, no cumplan con los requisitos para acceder a la pensión respectiva, por lo que, en todo caso, se procederá a la devolución del saldo total abonado en la cuenta individual de ahorro pensional, incluidos los rendimientos financieros y el valor del bono pensional, si a ello hay lugar.

f. PENSIONES PAGADAS EN EL EXTERIOR

Una persona natural puede percibir también una pensión en el exterior si cumple con los requisitos contemplados en la ley del país de la fuente. En esas circunstancias el contribuyente debe declarar los ingresos percibidos en nuestro país y los percibidos en el extranjero, lo que incluye las mesadas pensionales.

Hasta el año 2022, sin perjuicio de lo suscrito en los convenios para evitar la doble tributación, así como el tratamiento dado a las pensiones percibidas de países de la CAN, que tributan en el país de la fuente y se deben tratar 100% como exentas, se predicaba que las pensiones de fuente extranjera se reconocían como ingresos en las cédula de pensiones sin que les fuera aplicable el tratamiento de renta exenta, dado que dicha calificación procedía sólo para las pensiones reconocidas de conformidad con la Ley 100 de 1993, es decir, bajo el marco normativo colombiano, en atención al parágrafo 3 del artículo 206 ET y el numeral 2 del artículo 1.2.1.20.2 del DUR. Con ocasión de la modificación introducida por la Ley 2277 de 2022, las pensiones del exterior, o los ingresos derivados de ahorro para la vejez en sistemas de renta vitalicia y asimiladas, obtenidas en el exterior o en organismos multilaterales, también tendrán el tratamiento de renta exenta con el límite de 1.000 UVT mensuales, conforme se predica en el numeral 5 del artículo 206 ET.

2. INGRESOS NO CONSTITUTIVOS DE RENTA NI GANANCIA OCASIONAL

En atención a lo previsto por el artículo 55 ET, para la cédula de pensiones proceden como ingreso no constitutivo de renta ni ganancia ocasional los aportes a salud obligatoria y al Fondo de Solidaridad Pensional.

a. APORTES A SALUD OBLIGATORIA

Con el fin de establecer la renta líquida cedular, el artículo 337 ET permite que se resten los ingresos no constitutivos de renta procedentes, frente a lo cual es claro que, en principio, un pensionado no debe cotizar a pensión obligatoria, pero se dispone la cotización mensual en salud al régimen contributivo.

Sin duda, motivados tanto el Gobierno como el legislador, por favorecer a los pensionados con menores ingresos, mediante el artículo 142 de la Ley 2010 de 2019 se modificó el parágrafo 5.º del artículo 204 de la Ley 100 de 1993, y se dispuso que la cotización mensual en salud a cargo de los pensionados para los años 2020 y 2021 se determinará mediante la siguiente tabla:

Mesada pensional en smlmv	Tarifa de cotización mensual en salud %
1 smlmv	8
Más de 1 smlmv y hasta 2 smlmv	10
Más de 2 smlmv y hasta 5 smlmv	12
Más de 5 smlmv y hasta 8 smlmv	12
Más de 8 smlmv	12

La siguiente tabla, será la aplicable a partir del año 2022:

Mesada pensional en smlmv	Tarifa de cotización mensual en salud %
1 smlmv	4
> 1 smlmv y hasta 2 smlmv	10
> 2 smlmv y hasta 5 smlmv	12
> 5 smlmv y hasta 8 smlmv	12
> 8 smlmv	12

Así las cosas, estos valores serán incorporados en la depuración cedular de pensiones como un ingreso no constitutivo de renta.

b. APORTES AL FONDO DE SOLIDARIDAD PENSIONAL

De igual manera, los pensionados que devengan una mesada superior a 10 smlmv y hasta 20, contribuirán al Fondo de Solidaridad Pensional en un 1%, y aquellos que devengan más de 20 smlmv, contribuirán, atendiendo al literal d, numeral 2.º del artículo 27 de la Ley 100 de 1993, con un 2%. Estos valores serán tratados en la depuración como ingreso no constitutivo de renta.

3. RENTAS EXENTAS

Encontramos en el numeral 5.º del artículo 206 ET que estarán gravados con el impuesto sobre la renta y complementarios los pagos o abonos en cuenta provenientes de la relación laboral o legal y reglamentaria, exceptuando:

> […] 5. Las pensiones de jubilación, invalidez, vejez, de sobrevivientes y sobre riesgos profesionales, hasta el año gravable de 1997. A partir del 1 de enero de 1998 estarán gravadas sólo en la parte del pago mensual que exceda de 1.000 UVT*.
> El mismo tratamiento tendrán las indemnizaciones sustitutivas de las pensiones o las devoluciones de saldos de ahorro pensional. Para el efecto, el valor exonerado del impuesto será el que resulte de multiplicar la suma equivalente a 1.000 UVT*, calculados al momento de recibir la indemnización, por el número de meses a los cuales ésta corresponda.

Conforme a lo anterior, y atendiendo al inciso 2.º del artículo 337 ET y al artículo 1.2.1.20.3 del DUR, en esta cédula sólo procede la renta exenta establecida en el numeral 5 del artículo 206 ET equivalente a 1.000 UVT mensuales, es decir que sumados los ingresos de esta cédula podrán tratarse 12.000 UVT anuales como renta exenta, lo cual aplica para las pensiones reconocidas en el marco de la Ley 100 de 1993 y para los ingresos derivados de pensiones, ahorro para la vejez en sistemas de renta vitalicia, y asimiladas, obtenidas en el exterior o en organismos multilaterales, en virtud de lo consagrado por el artículo 2.º de la Ley 2277 de 2022, que modificó el parágrafo 3 de la Ley 206 ET. Teniendo en cuenta lo anterior, todo lo que exceda las 12.000 UVT anuales será gravado.

Se debe resaltar que a pesar de las últimas recomendaciones dadas por la Comisión de Expertos en Beneficios Tributarios y de los intentos del Gobierno por gravar las pensiones más altas, con la reforma tributaria para la igualdad y la justicia social se modificó el parágrafo 3 del artículo 206 ET, permitiéndose la extensión del tratamiento exceptivo no sólo a las pensiones derivadas del régimen de seguridad social colombiano, sino también a los ingresos derivados de pensiones, ahorro para la vejez en sistemas de renta vitalicia, y asimiladas, obtenidas en el exterior o en organismos multilaterales, con el que se amplía el beneficio exceptivo para los pensionados.

Ahora bien, como se ha visto, derivadas de la cotización al SGP se reconocen otras prestaciones económicas, como las indemnizaciones sustitutivas y las devoluciones de saldos de ahorro pensional, cuantías que pueden resultar considerables al representar recursos por cotizaciones acumuladas de periodos anteriores. Frente a dichos valores, cuando una persona en un determinado periodo recibe las mesadas o valores correspondientes a varios periodos, debe tomarse tal valor dividido por los meses a los que corresponda, a fin de determinar las 1.000 UVT exentas por los respectivos meses, sin que la normatividad imponga un límite general a este beneficio.

Así mismo, es preciso destacar que en la determinación del impuesto sobre la renta y complementarios, no se encuentran autorizadas deducciones para la cédula de pensiones.

Como se ha podido considerar, los aportes al SGP, tanto en el esquema de contribución obligatoria como en los modelos de contribución voluntaria, realizados de manera individual por el cotizante, empleado o independiente y/o por el empleador o patrocinador, según se trate del vehículo de cotización o ahorro con fines pensionales, son objeto de especial tratamiento en el cuerpo normativo tributario.

Además de valorar la naturaleza y características de los ingresos no constitutivos de renta ni ganancia ocasional o de las rentas exentas frente a la percepción del ingreso, se evidencia el firme interés del legislador en respaldar y estimular la construcción de la seguridad social de los colombianos y el disfrute de la mesada pensional sin mayores afectaciones impositivas.

Sin embargo, como se ha dicho, también se ha criticado duramente la no tributación de las pensiones hasta la importante cuantía de 1.000 UVT mensuales, dado que representa un gasto tributario considerable[180] que, de acuerdo con el "Informe de la Comisión de Expertos en Beneficios Tributarios", debería ser reconsiderado por cuanto los aportes pensionales se dedujeron de la cédula general en el momento en que se realizaron, y por esa razón recomendó "restringir la deducción de los ahorros

---

180 Informe de la Comisión de Expertos en Beneficios Tributarios, OCDE, DIAN y MHCP, 2021.

pensionales de la tributación ordinaria o gravar estos ingresos junto con las de trabajo"[181] al concluir que la exención, bastante generosa, conlleva que casi ningún pensionado pague impuesto sobre la renta, lo que, a juicio de la Comisión de Expertos en Beneficios Tributarios, es particularmente injusto al derivar en una tasa efectiva de tributación marginal negativa sobre los ahorros pensionales, lo que significa que el Gobierno subsidia las pensiones bajo el sistema de reparto y del esquema de ahorro individual, auxilio que se incrementa con los ingresos y la tarifa tributaria marginal del contribuyente en la que se pueden deducir los aportes. Por tal razón, este tratamiento favorece en mayor proporción a los más ricos, socavando la progresividad general del sistema. Fue por ello que el primer texto de reforma tributaria radicado el 8 de agosto de 2022 por el Ministro de Hacienda José Antonio Ocampo, bajo la Presidencia de Gustavo Petro, inicialmente incorporó gravar las pensiones superiores a diez millones de pesos, pero finalmente las presiones sociales llevaron a que durante los debates en el Congreso la propuesta quedara reducida a una mera intención.

Bajo tales consideraciones, es claro que son manifiestas y asiduamente discutidas las motivaciones para evaluar en una futura reforma tributaria estructural el tratamiento tributario dado a las pensiones, puesto que la alta carga fiscal que los beneficios tributarios representan, sumado a la difícil situación de las finanzas públicas y la estructura propia del sistema pensional que aguarda serias complejidades, retos y angustias financieras y sociales[182], demandan el interés y la atención de nuestros gobiernos y de todos los colombianos.

D. CÉDULA O IMPUESTOS A LOS DIVIDENDOS

1. INGRESOS POR DIVIDENDOS

Esta cédula se conforma por los dividendos y participaciones, entendidos como toda distribución de beneficios, en dinero o en especie, con cargo al patrimonio, que se realicen a los socios, accionistas, comuneros, asociados,

---

181 Informe de la Comisión de Expertos en Beneficios Tributarios, OCDE, DIAN y MHCP, 2021, p. 166.

182 F. Azuero. *El sistema de pensiones en Colombia. Institucionalidad, gasto público y sostenibilidad financiera*, Serie Macroeconomía del Desarrollo 206, CEPAL, Naciones Unidas, 2020.

suscriptores o similares, excepción hecha de la disminución de capital y la prima en colocación de acciones (art. 30 ET). Lo anterior, aplicable a las personas naturales no obligadas a llevar contabilidad.

2. SUJETOS PASIVOS

Se trata de los residentes fiscales colombianos o sucesiones ilíquidas de causantes que al momento de su muerte eran residentes fiscales, siempre y cuando hayan obtenido rentas clasificadas como dividendos.

3. CONSIDERACIONES PARTICULARES FRENTE A LA EVENTUAL DOBLE TRIBUTACIÓN DE LOS DIVIDENDOS

Pues bien, lo primero por advertir es que a partir de la Ley 1819 de 2016, cuando en Colombia se decidió gravar con impuesto de renta los dividendos distribuidos como no gravados a las personas naturales residentes, se generó la ya esperada discusión de si en tal evento se presentaba el fenómeno de la doble tributación. Frente a ello, y después de los análisis propios del debate, se concluyó que si bien se podría plantear que existe una doble tributación económica, debido a que sobre la utilidad empresarial se asume el impuesto del nivel corporativo y posteriormente cuando es distribuida vía dividendo se asume otro impuesto en cabeza de la persona natural con derecho a percibirlo, lo cierto es que las cargas tributarias son asumidas por dos personas diferentes en las que la capacidad económica para asumir el pago del impuesto se manifiesta de manera independiente.

En tal sentido, se llegó a la conclusión de que el impuesto a los dividendos es procedente, cumple con las prescripciones de orden constitucional y contribuye a equilibrar las cargas tributarias entre la población.

Al respecto, vale la pena citar la Sentencia C-129 de 2018 en la que la Corte Constitucional tuvo la oportunidad de analizar el régimen de imposición de los dividendos en otras jurisdicciones, a partir de lo cual es posible colegir que Colombia estaría tomando una decisión de gravamen que ya ha sido implementada a nivel global superándose cualquier discusión de doble imposición, máxime si se tiene en cuenta que en el caso del país la tarifa nominal sobre los dividendos que aplica a las personas naturales residentes fiscales (equivalente al 10% hasta el año gravable 2022) suele ser mucho menor a las tarifas progresivas generales que aplican sobre los demás ingresos (actualmente oscilan entre el 0% y el 39%). Actualmente, tras la reforma tributaria (Ley 2277 de 2022) –art. 5.º– si bien los dividendos quedaron sometidos a la tarifa progresiva de que trata el artículo 241 ET, lo cierto es que también se contempla la aplicación de un descuento del 19% sobre la renta líquida:

> Varios países han decidido gravar los dividendos. Por ejemplo, Ecuador, a partir de la promulgación de la Ley Reformatoria para la Equidad Tributaria de 2009, gravó con el impuesto a la renta los dividendos que distribuyan las sociedades locales, a favor de personas naturales residentes en el Ecuador y de sociedades residentes en "paraísos fiscales", jurisdicciones de menor imposición o regímenes fiscales preferentes. Posteriormente, la reforma tributaria de 2014, eliminó la exención del impuesto a la renta sobre dividendos distribuidos a sociedades, cuando "el beneficiario efectivo, en los términos definidos en el reglamento, es una persona natural residente en Ecuador".
>
> Argentina gravaba la renta societaria al 35% solo en cabeza de las sociedades, y consideraba exenta la totalidad del dividendo en cabeza del accionista. Sin embargo, la Ley n.º 27.430, propuso una reducción gradual de la alícuota societaria hasta alcanzar el 25% en 2020, además complementa con un impuesto cedular a los dividendos del 13% en cabeza de los accionistas para generar un incentivo a la reinversión de utilidades en detrimento de la distribución de ganancias.
>
> En Perú, los dividendos están sujetos a tributación de acuerdo con el artículo 54 de la Ley n.º 30296, que fija una tasa del 6,8% para los resultados de 2015-2016, de 8% para los ejercicios 2017-2018 y de 9.3% a partir de 2019.
>
> La OCDE ha resumido las distintas formas en que se tributan los dividendos en diferentes jurisdicciones. En países como Austria, Bélgica, Dinamarca, Hungría, Islandia, Italia o Japón, el monto total de dividendos distribuidos se considera gravable, en general, en la tarifa del impuesto de renta personal.
>
> En Luxemburgo, Turquía, Noruega y Finlandia, se exceptúa parte del monto de dividendos distribuidos del impuesto en cabeza del accionista, como una forma de reducir la tarifa que recae sobre la persona y el efecto de la doble tributación del esquema clásico.
>
> En Australia, Canadá, Chile, Corea, México, Nueva Zelanda y Reino Unido, en los sistemas de imputación, el ingreso imponible corresponde al monto de ingresos por concepto de dividendos "antes de impuestos" sobre la sociedad. Estos regímenes consideran que el impuesto sobre la renta de las sociedades es un pago anticipado del tributo sobre los ingresos por concepto de dividendos. Por tanto, estos regímenes siguen un sistema tributario de integración, el cual consiste en el gravamen de los

dividendos, sin perjuicio de que, cuando se repartan las utilidades a los socios, se desgraven por vía de la exención o del descuento tributario.

4. DETERMINACIÓN DEL IMPUESTO

a. SUBCÉDULA I

La determinación del impuesto en esta cédula pasará primero por determinar en qué calidad fueron distribuidos los dividendos a la persona natural (arts. 48 y 49 ET), pues en caso de haber sido distribuidos como dividendos no gravados en cabeza del accionista, dado que estas utilidades fueron declaradas en cabeza de la sociedad, entonces la tarifa aplicable será la consagrada en el primer apartado del artículo 242 ET, el cual se encontraba vigente hasta el año gravable 2022 con una tarifa nominal del 10%, siempre que los dividendos distribuidos superen 300 UVT y correspondan a dividendos decretados por utilidades obtenidas en 2017 y hacia adelante. A partir de 2023, con ocasión de la modificación introducida por la Ley 2277 de 2022, la tarifa corresponde a la señalada en el artículo 241 ET.

Veamos una ilustración:

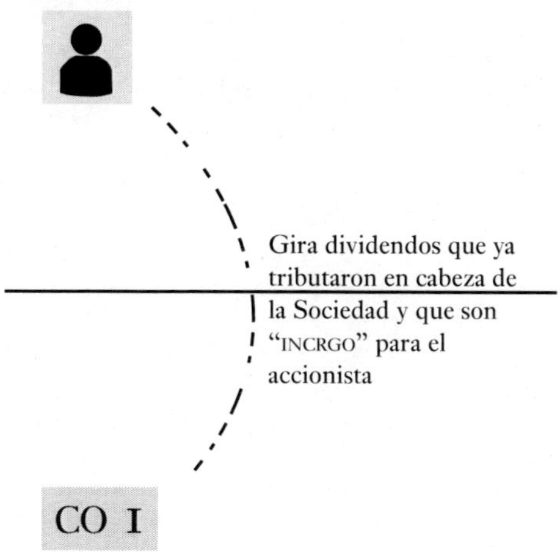

Subcédula I

Tarifa aplicable: Inciso 1 Art. 242 Tarifa según tabla del Art. 241 ET

b. SUBCÉDULA 2

Recuérdese que tras los cambios introducidos por la Ley 2277 del 2022 (artículo 3.º), y a partir del año gravable 2023, los dividendos y participaciones pagados o abonados en cuenta a personas naturales residentes y sucesiones Ilíquidas de causantes que al momento de su muerte eran residentes del país provenientes de distribución de utilidades que hubieren sido consideradas como ingreso no constitutivo de renta ni ganancia ocasional, conforme a lo dispuesto en el numeral 3 del artículo 49 del Estatuto Tributario, integrarán la base gravable del impuesto sobre la renta y complementarios y estarán sujetas a la tarifa señalada en el artículo 241 del Estatuto Tributario, que corresponden a la tabla de tarifas progresivas aplicables a todos los ingresos ordinarios y extraordinarios clasificados en la cédula general.

De otra parte, en caso de que los dividendos distribuidos provengan de utilidades que no fueron declaradas en cabeza de la sociedad, entonces se certificarán como dividendos gravados en cabeza del accionista, caso en el cual será procedente calcular como un primer impuesto a cargo del accionista el valor resultante de aplicar a los dividendos distribuidos la tarifa corporativa vigente para el respectivo año gravable, y como un segundo impuesto aplicar la tarifa del primer apartado del artículo 242 ET al excedente resultante de la operación anterior, teniendo en cuenta la normativa vigente hasta el año 2022. Dicho cálculo también aplica para dividendos provenientes de entidades y sociedades extranjeras.

Veamos una ilustración:

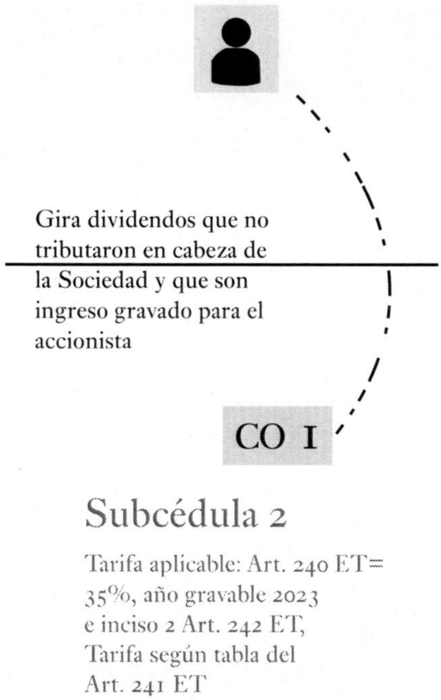

Recuérdese que tras la reforma tributaria (Ley 2277 del 2022) –art. 3.º–, y a partir del año gravable 2023, los dividendos distribuidos como gravados en cabeza del accionista, primero deberán gravarse con la tarifa del nivel corporativo vigente para el año gravable respectivo, y el excedente deberá también ser objeto de las tarifas progresivas del artículo 241 ET.

5. DEPURACIÓN DE LA CÉDULA DE DIVIDENDOS

La cédula de dividendos no admite costos ni deducciones (art. 330 ET), lo que se ha traducido en que no admite ningún tipo de depuración. Lo anterior ha dado lugar a que se plantee que si una persona natural que obtiene dividendos debe realizar aportes obligatorios al sistema de pensión y salud, e incluso a riesgos laborales, entonces, ¿tales pagos no podrían tratarse como ingresos no constitutivos de renta ni ganancia ocasional en esta cédula, dada la prohibición referida? Frente a ello, consideramos que de ninguna manera, so pretexto de que el formulario de renta no incluya un renglón específico para tratar dichos aportes como ingresos no gravados, se niegue este derecho a los contribuyentes. Es por lo anterior, que dichos aportes obligatorios sí deberían tratarse como ingreso no constitutivo de renta ni ganancia ocasional en la depuración de los ingresos por concepto de dividendos, tal como se desprende de los artículos 55 y 56 del ET.

6. TARIFAS

En lo que tiene que ver con las tarifas aplicables a la cédula de dividendos, el artículo 242 ET establece el 0% aplicable a las distribuciones iguales o inferiores a 300 UVT y el 10% para los dividendos que superen las 300 UVT (régimen tarifario vigente hasta el año gravable 2022 tal como se comentará más adelante). Ahora bien, sea del caso precisar que esta tarifa era aplicable sobre la proporción de los dividendos distribuidos como no constitutivos de renta ni ganancia ocasional según el cálculo del artículo 49 ET, pues cuando los dividendos se distribuyen como gravados en cabeza del accionista, como se desprende del apartado 2.º del artículo 242 ET, primero se gravarán con la tarifa del impuesto sobre la renta aplicable a la persona jurídica (art. 240 ET), según el periodo gravable en que se paguen o abonen en cuenta y, posteriormente, sobre el resultado una vez detraído el impuesto del nivel corporativo era necesario determinar el impuesto a los dividendos que oscila entre el 0 y el 10% dependiendo de la superación o no de las 300 UVT.

Pues bien, es importante tener en cuenta que la Ley 2277 de 2022, aumentó la tarifa del impuesto sobre los dividendos pagados a personas naturales residentes a la tarifa progresiva establecida en el artículo 241 ET, esto es, entre el 0 y el 39%, que corresponda al nivel de tributación de las rentas cedulares de los contribuyentes. Lo anterior implica que a partir de la entrada en vigencia de la referida Ley 2277 se sumará la renta líquida cedular de dividendos a la renta líquida de la cédula general y de pensiones, en caso que aplique, para determinar la renta líquida gravable global que será sometida a la tarifa progresiva contenida el artículo 241 ET. Adicionalmente, la retención en la fuente sobre el valor de los dividendos será de hasta el 15%, a partir de 1.090 UVT.

7. TRANSICIÓN DEL GRAVAMEN SOBRE LOS DIVIDENDOS

Lo primero a señalar es que antes de la entrada en vigencia de la Ley 1819 de 2016 los dividendos no estaban gravados con el impuesto de renta, siempre y cuando sobre la utilidad ya se hubiere asumido el impuesto sobre la renta en el nivel corporativo.

En razón de lo anterior, únicamente los dividendos distribuidos con cargo a utilidades generadas a partir del año 2017 y siguientes, serían objeto del gravamen del impuesto a los dividendos creado con la Ley 1819 de 2016 y, por lo tanto, los dividendos distribuidos, decretados y/o pagados con posterioridad a 2016, pero provenientes de utilidades generadas antes del 2017, recibirán el mismo tratamiento vigente con anterioridad a la Ley 1819 de 2016.

Ahora bien, debido a que la Ley 1943 de 2018 también introdujo modificaciones tarifarias en materia del impuesto a los dividendos e incorporó el artículo 242-1 al Estatuto Tributario, es importante precisar que el artículo 121 de esa ley introdujo otro régimen de transición (el cual, según la DIAN[183], no contraría el régimen de transición de la Ley 1819 de 2016), estableciendo que los dividendos decretados en calidad de exigibles a 31 de diciembre de 2018 mantendrán el tratamiento aplicable con anterioridad a la vigencia de esta ley.

En ese sentido, y como lo afirma la DIAN en el oficio ya citado y lo reafirma en el Concepto 000612 del 13 de marzo de 2019, a los dividendos que no hayan sido decretados en calidad de exigibles al 31 de diciembre de 2018 les serán aplicables los cambios introducidos por la Ley 1943 de 2018.

Así las cosas, continuando con el pronunciamiento de la DIAN citado en el apartado anterior, es posible concluir lo siguiente:

1. A los dividendos que se repartan con cargo a utilidades generadas antes del 31 de diciembre de 2016, no les serán aplicables la tarifa especial para dividendos establecida en la Ley 1819 de 2016 ni los cambios incluidos por la Ley 1943 de 2018;

2. A los dividendos que se repartan con cargo a utilidades generadas el 1.º de enero de 2017 y el 31 de diciembre de 2018, que hayan sido decretados en calidad de exigibles antes del 31 de diciembre de 2018, les serán aplicables las normas incluidas en la Ley 1819 de 2016 y no los cambios incluidos por la Ley 1943 de 2018, y

---

183 DIAN. Oficio n.º 412 del 25 de febrero de 2019.

3. A los dividendos que se repartan con cargo a utilidades generadas a partir del 1.º de enero de 2017 que no hayan sido decretados en calidad de exigibles antes del 31 de diciembre de 2018, les serán aplicables los cambios incluidos en la Ley 1943 de 2018 respecto de la tarifa especial para dividendos.

4. A los dividendos que se repartan con cargo a utilidades generadas a partir del 1.º de enero de 2023 que no hayan sido decretados en calidad de exigibles antes del 31 de diciembre de 2022, les serán aplicables los cambios incluidos en la Ley 2277 de 2022 respecto de la tarifa especial para dividendos.

A partir del 2023, con ocasión a los importantes ajustes incorporados por la Ley 2277 de 2022 sobre el tratamiento de los dividendos, se adicionó el artículo 254-1, que dispone:

> Artículo 254-1. Descuento tributario determinado a partir de la renta líquida cedular de dividendos y participaciones de personas naturales residentes y sucesiones ilíquidas de causantes residentes.
>
> Las personas naturales residentes y sucesiones ilíquidas de causantes que al momento de su muerte eran residentes del país, y hayan percibido ingresos por concepto de dividendos y/o participaciones declarados en los términos del artículo 331 del Estatuto Tributario, podrán descontar de su impuesto sobre la renta, en ese mismo periodo, el valor que se determine de conformidad con la siguiente tabla:

Rangos UVT		Descuento marginal	Descuento
Renta líquida cedular de dividendos y participaciones desde	Renta líquida cedular de dividendos y participaciones hasta		
> 0	1.090	0%	0
>1.090	En adelante	19%	(Renta líquida cedular de dividendos y participaciones en UVT menos 1.090 UVT) x 19%

Conforme a lo anterior, además de ajustarse la forma de determinar el impuesto a los dividendos, se contempló que cuando la renta líquida cedular de los dividendos supere las 1.090 UVT, se podrá aplicar el descuento señalado en la tabla, lo que exige advertir que sólo procede sobre la renta líquida cedular de los dividendos sin considerar las demás rentas líquidas de la cédula general que igualmente se deberán sumar para efectos de aplicar la tarifa prevista en el artículo 241 del ET, al momento de calcular el impuesto.

Finalmente, según el artículo 1.2.1.10.8 del DUR, se entiende por dividendos o participaciones decretados en calidad de exigibles, o abonados en cuenta en calidad de exigibles, aquellos cuya exigibilidad por los socios, accionistas, comuneros, asociados, suscriptores o similares puede hacerse efectiva en forma inmediata, porque:

1. La asamblea general u órgano máximo de dirección aprobó la distribución de los dividendos o participaciones y no dispuso plazo o condición para su exigibilidad, o

2. Habiéndose dispuesto el plazo o condición éste ha expirado o culminado, resultando procedente su cobro.

CAPÍTULO III.

Consideraciones generales del impuesto complementario a las ganancias ocasionales

I. ANÁLISIS DESDE LA TEORÍA DEL HECHO GENERADOR

En consonancia con lo previsto por el artículo 26 ET, que define como ingresos brutos el resultado de la sumatoria de los ingresos ordinarios y extraordinarios susceptibles de producir un incremento neto patrimonial al momento de su percepción, para efectos de la depuración de la renta ordinaria como impuesto principal, debemos comprender que el impuesto a las ganancias ocasionales es un tributo complementario del impuesto sobre la renta.

Considerando lo expuesto, las ganancias ocasionales representan ingresos extraordinarios que no provienen del giro ordinario de los negocios del contribuyente de renta, razón por la cual no se incluyen en los ingresos brutos prescritos en el artículo 26 ET, los cuales están asociados a aquellos resultantes del giro ordinario de las actividades propias del contribuyente, pues, de sumarse a estos, en la determinación de la renta por el sistema ordinario de depuración se incrementaría la carga tributaria del contribuyente dada la progresividad en las tarifas[184].

Así, la normativa tributaria prevé un tratamiento legal especial e independiente a las ganancias ocasionales, entendidas como aquellos ingresos o utilidades que tiene una persona y que se caracterizan por: i) no ser propios de la actividad económica regular del contribuyente; ii) ser resultantes de actos, negocios jurídicos o hechos económicos esporádicos, extraordinarios, excepcionales u ocasionales, y iii) representar un potencial incremento patrimonial de quien los percibe.

Antes de abordar en detalle este tributo, vale la pena destacar que, especialmente con la Ley 1607 de 2012, se dieron relevantes modificaciones, siendo tal vez la de mayor trascendencia el cambio de la tarifa a aplicar sobre la base gravable respecto de la utilidad en la enajenación de activos fijos poseídos por más de dos años, la liquidación de sociedad con una duración de más de dos años, las herencias, legados, donaciones o cualquier acto jurídico celebrado *inter vivos* a título gratuito, incluyendo la porción conyugal, para los cuales se contempló una disminución de la tarifa al 10%, lo que representó un alivio, dado que antes de esta reforma, sin perjuicio de las particularidades y las UVT exoneradas, se tenían tarifas progresivas para los residentes,

184 Consejo de Estado, Sección Cuarta, Sentencia 19566 del 16 de diciembre de 2014, C. P.: Carmen Teresa Ortiz de Rodríguez.

y para los no residentes la tarifa correspondía al 33%. Sin embargo, con la Ley 2277 de 2022 se volvió a ajustar la tarifa que pasó al 15%.

Con la Ley 1607 de 2012 se introdujo en el artículo 302 ET como nuevo hecho generador "cualquier acto jurídico celebrado *inter vivos* a título gratuito", lo que puede envolver una amplia gama de eventos que, sin importar la denominación del traspaso económico a título gratuito, por tratarse de una manifestación de voluntad encaminada a producir efectos jurídicos[185], en este caso, la transferencia de un activo o bien que genere un incremento patrimonial para quien lo recibe, deben ser tratados como ganancias ocasionales gravadas.

Otro de los elementos a destacar es el cambio en las reglas de determinación del valor de los bienes o derechos para efectos de establecer la base gravable, lo cual permitió mayor claridad frente a diversos conceptos, e implicó particulares cambios, entre ellos el atinente a las sucesiones, dado que hasta ese año dicho valor correspondía al que figuraba en la declaración de renta y patrimonio del causante en el último día del año o período gravable inmediatamente anterior al de su muerte, con lo que probablemente se podía afectar el recaudo fiscal, particularmente cuando la liquidación de la sucesión se hacía años después del fallecimiento del causante.

Así mismo, como se expondrá más adelante, se dieron cambios frente a las ganancias ocasionales exentas y se introdujo una nueva exención para las utilidades producto de la venta de la casa o apartamento de habitación de la persona natural contribuyente del impuesto sobre la renta y complementarios, cuando se hace uso de la cuenta AFC, en los términos consagrados en el artículo 311-1 ET, el cual fue adicionado por el artículo 105 de la Ley 1607 de 2012 y modificado por la Ley 2277 de 2022, en la que se estableció que las primeras 5.000 UVT de la utilidad constituirán ganancia ocasional exenta, siempre que la totalidad de los dineros recibidos sean reinvertidos para la adquisición de otra casa o apartamento de habitación.

Para cerrar esta breve introducción, cabe enfatizar el contenido del artículo 1.2.1.20.1 que confirma entre las reglas para la determinación del impuesto, que las personas naturales y las sucesiones ilíquidas residentes están sujetas al impuesto por las ganancias ocasionales de fuente nacional y extranjera, y los no residentes por aquellas de fuente nacional.

---

185 G. Ospina Fernández y E. Ospina Acosta. *Teoría general del contrato y del negocio jurídico*, Bogotá, Editorial Temis, 2016.

A. ASPECTO MATERIAL

El Estatuto Tributario contempla en el título III las ganancias ocasionales, marco en el cual a continuación abordamos los hechos descritos como generadores de la obligación de pagar el impuesto a las ganancias ocasionales, sin perjuicio de advertir, como lo predica el artículo 299 ET, que se consideran ingresos constitutivos de ganancia ocasional los contemplados en el articulado que le prosigue, salvo cuando taxativamente sean calificados como no constitutivos de renta ni ganancia ocasional en el título I del Libro I ET relativo al Impuesto sobre la Renta y Complementarios.

B. UTILIDAD EN LA ENAJENACIÓN DE ACTIVOS FIJOS POSEÍDOS DOS AÑOS O MÁS

Atendiendo los artículos 179 y 300 ET, se consideran ganancias ocasionales las utilidades obtenidas por los contribuyentes que resulten de la enajenación de bienes de cualquier naturaleza, que hayan hecho parte del activo fijo, siempre que tal condición se cumpla por un término superior a los dos años calendario, es decir, que el activo fijo haya sido parte del patrimonio del contribuyente durante dos o más años.

Si el contribuyente ha poseído por menos de dos años los activos fijos de los que se obtiene utilidad en su enajenación, serán tratados como renta líquida, lo que debe ser advertido oportunamente para efectos de valorar las implicaciones tributarias y financieras para el contribuyente. Como se refirió en la cédula de rentas no laborales, las utilidades en la enajenación de bienes que hacen parte del activo fijo del contribuyente persona natural y que hubieren sido poseídos por menos de dos años se incorporan como renta líquida en esta cédula.

Entonces, resulta vital destacar la connotación del activo fijo como toda propiedad o bien que el contribuyente posee para usarlo o usufructuarlo, ya sea generando una renta o ingreso, sin que esté destinado a ser comercializado. El costo de los activos fijos se regula en el artículo 67 ET, donde se advierte lo aplicable para los contribuyentes obligados y los no obligados a llevar contabilidad, pues de ello depende el tratamiento fiscal.

Como se registra en el parágrafo 2.º del artículo 300 ET, no se consideran activos fijos aquellos bienes enajenados en el giro ordinario de los negocios del contribuyente.

C. UTILIDADES ORIGINADAS EN LA LIQUIDACIÓN DE SOCIEDADES

Todos los contribuyentes tendrán como ganancias ocasionales las utilidades originadas en la liquidación de una sociedad de cualquier naturaleza, las cuales se determinan por el exceso de lo recibido sobre el capital aportado o invertido, cuando la ganancia realizada no corresponde a rentas, reservas o utilidades repartibles a título de dividendo o participación, en observancia del artículo 301 ET.

Estas utilidades serán tratadas como ganancia ocasional y no como una renta ordinaria en la cédula de rentas no laborales, cuando la sociedad a la fecha de su liquidación ha cumplido dos o más años de existencia.

Tenemos, entonces, que el capital aportado referido en el artículo 301 ET, ya sea en dinero, en industria o en especie, con el ánimo de proveer recursos para la actividad empresarial y que además constituye garantía de los acreedores, debe ser declarado por su costo fiscal, para determinar las ganancias ocasionales. En ese sentido lo contempla el artículo 272 ET referente al valor de las acciones, aportes y demás derechos en sociedades. Es por ello que el capital aportado de que trata el artículo 301 ET se debe calcular por su respectivo fiscal para la determinación de las ganancias ocasionales en la liquidación de una sociedad[186].

Las rentas, utilidades o reservas distribuibles como dividendos, que se repartan con motivo de la liquidación de la sociedad, constituyen un dividendo gravado para los accionistas contribuyentes del impuesto sobre la renta.

En el análisis también se debe considerar la calificación y condición de las utilidades obtenidas por la liquidación de sociedades, pues pueden darse liquidaciones como la de los contratos de cuentas de participación en las que existe, bajo ciertos condicionamientos, una forma de asociación para realizar operaciones mercantiles que forman parte de las rentas de los partícipes considerados de manera independiente para efectos fiscales. Si bien hay una asociación, en este caso el ingreso derivado de la liquidación del contrato de cuentas de participación que ha tenido más de dos años de vigencia entre su suscripción y su liquidación o terminación, no es una ganancia ocasional

---

186 DIAN, Oficina Jurídica, Concepto 049557 de agosto de 2002.

sino un ingreso ordinario, puesto que no deriva de una sociedad comercial a la que le resulte aplicable el artículo 301 ET[187].

Como indica la norma reseñada, las utilidades las determina el contribuyente por el exceso de lo recibido sobre el capital que ha aportado o invertido en la sociedad; es así como el valor de los aportes reembolsados o restituidos a los socios como resultado de la liquidación de la sociedad no se califica ni como ganancia ocasional ni como ingreso gravable, puesto que no representa un incremento patrimonial a favor del contribuyente al momento de su percepción. Se debe advertir entonces que los artículos 51 y 301 ET prescriben la restitución del capital aportado o invertido por el socio con ocasión de la liquidación de la sociedad como no constitutivo de renta ni ganancia ocasional. Finalmente, los socios o accionistas están recibiendo el pago de una cuenta por cobrar que ya existe en su patrimonio sin dar lugar a un incremento patrimonial[188].

D. HERENCIAS, LEGADOS Y DONACIONES, Y CUALQUIER ACTO JURÍDICO *INTER VIVOS* CELEBRADO A TÍTULO GRATUITO

El artículo 302 ET contempla como ganancias ocasionales los ingresos provenientes de herencias, legados, donaciones, o cualquier acto jurídico celebrado *inter vivos* a título gratuito, así como lo percibido por porción conyugal.

1. HERENCIAS, LEGADOS Y PORCIÓN CONYUGAL

Las herencias y los legados corresponden a actos jurídicos derivados del fallecimiento del causante y dan lugar a la asignación de bienes, derechos y obligaciones del fallecido a otras personas. Atendiendo las normas del derecho civil colombiano, en particular el artículo 1011 del Código Civil, aquellas asignaciones a título universal adquieren la denominación de herencias, y las asignaciones a título singular corresponden a los legados, en consecuencia, quien percibe la herencia es heredero y quien percibe un legado, derivado de una disposición testamentaria, es legatario.

---

187 DIAN, Dirección de Gestión Jurídica. Oficio 017140 del 3 de julio de 2018.
188 Consejo de Estado, Sentencia 15352 del 11 de diciembre de 2007, C. P.: Ligia López Díaz.

Entonces, la persona natural que recibe una herencia o un legado no paga impuesto a la renta sino impuesto a las ganancias ocasionales, sin perjuicio por supuesto de que tendrá un impacto en su renta al resultar de la herencia o el legado un incremento patrimonial justificado que tendrá efecto en otros impuestos, como el impuesto al patrimonio o en la renta presuntiva, aunque esta última bajo la normatividad vigente tiene tarifa cero.

Es importante considerar que puede suceder que aunque el heredero o legatario reciba una herencia o legado no tenga a cargo el impuesto por ganancias ocasionales, puesto que, conforme al artículo 308 ET, se tienen unas cuantías estimadas en UVT como exentas del gravamen, lo que puede llevar a que lo percibido se encuentre dentro de dichas sumas. En todo caso, el contribuyente que perciba ingresos por concepto de herencias o legados está obligado a declarar el impuesto por ganancias ocasionales, dado que cuando efectivamente se pagan tales ingresos no se encuentran sujetos a retención en la fuente. Esto, sin perjuicio de que en razón de las exenciones pueda dar lugar a una declaración sin impuesto a cargo.

Por otro lado, en atención a lo dispuesto por los artículos 1230 y 1231 del Código Civil, la porción conyugal corresponde a la parte del patrimonio del causante que la ley asigna al cónyuge sobreviviente que no cuenta con los recursos necesarios para su congrua subsistencia, la cual se reconoce incluso en los casos en los que media un divorcio, siempre que la separación no sea imputable al cónyuge supérstite.

Así, la porción conyugal no equivale a una herencia o legado, sino a una obligación, carga o asignación económica forzosa que puede equivaler hasta a la cuarta parte de los bienes del causante[189], y que la ley impone en ciertos casos a favor del o la cónyuge sobreviviente para mejorar su situación económica al momento del fallecimiento del causante, y que debe ser requerida para su reconocimiento pues, conforme al artículo 1235 del Código Civil, al morir uno de los cónyuges el supérstite tiene la opción de elegir gananciales o porción conyugal, si tiene derecho a esta y si prueba la falta de recursos. En

189 Sin perjuicio de lo previsto en el artículo 1236 del Código Civil, al señalar que la porción conyugal es la cuarta parte de los bienes del causante en todos los órdenes de sucesión, menos en el de los descendientes legítimos, es decir, cuando el orden hereditario es el de los descendientes, la porción conyugal equivaldrá a una legítima rigurosa de un hijo. Si hay hijos y el cónyuge sobreviviente opta por la porción conyugal, recibe lo mismo que recibiría uno de los hijos; si no hay descendientes, le corresponderá la cuarta parte de la masa herencial.

caso de guardar silencio se reconocen los gananciales, los cuales se trataron en los ingresos que integran la cédula de rentas no laborales.

Esta cuantía percibida a título de porción conyugal también será reconocida y tratada como ganancia ocasional para los compañeros o compañeras permanentes y parejas del mismo sexo, en atención a la exequibilidad condicionada del artículo 1231 del Código Civil, declarada por la Corte Constitucional en la Sentencia C-283 de 2011, así:

> [...] Con fundamento en el criterio de igualdad de trato, la Corte concluyó que dada la finalidad de la porción conyugal y no existencia de razón válida para el no reconocimiento de esa protección patrimonial, la extendió al compañero o compañera permanente supérstite, demostrándose, por los medios probatorios, dicha condición, esto es, los dos años de convivencia que exige la Ley 50 de 1994, modificada por la Ley 979 de 2005, extendiendo también dicha protección patrimonial a las parejas del mismo sexo (homosexuales) [...].

El artículo 307 ET también considera la exención parcial de las ganancias ocasionales por concepto de asignaciones por causa de muerte o porción conyugal, equivalente a las primeras 3.250 UVT.

Con la entrada en vigencia de la Reforma Tributaria para la Igualdad y la Justicia Social, Ley 2277 de 2022, se dieron los siguientes cambios en las ganancias ocasionales exentas:

– Se redujo el límite de ganancia ocasional exenta de indemnización por seguros de vida de 12.500 a 3.250 UVT.

– Se aumentó la ganancia ocasional exenta del inmueble de vivienda de habitación del causante pasando de 7.700 a 13.000 UVT, eliminándose la distinción y calificación de la naturaleza urbana o rural del inmueble.

– Se creó una ganancia ocasional exenta de 6.500 UVT de cualquier bien inmueble diferente a vivienda de habitación del causante, por lo que ya no está limitada al tipo de uso o naturaleza del inmueble.

– Se disminuyó de 3.490 a 3.250 UVT el límite de la ganancia ocasional exenta que recibe una persona por causa de muerte cuando hereda o la pareja recibe asignación por concepto de porción conyugal.

– Aunque continúa exento el 20% de la ganancia ocasional por donaciones o transferencias a título gratuito, su monto límite disminuyó de 2.290 a 1.625 UVT.

2. DONACIONES

La donación está regulada por el Código Civil en el título XVIII denominado "De las donaciones entre vivos", en cuyo artículo 1443 define dicha donación como un acto por el cual una persona transfiere, de manera gratuita e irrevocable, una parte de sus bienes a otra que la acepta, lo que bajo esta previsión legal constituye un requisito para que se perfeccione la donación, es decir, eleva el acto jurídico a la naturaleza de un contrato por exigir el concurso de voluntades de donante y donatario[190].

En el artículo 1445 se puede advertir otra condición establecida por el Código Civil que resulta plenamente armónica con el entendimiento tributario que demanda el incremento patrimonial de quien percibe una renta o ingreso: la norma civil considera la inexistencia de una donación cuando, de una parte, no hay aumento patrimonial aunque, de otra, exista una disminución del patrimonio, y ejemplifica el caso de la transferencia dada para la realización de un objeto que consume el importe de lo donado, frente a la cual el donatario no reporta ninguna ventaja apreciable en dinero.

Ahora bien, si existiera el correlativo incremento patrimonial por efecto de la transferencia de un bien a título gratuito, si el bien donado corresponde a cualquier especie de bienes raíces, el artículo 1457 del CC exige que la donación se otorgue por escritura pública, inscrita en la oficina de registro de instrumentos públicos. De igual manera, se exige la insinuación ante notario cuando las donaciones superen la cuantía de 50 smmlv, conforme al artículo 1458 del CC.

En concordancia con el artículo 302 ET, para efectos tributarios las donaciones recibidas por una persona constituyen una ganancia ocasional.

3. ACTOS JURÍDICOS *INTER VIVOS* A TÍTULO GRATUITO

Vale la pena hacer claridad respecto de los siguientes conceptos que antaño se han tratado en materia civil y que a la fecha es necesario comprender cabalmente en sus características y efectos. En primer lugar, acto jurídico es toda manifestación de la voluntad de una persona para dar, hacer, modificar, transferir o extinguir un derecho, es decir, corresponde a una expresión de la

---

190 Corte Suprema de Justicia, Sala de Casación Civil, Sentencia 6585 del 20 de mayo de 2003, M. P.: Jorge Antonio Castillo Rugeles.

voluntad que tiene por fin producir efectos jurídicos[191], noción que adquiere una dimensión general por abarcar, entre otros, los contratos; en segundo lugar, y como consecuencia de lo anterior, el contrato o convención es un acto por el cual una parte se obliga para con otra a dar, hacer o no hacer alguna cosa, lo cual es ley para las partes y podrá ser invalidado sólo por su mutuo consentimiento o por causas legales[192].

Como se advierte, en este caso la ganancia ocasional puede derivar de un acto jurídico a título gratuito entre vivos, lo que supone la inexistencia de una contraprestación frente a la transferencia de bienes que incrementen el patrimonio de una persona natural, la cual se exige para que se configure una ganancia ocasional, además de, por supuesto, el rasgo distintivo del carácter extraordinario del ingreso.

E. LOTERÍAS, PREMIOS, RIFAS, APUESTAS Y SIMILARES

Los ingresos obtenidos por este tipo de premios en dinero y en especie se regulan en los artículos 304, 305, 306 y 306-1 ET. En ese sentido, los ingresos provenientes de loterías, premios, rifas, apuestas y similares, así como los sorteos de títulos de capitalización, los premios por apuestas y concursos hípicos o caninos se consideran ganancias ocasionales para los contribuyentes sometidos a este impuesto.

Hasta el 2022 los premios por carreras de caballos o canes, en hipódromos o canódromos legalmente establecidos, no estaban sometidos al impuesto de las ganancias ocasionales ni a la retención en la fuente cuando el valor no excediera de 410 UVT. Con ocasión de la Ley 2277 de 2022 se eliminó esta exención y, en consecuencia, se encuentran sujetos plenamente al impuesto a las ganancias ocasionales, a partir del año gravable 2023.

F. INDEMNIZACIONES POR CONCEPTO DE SEGUROS DE VIDA

Las indemnizaciones percibidas por los beneficiarios de un seguro de vida constituyen ganancia ocasional en el período gravable en que se reciben,

---

191 A. Tamayo Lombana. *Manual de Obligaciones. Teoría del acto jurídico y otras fuentes*, 5.ª ed., Bogotá, Temis, 2004.

192 Artículos 1495 y 1602 del Código Civil colombiano.

conforme lo prescrito por el artículo 303-1 ET, el cual antes de la Ley 1943 de 2018, reproducido parcialmente por la Ley 2010 de 2019, contemplaba el tratamiento de renta exenta sin límite alguno para este concepto.

Para el año 2018 dejaron de ser tratados como renta exenta los pagos o abonos en cuenta por concepto de indemnizaciones derivadas de seguros de vida, y en virtud de la Ley 1943 se encontraban gravadas con el impuesto complementario a las ganancias ocasionales, en el monto que superara las 12.500 UVT, lo cual, se modificó a partir del año gravable 2023 mediante la reforma tributaria para la igualdad y la justicia social, al establecer un monto de ganancia ocasional exenta para las indemnizaciones por concepto de seguro de vida, equivalente a 3.250 UVT, de manera que el monto que exceda dicha cuantía será gravada a partir del año gravable 2023.

II. ASPECTO ESPACIAL

El aspecto espacial del impuesto establece la conexión del hecho generador con un particular territorio o espacio geográfico que circunscribe la realización del aspecto material del hecho generado con el sujeto pasivo, es decir, para los efectos de nuestro estudio, con las personas naturales que obtienen los ingresos calificados como ganancias ocasionales.

El impuesto a las ganancias ocasionales es complementario al impuesto de renta y se caracteriza igualmente por ser de orden nacional, lo que define el aspecto espacial del impuesto en el territorio colombiano, cuyo sujeto activo es el Estado representado por la DIAN.

III. ASPECTO TEMPORAL

En relación con el aspecto temporal del hecho imponible en el impuesto a las ganancias ocasionales, que al igual que el impuesto sobre la renta es de período, es preciso advertir la dimensión de tiempo en que se materializan los presupuestos gravados por el tributo, es decir, cuando se perfeccionan jurídicamente.

Determinar el momento específico en que se realiza el hecho imponible de las ganancias ocasionales permite establecer la vigencia fiscal en que nace la obligación tributaria principal.

IV. ASPECTO CUANTITATIVO. BASE GRAVABLE Y TARIFA

A. ACTIVOS FIJOS

La determinación de la ganancia ocasional en la venta de activos fijos resulta de la operación de restar al costo del activo fijo el valor de la venta, como reza en el artículo 90 ET. Tratándose de bienes raíces se imponen especiales reglas a partir de las Leyes 1943 de 2018 y 2010 de 2019, las cuales emergen fundamentalmente en aras de asegurar que los valores consignados en las formalidades previstas para la transferencia o enajenación de bienes raíces correspondan a la realidad económica pactada entre las partes, sin que diste de manera sustancial con los precios de mercado, lo que además resulta de vital interés para el recaudo tributario en los impuestos asociados a estas operaciones.

Es por lo previsto en este artículo ET que, a pesar de las problemáticas técnicas y prácticas de la aplicación de las reglas que contiene, las partes deben advertir sus limitaciones para fijar el valor de venta, el valor de escrituración y la forma de pago, incluyendo la exigencia de plasmar en la escritura pública de venta una declaración bajo la gravedad de juramento, respecto de la veracidad del precio como el valor real acordado para la operación, confirmando que no existen pactos adicionales que defrauden al fisco por señalar un valor diferente. Sin esta estipulación los conceptos impositivos por renta, ganancias ocasionales, registro, los derechos de registro y notariales, serán liquidados sobre cuatro veces el valor indicado en la escritura. De esa manera el legislador ha buscado de manera contundente evitar que las partes escrituren la venta por un valor inferior al real.

De acuerdo con el artículo 70 ET, los contribuyentes podrán anualmente ajustar el costo de los bienes muebles e inmuebles que tengan como activo fijo en los porcentajes que autoriza el gobierno. El valor de referencia para determinar el costo de los activos fijos es aquel por el que se han adquirido o comprado, el cual se puede incrementar con reajustes, adiciones, mejoras, etc.

Ahora bien, respecto del costo fiscal de los activos, los contribuyentes no obligados a llevar contabilidad, además de determinarlo por el valor de adquisición, con la sumatoria de las reparaciones o adiciones, puede optar por el avalúo catastral en los términos del artículo 72 ET, o por el costo fiscal regulado en el artículo 73 ET que contempla el ajuste histórico al valor de adquisición como forma de fijar el costo del activo fijo para efectos de determinar la renta o ganancia ocasional proveniente de la enajenación de bienes raíces y de acciones o aportes que tengan la condición de activos fijos. Al amparo de este artículo se podrá ajustar el costo de adquisición de estos activos en el incremento porcentual del valor de la propiedad raíz, o en el incremento porcentual del índice de precios al consumidor para empleados, registrado en el período entre el 1.º de enero del año de adquisición del bien y el 1.º de enero del año en el cual se enajena. A este costo ajustado se le puede anexar el valor de las mejoras y los pagos de contribuciones por valorización, cuando se trate de bienes raíces.

La norma impone al contribuyente que determine el costo fiscal de sus bienes raíces, aportes o acciones en sociedades y que tal rubro figure como valor patrimonial en sus declaraciones de renta, sin perjuicio de que en años posteriores pueda hacer uso de la alternativa regulada por el artículo 72 ET.

Es así como anualmente el Ministerio de Hacienda y Crédito Público emite un decreto en el que lista los porcentajes de incremento a aplicar al costo de adquisición de los bienes raíces, acciones o aportes, conforme al artículo 73 ET, según el año de adquisición del activo, los cuales tienen como base la certificación del Instituto Geográfico Agustín Codazzi y el DANE. Vale la pena también resaltar que este ajuste no es compatible con el reajuste fiscal del artículo 70 ET, dado que al aplicarse el artículo 73 ET se incorpora el reajuste anual del artículo 70 ET.

A partir de lo anterior, y para efectos de determinar el costo fiscal de los activos fijos, se debe aclarar que en particular los contribuyentes no obligados a llevar contabilidad deben declarar los inmuebles por el mayor valor entre el costo de adquisición, el costo fiscal, el autoavalúo o el avalúo catastral actualizado al final del ejercicio, en atención a lo previsto por el artículo 277 ET, sin perjuicio de lo dispuesto en los artículos 72 y 73 ET. Además, las construcciones o mejoras no incorporadas para efectos del avalúo o el costo fiscal del respectivo inmueble deben ser declaradas por separado.

Así, sin perjuicio de lo indicado en el párrafo anterior, para determinar la ganancia ocasional o la utilidad resultante de la enajenación del activo fijo se puede elegir el mayor valor resultante de los cálculos señalados en el marco de los artículos 72 y 73 ET, lo que por supuesto es bastante lógico, a fin de contar con un costo fiscal favorable que permita, frente al valor de enajenación pactado, una menor diferencia, y como resultado una menor base gravable del impuesto a las ganancias ocasionales. Si el costo fiscal es elevado, la ganancia obtenida es menor; si el costo fiscal es bajo, la ganancia es mayor, y en esa medida la carga impositiva es mayor por este impuesto.

De forma que la cuantía de la ganancia por utilidad en la enajenación de activos fijos poseídos durante dos o más años, presupuesto material del elemento objetivo del impuesto a las ganancias ocasionales, corresponde a la diferencia entre el precio de enajenación y el costo fiscal del activo enajenado que, en resumen, como ya se indicó, para quienes no se encuentran obligados a llevar contabilidad, se determina por el valor patrimonial que declaran las personas naturales y las sucesiones ilíquidas, sin perjuicio de que en el caso de los bienes raíces deba declararse el mayor valor entre el costo de adquisición, el avalúo catastral, el autoavalúo y el costo fiscal.

Comprendido lo anterior, podemos destacar con claridad la implicación de consignar en la escritura pública de venta un valor inferior al real, lo que en el marco del artículo 90 ET está prohibido. Al actuar de esa manera se registra un menor precio de venta que podría conllevar una menor ganancia ocasional, y a menor ganancia menor impuesto; sin embargo, puede verse afectado el comprador, dado que, al tener un valor inferior en la escritura, el costo fiscal del activo es inferior y su ganancia ocasional se incrementa aumentando de paso su impuesto al momento de vender la propiedad en un futuro.

De acuerdo con el artículo 314 ET, la tarifa del impuesto a las ganancias ocasionales aplicable a la base gravable determinada como utilidad por la enajenación de los activos fijos, corresponde al 10%.

B. UTILIDADES EN LA LIQUIDACIÓN DE SOCIEDADES

Tratándose de las utilidades originadas en la liquidación de sociedades que hayan cumplido dos o más años de existencia, la base gravable se determina al momento de la liquidación social y corresponde a la diferencia entre el precio de venta y el costo fiscal de las acciones. Como se advirtió en el numeral anterior respecto del contenido del artículo 90 ET, el legislador también ha previsto que las acciones o cuotas de interés social de sociedades o entidades nacionales que no coticen en la Bolsa de Valores Colombia, o no tengan reconocimiento internacional, el precio de venta no puede ser inferior al valor intrínseco incrementado en un 30%, lo que reafirma que se acepta como mínimo un precio equivalente al 130% del valor intrínseco de las acciones. Tal previsión no es aplicable para las acciones inscritas en bolsa, caso en el cual se acepta el precio fijado por el mercado.

La tarifa del impuesto a las ganancias ocasionales aplicable a la base gravable determinada como utilidad por la liquidación de sociedades corresponde al 15% a partir de 2023, con ocasión de la modificación introducida por la Ley 2277 de 2022, antes de la cual la tarifa correspondía al 10%.

C. HERENCIAS, LEGADOS, DONACIONES, LO PERCIBIDO POR UN ACTO JURÍDICO *INTER VIVOS* CELEBRADO A TÍTULO GRATUITO Y POR PORCIÓN CONYUGAL

El artículo 303 ET contempla que la base gravable del impuesto a las ganancias ocasionales aplicable a los conceptos enunciados en el artículo 302 ET corresponde al valor que tengan dichos bienes y derechos al 31 de diciembre del año inmediatamente anterior a la fecha de la liquidación de la sucesión o del perfeccionamiento del acto jurídico *inter vivos* celebrado a título gratuito, según corresponda.

En este grupo de conceptos se encuentran las herencias, legados y donaciones, los bienes o derechos percibidos por cualquier acto jurídico *inter vivos* celebrado a título gratuito o por porción conyugal.

El parágrafo 4.º del artículo 303 ET señala que en el caso de los bienes y derechos transferidos por concepto de herencias y legados adquiridos por el causante en el mismo año en que se hace la transferencia al heredero o legatario, se declaran por el valor de adquisición, dado que no existe un año anterior como referencia.

Puede suceder que el bien recibido en calidad de herencia sea enajenado dentro del mismo período gravable en el que se liquidó la sucesión, caso en el cual, conforme al artículo 179 ET, la utilidad en la enajenación de activos fijos poseídos por menos de dos años no se considera ganancia ocasional sino renta líquida y que el costo del activo fijo enajenado se determina de conformidad con el artículo 67 y siguientes ET[193].

De acuerdo con el artículo 303 ET, en el caso de los bienes y derechos que se listan a continuación, el valor se determina según las siguientes reglas:

1. El valor de las sumas dinerarias será el de su valor nominal.

2. El valor del oro y demás metales preciosos será al valor comercial de tales bienes.

---

193 DIAN, Oficio n.º 036695 del 17 de mayo de 2007.

3. El valor de los vehículos automotores será el del avalúo comercial que fije anualmente el Ministerio de Transporte mediante resolución.

4. El valor de las acciones, aportes y demás derechos en sociedades será el determinado de conformidad con lo establecido en el artículo 272 de este Estatuto.

5. El valor de los créditos será el determinado de conformidad con lo establecido en el artículo 270 de este Estatuto.

6. El valor de los bienes y créditos en monedas extranjeras será su valor comercial, expresado en moneda nacional, de acuerdo con la tasa oficial de cambio que haya regido el último día hábil del año inmediatamente anterior al de liquidación de la sucesión o al de perfeccionamiento del acto de donación o del acto jurídico *inter vivos* celebrado a título gratuito, según el caso.

7. El valor de los títulos, bonos, certificados y otros documentos negociables que generan intereses y rendimientos financieros será el determinado de conformidad con el artículo 271 de este Estatuto.

8. El valor de los derechos fiduciarios será el 80% del valor determinado de acuerdo con lo dispuesto en el artículo 271-1 de este Estatuto.

9. El valor de los inmuebles será el determinado de conformidad con el artículo 277 de este Estatuto.

10. El valor de las rentas o pagos periódicos que provengan de fideicomisos, trusts, fundaciones de interés privado y otros vehículos semejantes o asimilables, establecidos en Colombia o en el exterior, a favor de personas naturales residentes en el país será el valor total de las respectivas rentas o pagos periódicos.

11. El valor del derecho de usufructo temporal se determinará en proporción al valor total de los bienes entregados en usufructo, establecido de acuerdo con las disposiciones consagradas en este artículo, a razón de un 5% de dicho valor por cada año de duración del usufructo, sin exceder del 70% del total del valor del bien. El valor del derecho de usufructo vitalicio será igual al 70% del valor total de los bienes entregados en usufructo, determinado de acuerdo con las disposiciones consagradas en este artículo. El valor del derecho de nuda propiedad será la diferencia entre el valor del derecho de usufructo y el valor total de los bienes, determinado de acuerdo con las disposiciones consagradas en este artículo.

Según lo incorporado en el artículo 314 ET, la tarifa del impuesto a las ganancias ocasionales aplicable a la base gravable determinada por herencias, legados y donaciones, por los bienes o derechos percibidos por cualquier acto jurídico *inter vivos* celebrado a título gratuito y por porción conyugal, corresponde al 15%.

D. LOTERÍAS, PREMIOS, RIFAS, APUESTAS Y SIMILARES

De acuerdo con el artículo 304 ET, cuando una persona se haga acreedora al pago de una lotería, premio, rifa, apuesta, concurso o similares, y tal reconocimiento económico se hace en dinero, su cuantía se determina por lo efectivamente recibido y será esta la base gravable del impuesto. Si el concepto al que se ha hecho acreedor se reconoce en especie, la base gravable se determina por el valor comercial del bien al momento de recibirse.

Conforme lo señala el artículo 305 ET, cuando se trata de premios en títulos de capitalización, la base gravable corresponde a la diferencia entre el premio recibido y lo pagado por las cuotas correspondientes al título favorecido.

El artículo 317 ET establece una tarifa del 20% para las ganancias ocasionales provenientes de loterías, rifas, apuestas y similares, siendo este el caso de la tarifa diferencial frente a los demás conceptos por ganancias ocasionales a las que se les aplica una tarifa del 15%, teniendo en cuenta los recientes cambios introducidos por la reforma tributaria para la igualdad y la justicia social del Gobierno de Gustavo Petro, Ley 2277 del 13 de diciembre de 2022.

CAPÍTULO IV.

Descuentos, anticipos y pérdidas fiscales

I. DESCUENTOS

A. IMPUESTOS PAGADOS EN EL EXTERIOR

De conformidad con el artículo 254 ET, las personas naturales residentes contribuyentes del impuesto sobre la renta y complementarios que perciban rentas de fuente extranjera sujetas al impuesto sobre la renta en el país de origen, tienen derecho a descontar del monto del impuesto colombiano de renta y complementarios, el impuesto pagado en el extranjero, cualquiera sea su denominación, liquidado sobre esas mismas rentas, siempre que el descuento no exceda el monto del impuesto que deba pagar en Colombia por esas mismas rentas. Para efectos de esa limitación general, las rentas del exterior deben depurarse imputando ingresos, costos y gastos.

> – Cuando se trate de dividendos o participaciones provenientes de sociedades domiciliadas en el exterior, habrá lugar a un descuento tributario en el impuesto sobre la renta y complementarios por los impuestos sobre la renta pagados en el exterior, de la siguiente forma:
>
> – El valor del descuento equivale al resultado de multiplicar el monto de los dividendos o participaciones por la tarifa efectiva del impuesto sobre la renta a la que hayan estado sometidas las utilidades comerciales que los generaron.
>
> – Cuando la sociedad que reparte los dividendos o participaciones gravados en Colombia haya recibido a su vez dividendos o participaciones de otras sociedades, ubicadas en la misma o en otras jurisdicciones, el valor del descuento equivale al resultado de multiplicar el monto de los dividendos o participaciones percibidos por el contribuyente nacional, por la tarifa efectiva a la que hayan estado sometidas las utilidades comerciales que los generaron.
>
> – Para tener derecho al descuento a que se refiere el literal a) del presente artículo, el contribuyente nacional debe poseer una participación directa en el capital de la sociedad de la cual recibe los dividendos o participaciones (excluyendo las acciones o participaciones sin derecho a voto). Para el caso del literal b), el contribuyente nacional deberá poseer indirectamente una participación en el capital de la subsidiaria o subsidiarias (excluyendo las acciones o participaciones sin derecho a voto). Las participaciones directas e indirectas señaladas en el presente literal deben corresponder a inversiones que constituyan activos fijos para el contribuyente en Colombia, con lo que el descuento tributario indirecto no sería aplicable a las inversiones de portafolio destinadas a especular en mercados de valores.

– Cuando los dividendos o participaciones percibidas por el contribuyente nacional hayan estado gravados en el país de origen el descuento se incrementará en el monto de tal gravamen.

– En ningún caso el descuento a que se refieren los literales anteriores, podrá exceder el monto del impuesto de renta y complementarios, generado en Colombia por tales dividendos, menos los costos y gastos imputables.

– Para tener derecho al descuento a que se refieren los literales a), b) y d), el contribuyente deberá probar el pago en cada jurisdicción aportando certificado fiscal del pago del impuesto expedido por la autoridad tributaria respectiva o en su defecto con una prueba idónea. Adicionalmente, se deberá contar con un certificado del revisor fiscal de la sociedad que distribuye los dividendos, en que se pueda constatar el valor de la utilidad comercial, el valor de la utilidad fiscal, la tarifa de impuesto y el impuesto efectivamente pagado por dicha sociedad. La tarifa efectiva será el porcentaje que resulte de dividir el valor del impuesto efectivamente pagado en las utilidades comerciales de la sociedad extranjera operativa antes de impuestos.

Es importante precisar que el impuesto sobre la renta pagado en el exterior podrá ser tratado como descuento en el año gravable en el cual se haya realizado el pago, o en cualquiera de los períodos gravables siguientes sin perjuicio de lo previsto en el artículo 259 de este Estatuto. En todo caso, el exceso de impuesto descontable que se trate como descuento en otros períodos gravables tiene como límite el impuesto sobre la renta y complementarios generado en Colombia sobre las rentas de fuente extranjera de igual naturaleza a las que dieron origen a dicho descuento.

Finalmente, cuando, de acuerdo con la aplicación del régimen ECE, el residente colombiano realice una atribución de algunas rentas pasivas y no de la totalidad de las rentas de la ECE, el descuento tributario corresponde al impuesto efectivamente pagado por la ECE sobre las mismas rentas, el cual debe certificar la ECE, no podrá ser superior al porcentaje del ingreso atribuido sobre el valor total de los ingresos de la ECE.

B. INVERSIONES REALIZADAS EN INVESTIGACIÓN DE DESARROLLO TECNOLÓGICO O INNOVACIÓN

De acuerdo con el artículo 256 ET, y según los criterios y condiciones definidas por el Consejo Nacional de Beneficios Tributarios en Ciencia y Tecnología en Innovación (CNBT), las personas que realicen inversiones en proyectos calificados como de investigación, desarrollo tecnológico o innovación, tendrán derecho a descontar de su impuesto sobre la renta a cargo el 25% del valor en el período gravable respectivo. De acuerdo con la normatividad vigente, las inversiones de que trata este artículo se pueden realizar a través de los actores reconocidos por Colciencias. El Consejo Nacional de Beneficios Tributarios es el encargado de definir los procedimientos de control, seguimiento y evaluación de los proyectos calificados, y las condiciones para garantizar la divulgación de los resultados, sin perjuicio de la aplicación de las normas sobre propiedad intelectual, que además servirán de mecanismo de control de la inversión de los recursos.

Para que proceda el descuento de que trata el presente artículo, al calificar el proyecto se deben tener en cuenta los criterios de impacto ambiental.

El mismo tratamiento previsto en este artículo será aplicable: i) a las donaciones hechas a las instituciones de educación superior o al ICETEX, destinadas a programas de becas totales o parciales, o créditos condonables que podrán incluir manutención, hospedaje, transporte, matrícula, útiles y libros, de acuerdo con la reglamentación expedida por el Gobierno Nacional respecto de las condiciones de asignación y funcionamiento a las que se refiere el presente artículo, aprobadas por el Ministerio de Educación Nacional y que beneficien a estudiantes de estratos 1, 2 y 3; ii) a las donaciones recibidas por el Fondo Nacional de Financiamiento para la Ciencia, la Tecnología y la Innovación (Fondo Francisco José de Caldas), y que estén destinadas al financiamiento de programas y/o proyectos de ciencia, tecnología e innovación, de acuerdo con los criterios y las condiciones señaladas por el CNBT, y iii) a la remuneración correspondiente a la vinculación de personal con título de doctorado en las empresas contribuyentes de renta, que se realice con posterioridad a la expedición de la presente ley, siempre y cuando se cumplan los criterios y condiciones definidos por el CNBT para tal fin, y su vinculación esté asociada al desarrollo de actividades de I+D+i. Para el caso de títulos de doctorado obtenidos en el exterior, de manera previa a su vinculación se deben cumplir los requisitos de convalidación previstos en la normatividad vigente.

El descuento por la remuneración de personal con título de doctorado se causará cuando dicho personal no esté vinculado a los proyectos a los que hace mención el presente artículo en su primer inciso.

El descuento aquí previsto se somete a lo establecido en los parágrafos 1 y 2 del artículo 158-1 ET.

C. Descuento por donaciones a entidades sin ánimo de lucro del régimen tributario especial

De acuerdo con el artículo 257 ET, las donaciones efectuadas a entidades sin ánimo de lucro que hayan sido calificadas en el régimen especial del impuesto sobre la renta y complementarios, y a las entidades no contribuyentes de que tratan los artículos 22 y 23 ET, no serán deducibles del impuesto sobre la renta y complementarios, pero darán lugar a un descuento equivalente al 25% del valor donado en el año o período gravable. El Gobierno Nacional reglamentará los requisitos para que proceda este descuento.

Las donaciones de que trata el artículo 125 ET también darán lugar al descuento previsto en este artículo.

Todos los usuarios de las entidades financieras vigiladas por la Superintendencia Financiera de Colombia tendrán la posibilidad de efectuar donaciones para el financiamiento y sostenimiento de las instituciones de educación superior públicas a través de los cajeros automáticos, páginas web y plataformas digitales pertenecientes a dichas entidades financieras, las cuales emitirán los certificados de donación a fin de que los donantes puedan tomar el descuento tributario en los términos previstos en los artículos 257 y 258 ET. La DIAN, mediante resolución, reglamentará lo dispuesto en este artículo.

D. Descuento del 19% determinado a partir de la renta líquida cedular de dividendos y participaciones de personas naturales residentes y sucesiones ilíquidas de causantes residentes

La Reforma Tributaria, Ley 2277 de 2022, creó un descuento del 19% aplicable a las personas naturales residentes, y a las sucesiones ilíquidas de causantes que al momento de su muerte eran residentes del país y que hubieran percibido ingresos por concepto de dividendos y/o participaciones declarados en los términos del artículo 331 ET así:

Renta líquida cedular de dividendos y participaciones desde	Renta líquida cedular de dividendos y participaciones hasta	Descuento marginal	Descuento
0	1.090	0%	0%
>1.090	En adelante	19%	(Renta líquida cedular de dividendos y participaciones en UVT menos 1.090 UVT x 19%)

E. LÍMITES APLICABLES A LOS DESCUENTOS

Según el artículo 259 ET, en ningún caso los descuentos tributarios pueden exceder el valor del impuesto básico de renta.

La determinación del impuesto después de descuentos en ningún caso puede ser inferior al 75% del impuesto determinado por el sistema de renta presuntiva sobre patrimonio líquido, antes de cualquier descuento tributario.

Es importante precisar que el límite establecido en el inciso 2.º del presente artículo, no será aplicable a las inversiones de que trata el artículo 5.º de la Ley 218 de 1995, ni a las rentas exentas.

II. ANTICIPO DEL IMPUESTO SOBRE LA RENTA

De conformidad con el artículo 807 ET, los contribuyentes del impuesto sobre la renta están obligados a pagar un 75% del impuesto de renta, determinado en su liquidación privada, a título de anticipo del impuesto de renta del año siguiente al gravable.

Para determinar la base del anticipo, al impuesto neto de renta, o al promedio de los dos últimos años, a opción del contribuyente, se aplica el porcentaje previsto en el inciso anterior. Del resultado se descuenta el valor de la retención en la fuente correspondiente al respectivo ejercicio fiscal, con lo cual se obtiene el anticipo a pagar.

En el caso de contribuyentes que declaran por primera vez, el porcentaje de anticipo de que trata este artículo será del 25% para el primer año, 50% para el segundo año y 75% para los años siguientes.

En las respectivas liquidaciones privadas del impuesto sobre la renta y complementarios los contribuyentes agregan al total liquidado el valor del anticipo. Del resultado anterior deducen el valor del anticipo consignado de acuerdo con la liquidación del año o período gravable inmediatamente anterior, el valor retenido en la fuente y el saldo a favor del período anterior, cuando fuere del caso. La diferencia se cancela en la proporción y dentro de los términos señalados para el pago de la liquidación privada.

De acuerdo con el artículo 808 ET, el Gobierno Nacional puede autorizar reducciones del anticipo del impuesto cuando en un ejercicio gravable causas ajenas a la voluntad de los contribuyentes hagan prever razonablemente una disminución general de las rentas provenientes de determinada actividad económica.

De otro lado, a solicitud del contribuyente el artículo 809 ET permite que el administrador de impuestos nacionales respectivo, o sus delegados, autorice mediante resoluciones de carácter especial reducciones proporcionales del anticipo del impuesto en los siguientes casos:

– Cuando en los tres primeros meses del año o período gravable al cual corresponda el anticipo, los ingresos del contribuyente hayan sido inferiores al 15% de los ingresos correspondientes al año o período gravable inmediatamente anterior;

– Cuando en los seis primeros meses del año o período gravable al cual corresponda el anticipo, los ingresos del contribuyente hayan sido inferiores al 25% de los ingresos correspondientes al año o período gravable inmediatamente anterior.

En caso de que la solicitud sea resuelta favorablemente, en la resolución se fijará el monto del anticipo a cargo del contribuyente y su forma de pago.

La sola presentación de la solicitud de reducción, que debe estar acompañada de todas las pruebas necesarias para su resolución, no suspende la obligación de cancelar la totalidad del anticipo.

III. PÉRDIDAS FISCALES

En primer lugar, sea del caso precisar que las personas naturales no obligadas a llevar contabilidad bien pueden liquidar pérdidas fiscales para una futura compensación, como resultado de su conformación a nivel de ingresos, costos y gastos. Lo anterior, como resulta obvio, tiene probabilidades de presentarse en aquellas rentas en las cuales la depuración de costos y gastos es admitida por la legislación vigente.

Recuérdese, como ha quedado expuesto, que actualmente las personas naturales pueden detraer costos y gastos de las rentas del trabajo, de capital y no laborales, las cuales se reúnen en la cédula general.

Así las cosas, es necesario citar el artículo 1.2.1.20.6 del DUR, según el cual, *las pérdidas declaradas en los periodos gravables 2018 y anteriores* únicamente podrán ser imputadas contra la renta líquida de la cédula general, teniendo en cuenta los límites y porcentajes de compensación establecidos en las normas vigentes, *y sin afectar las rentas de trabajo*, de conformidad con lo previsto en el artículo 156 y el parágrafo transitorio del artículo 330 ET.

Nótese, entonces, que si una persona natural liquidó una pérdida fiscal antes del año gravable 2018 y de allí en adelante únicamente ha declarado impuesto sobre la renta al interior de las rentas del trabajo, le está prohibido legalmente compensar dicha pérdida fiscal contra las rentas del trabajo, de lo que pareciera olvidarse que dentro de las rentas del trabajo actualmente se clasifican los honorarios, sin condición alguna.

A continuación el artículo 1.2.1.20.6 del DUR establece que *a partir del año gravable 2019* las pérdidas fiscales en que incurran las personas naturales por cada renta dentro de una cédula sólo podrán ser compensadas contra la misma renta de la correspondiente cédula en los siguientes periodos gravables, teniendo en cuenta los límites y porcentajes de compensación establecidos en las normas vigentes.

Adicionalmente, se aclara que al momento de ser compensadas, dichas pérdidas no podrán superar el valor resultante de restar a los ingresos de las rentas de capital o no laborales los ingresos no constitutivos de renta, y los costos y gastos procedentes, teniendo en cuenta los términos y condiciones que establece el artículo 147 ET.

Ahora bien, sea del caso advertir que con motivo de los cambios efectuados en la Reforma Tributaria, Ley 2277 de 2022, a partir del año gravable 2023 las pérdidas de las rentas líquidas cedulares no se sumarán para efectos de determinar la renta líquida gravable y, en cualquier caso, podrán compensarse en los términos del artículo 330 ET.

Ahumada, G. (1934). "Impuesto sobre la Renta (continuación)", *Revista de la Universidad Nacional de Córdoba*, n.º 21, n.º 5-6, 7-8, Córdoba, Argentina, disponible en https://revistas.unc.edu.ar/index.php/REUNC/issue/view/569.

Álvarez, P. (2001) *La delimitación de los rendimientos del capital en el Impuesto sobre la renta de las personas física*, Barcelona, Cedecs Editores, disponible en Tesauro vLex http://vlex.com/source/327.

Autorregulador del Mercado de Valores (AMV) (2019). "Guía de Estudio de Renta Fija", disponible en https://www.amvcolombia.org.co/wp-content/uploads/2019/08/Guia-Renta-Fija-.pdf.

Azuero, F. (2020). *El sistema de pensiones en Colombia. Institucionalidad, gasto público y sostenibilidad financiera*, Serie Macroeconomía del Desarrollo 206, CEPAL, Naciones Unidas.

Banco de la República. Oficio n.º DTIE-CA-06185-2021 del 4 de marzo de 2021.

Carbajo, D., F. Díaz, J. Jiménez, P. Porporatto et al. (2019). *Los sistemas tributarios en América Latina*, Madrid, Instituto de Estudios Fiscales y Agencia Española de Cooperación Internacional para el Desarrollo (AECID).

Código Sustantivo del Trabajo. Artículo 127.

Comisión de Expertos para la Equidad y la Competitividad Tributaria (2016). *Informe Final presentado al Ministro de Hacienda y Crédito Público*, 1.ª ed., Bogotá, La Imprenta Editores.

Comunidad Andina, Decisión 578 Régimen para evitar la Doble Tributación y Prevenir la Evasión Fiscal.

Comunidad Andina de Naciones, Secretaría General de la Comisión de la Comunidad Andina de Naciones. Oficio SF-C/511/2889/2008.

Concha, T., J. Ramírez y Olga Acosta (2017). *Tributación en Colombia, reformas, evasión y equidad*, Serie de Estudios y Perspectivas, n.º 35, CEPAL, Naciones Unidas.

Corredor, J. (2007). *El Impuesto de Renta en Colombia. Parte general*, 3.ª ed., Centro Interamericano Jurídico-Financiero.

González, D. (1997). *Estudio comparado del Impuesto sobre la Renta de los Países miembros del CIAT*, Centro Interamericano de Administraciones Tributarias, Panamá.

Mauricio, S. (2019). *Derecho financiero y tributario*, 2.ª ed., Valencia, Tirant lo Blanch.

Ospina, O. (2016). *Teoría general del contrato y del negocio jurídico*, Bogotá, Editorial Temis S.A.

Pérez, J. y R. Fol Olguín (2014). *Estudio del impuesto sobre la renta. Personas físicas*, México, Tax Editores.

Pérez, J. (2013). *Impuesto sobre la Renta de las Personas Físicas. Impuesto sobre el Patrimonio. Impuesto sobre la Renta de los No Residentes*, 2.ª ed. concordada y anotada, Valencia, Tirant lo Blanch.

Plazas, A. y A. Ordóñez (2020). "Análisis de los aspectos constitucionales tributarios a partir de la Ley de Financiamiento", en J. Piza y J. Castro. *La Reforma Tributaria Ley 2010 de 2019 "Ley de crecimiento económico"*, Bogotá, Universidad Externado de Colombia.

Ruiz, M. (2017). *Derecho de la Propiedad Intelectual. Derecho de autor y Propiedad Industrial*, Valencia, Tirant lo Blanch.

Tamayo A. (2004). *Manual de Obligaciones. Teoría del acto jurídico y otras fuentes*, 5.ª ed., Bogotá, Editorial Temis.

Vergara, G. (2019). *Los sistemas de imposición a la renta*. Revista de Estudios Tributarios n.º 21. Centro de Estudios Tributarios, Universidad de Chile.

Código de Comercio (Decreto 410 de 1971), artículos 19, 511, y 1287.

CONGRESO DE LA REPÚBLICA DE COLOMBIA

Código Civil Colombiano (Ley 84 de 1873), artículos 34, 62, 74, 288, 291, 295, 1011, 1147, 1148. 1149, 1150, 1151, 1152, 1153, 1154, 1230, 1231, 1234, 1235, 1236, 1443, 1445, 1457, 1458, 1495, 1530, 1535, 1602, 1714, 1724, 1775 y 1830.

Constitución Política de la República de Colombia de 1991, artículos 2.º, 48, 49, 95, 243 y 338.

Ley 100 de 1993, artículos 1.º, 13, 15, 16, 18, 20, 21, 27, 32, 33, 34, 35, 37, 39, 40, 41, 42, 43, 44, 45, 46, 47, 48, 49, 59, 60, 62, 65, 66, 69, 73, 74, 76, 97, 115, 116, 117, 118, 119, 120, 121, 122, 123, 124, 135, 169 y 204.

Ley 75 de 1986, artículo 27.

Ley 10 de 1934.

Ley 6 de 1945.

Ley 65 de 1946.

Ley 17 de 1971.

Ley 6 de 1972.

Ley 33 de 1973.

Ley 56 de 1981.

Ley 23 de 1982.

Ley 33 de 1985.

Ley 98 de 1993, artículo 28.

Ley 218 de 1995, artículo 5.

Ley 418 de 1997.

Ley 488 de 1998.

Ley 546 de 1999, artículo 16.

Ley 633 de 2000.

Ley 788 de 2002.

Ley 776 de 2002, artículo 12.

Ley 797 de 2003, artículo 2.

Ley 1111 de 2006, artículos 51 y 75.

Ley 1562 de 2012, artículo 13.

Ley 1607 de 2012, artículos 2.º, 6.º, 15, 105 y 198.

Ley 1739 de 2014, artículos 25 y 26.

Reforma Tributaria Estructural (Ley 1819 de 2016), artículos 1.º, 18, 76, 77, 88, 89, 100 y 376.

Ley 1943 de 2018, artículos 24, 33, 78, 80 y 122.

Ley 2019 de 2019, artículo 41.

Ley 2010 de 2019, artículos 32, 89, 117 y 160.

Ley 2068 de 2020, artículo 41.

Ley 2155 de 2021.

Ley 2277 de 2022.

Estatuto Tributario, artículos 1.º, 2.º, 3.º, 5.º, 6.º, 7.º, 8.º, 9.º, 10, 11, 18, 21-1, 22, 23, 24, 26, 27, 30, 33, 36-1, 36-3 (art. derogado por la Ley 2277 del 2022), 38, 39, 40, 40-1, 41, 42, 45, 46, 46-1, 47, 48, 49, 50, 51, 55, 56, 57-2, 58, 60, 67, 70, 72, 73, 81, 81-1, 90, 103, 104, 105, 106, 107, 107-1, 107-2, 115, 115-1, 117, 118, 119, 121, 125, 126-1, 126-4, 127-1, 128, 130, 147, 156, 158-1, 179, 206, 206-1, 207-2, 240, 241, 242, 235-2, 235-3, 236, 237, 238-1, 239-1, 240, 245, 247, 254, 256, 257, 258, 259, 263, 264, 265, 266, 272, 277, 299, 300, 301, 302, 303, 303-1, 304, 305, 306, 306-1, 307, 308, 311-1, 313, 314, 316, 317, 330, 332, 335, 336, 337, 387, 387-1, 388, 392, 401-3, 407, 408, 409,410, 411, 555, 571, 572, 588, 591, 592, 593, 594-1, 594-3, 807, 808, 809, 844, 883, 884, 886 y 887.

CONSEJO DE ESTADO

Sección Cuarta. Sentencia 2072 del 15 de septiembre de 1972, C. P.: Hernando Gómez Mejía.

Sección Cuarta. Sentencia 13238 del 6 de marzo de 2003, C. P.: Hugo Fernando Bastidas Bárcenas.

Sección Cuarta. Sentencia 15352 del 11 de diciembre de 2007, C. P.: Ligia López Díaz.

Sección Cuarta. Sentencia 16272 del 26 de noviembre de 2008, C. P.: Martha Teresa Briceño de Valencia.

Sección Cuarta. Sentencia 18865 del 10 de julio de 2014, C. P.: Hugo Fernando Bastidas Bárcenas.

Sección Cuarta. Sentencia 19566 del 16 de diciembre de 2014, C. P.: Carmen Teresa Ortiz de Rodríguez.

Sección Cuarta. Sentencia 19902 del 2 de diciembre de 2015, C. P.: Carmen Teresa Ortiz de Rodríguez.

Sección Cuarta. Sentencia 20293 del 22 septiembre 2016, C. P.: Hugo Fernando Bastidas Bárcenas.

Sección Cuarta. Sentencia 19748 del 13 de octubre de 2016, C. P.: Hugo Fernando Bastidas Bárcenas.

Sección Cuarta. Sentencia 22570 del 15 de junio de 2017, C. P.: Milton Chaves García.

Sección Cuarta. Sentencia 19405 del 5 de marzo de 2018, C. P.: Milton Chaves García.

Sección Cuarta. Sentencias 23040 del 9 de mayo de 2019, C. P.: Milton Chávez García.

Sección Cuarta. Sentencia 23622 del 29 de abril de 2020, C. P.: Myriam Stella Gutiérrez Argüello.

Sección Cuarta. Sentencia 22985 del 5 de noviembre de 2020, C. P.: Stella Jeannette Carvajal Basto.

Sección Cuarta. Sentencia 23727 del 18 de marzo de 2021, C. P.: Myriam Stella Gutiérrez Argüello.

Sección Cuarta. Sentencia 23558 del 30 de julio de 2021, C. P.: Stella Jeannette Carvajal Basto.

Consejo Técnico de la Contaduría Pública, Sala Plena (27 de marzo 2001Concepto CCTCP 005.

CORTE CONSTITUCIONAL

Sentencia C-683 del 4 de diciembre de 1996, M. P.: Fabio Morón Díaz.

Sentencia C-009 del 23 de enero de 2003, M. P.: Jaime Araújo Rentería.

Sentencia C-364 del 29 de marzo de 2000, M. P.: Alejandro Martínez Caballero.

Sentencia C-1255 del 28 de noviembre de 2001, M. P.: Rodrigo Uprimny Yepes.

Sentencia C-910 del 21 de septiembre de 2004, M. P.: Rodrigo Escobar Gil.

Sentencia C-875 del 23 de agosto de 2005, M. P.: Rodrigo Escobar Gil.

Sentencia C-283 del 13 de abril de 2011, M. P.: Jorge Ignacio Pretelt Chaljub.

Sentencia C-258 del 7 de mayo de 2013, M. P.: Jorge Ignacio Pretelt Chaljub.

Sentencia T-008 del 15 de enero de 2015, M. P.: José Iván Palacio.

Sentencia C-492 del 5 de agosto de 2015, M. P.: María Victoria Calle Correa.

Sentencia C-668 del 28 de octubre de 2015, M. P.: Gloria Stella Ortiz Delgado.

Sentencia C-308 del 10 de mayo de 2017, M. P.: Luis Guillermo Guerrero Pérez.

Sentencia C-333 del 17 de mayo de 2017, M. P.: Iván Humberto Escrucería Mayolo.

Sentencia C-120 del 14 de noviembre de 2018, M. P.: Gloria Stella Ortiz Delgado.

Sentencia C-129 del 28 de noviembre de 2018, M. P.: Gloria Stella Ortiz Delgado.

Sentencia C-235 del 29 de mayo de 2019, M. P.: José Fernando Reyes Cuartas.

Sentencia C-520 del 5 de noviembre de 2019., M. P.: Cristina pardo Schlesinger.

Sentencia C-593 del 5 de diciembre de 2019, M. P.: Cristina pardo Schlesinger.

Sentencia C-606 del 11 de diciembre de 2019, M. P.: Alejandro Linares Cantillo.

CORTE SUPREMA DE JUSTICIA

Sala de Casación Civil. Sentencia 6462 del 13 de diciembre de 2002, M. P.: Carlos Ignacio Jaramillo Jaramillo.

Sala de Casación Civil. Sentencia 6585 del 20 de mayo de 2003, M. P.: Jorge Antonio Castillo Rugeles.

Sala de Casación Laboral. Sentencia 28085 del 17 de abril de 2007, M. P.: Gustavo José Gnecco Mendoza.

DIRECCIÓN DE IMPUESTOS Y ADUANAS NACIONALES (DIAN)

Concepto 016449 del 9 de mayo de 1993.

Concepto 016805 del 2 de marzo de 2001.

Concepto n.º 28286 del 6 de abril de 2001.

Concepto n.º 049557 del 8 de agosto de 2002.

Concepto n.º 007261 del 11 de febrero de 2005.

Oficio n.º 14866 del 14 de marzo de 2005.

Oficio n.º 015809 del 15 de junio de 2005.

Concepto n.º 047306 del 14 de julio de 2005.

Concepto n.º 064444 del 12 de septiembre de 2005.

Concepto n.º 071921 del 5 de octubre de 2005.

Oficio n.º 036695 del 17 de mayo de 2007.

Oficio n.º 101636 del 14 de octubre de 2008.

Oficio n.º 053020 del 17 de agosto de 2012.

Concepto n.º 030573 del 9 de noviembre de 2015.

Concepto n.º 112 del 10 de febrero de 2016.

Oficio n.º 016425 del 22 de junio de 2017.

Oficio n.º 025428 del 20 de septiembre de 2017.

Oficio n.º 023054 del 25 de agosto de 2017.

Oficio n.º 017140 del 3 de julio de 2018.

Oficio n.º 008537 del 9 de abril de 2018.

Concepto n.º 100202208 del 9 de abril de 2018.

Oficio n.º 012288 del 11 de mayo de 2018.

Concepto General Unificado n.º 0912 del 19 de julio de 2018.

Concepto del 23 de julio de 2018.

Concepto n.º 1364 del 7 de noviembre de 2018.

Oficio n.º 412 del 25 de febrero de 2019.

Concepto n.º 18645 del 9 de agosto de 2019.

Oficio n.º 1013 del 19 de septiembre de 2019.

Concepto n.º 204 28 de febrero de 2019.

Oficio n.º 017761 del 10 de julio de 2019.

Concepto n.º 9185 del 16 de abril de 2019.

Oficio n.º 19755 del 9 de agosto de 2019.

Oficio n.º 2582 del 2 de noviembre de 2019.

Oficio n.º 027408 del 2 de noviembre de 2019.

Oficio n.º 250-006184 del 12 de marzo de 2019.

Concepto n.º 000612 del 13 de marzo de 2019.

Oficio n.º 1046 del 29 de abril de 2019.

Oficio n.º 015472 del 13 de junio de 2019.

Concepto n.º 1820 del 23 de julio de 2019.

Oficio n.º 0161 002992 del 12 de febrero de 2020.

Oficio n.º 359 del 26 de marzo de 2020.

Oficio n.º 351 del 21 de abril de 2020.

Oficio n.º 1203 del 30 de septiembre de 2020.

Oficio n.º 0053 del 23 de enero de 2020.

Concepto n.º 842 del 16 de junio de 2021.

Concepto n.º 371 del 11 de marzo de 2021.

Oficio n.º 0371 del 11 de marzo de 2021.

Resolución n.º 000022 del 5 de marzo de 2021.

Estadística de los tributos administrados por la DIAN del año gravable 2020 (2021), disponible en www.dian.gov.co/dian/cifras/Paginas/TributosDIAN.aspx.

Gaceta del Congreso 894 del 19 de octubre de 2016, Proyecto de Ley 178 de 2016 Cámara, por medio de la cual se adopta una Reforma Tributaria Estructural, se fortalecen los mecanismos para la lucha contra la evasión y la elusión fiscal, y se dictan otras disposiciones.

Gaceta del Congreso –Senado y Cámara– n.º 293 del 2 de mayo de 2019, Imprenta Nacional de Colombia.

Ministerio de Desarrollo Económico, Decreto 2513 de 1987.

MINISTERIO DE HACIENDA Y CRÉDITO PÚBLICO

Estatuto Orgánico del Sistema Financiero. Artículo 164 del Decreto Ley 663 de 1993.

Decreto Único Reglamentario en materia tributaria, Decreto 1625 de 2016, artículos 1.2.1.1.8, 1.2.1.7.1, 1.2.1.12.1, 1.2.1.12.2, 1.2.1.12.3, 1.2.1.12.8, 1.2.1.12.9, 1.2.1.17.5, 1.2.1.18.50, 1.2.1.18.82, 1.2.1.19.2, 1.2.1.20.2, 1.2.1.20.3, 1.2.1.20.4, 1.2.1.20.5, 1.2.1.20.6, 1.2.1.20.7, 1.2.1.20.8, 1.2.1.22.44, 1.2.4.1.6, 1.2.4.1.18, 1.6.1.5.7 y 1.6.1.13.2.7.

Decreto 2250 de 2017, Artículo 1.2.4.1.6.

Exposición de Motivos del Proyecto de Ley "Por medio de la cual se adoptan normas para la promoción del crecimiento económico, la inversión, el fortalecimiento de las finanzas públicas y la progresividad, equidad y eficiencia del sistema tributario, de acuerdo con los objetivos que sobre la materia impulsaron la Ley 1943 de 2018 y se dictan otras disposiciones", Senado de la República de Colombia, disponible en https://www.senado.gov.co/index.php/documentos/comisiones/constitucionales/comision-tercera/proyectos-de-ley-3/2680-exposicion-de-motivos/file.

Decreto 1435 de 2020, artículo 2, 8 y 1.2.1.20.4.

Decreto 455 de 2021.

Decreto 1013 de 2020.

Decreto 2555 de 2010, artículos 2.28.1.1.3, 2.28.1.2.1, 2.28.11.2 y 2.42.1.1.2.

Decreto 1207 de 2020.

Decreto Reglamentario 2755 de 2003.

Decreto 1292 de 2015, artículo 1.

Ministerio de Hacienda y Crédito Público y Ministerio de Salud y Protección Social, Decreto 4122 de 2011.

Ministerio de Justicia, Decreto 902 de 1988, artículo 3.

Ministerio de la Protección Social y Ministerio de Hacienda y Crédito Público. Circular Conjunta n.º001 del 6 de diciembre de 2004.

Ministerio de Salud y Protección Social. Concepto n.º 75266 del 16 de abril de 2012.

Ministerio de Salud y Protección Social. Decreto 0723 de 2013 del 15 de abril de 2013.

Ministerio de Salud y Protección Social. Decreto 2353 de 2015 del 3 de diciembre de 2015.

Ministerio del Trabajo, Decreto 3041 de 1966, artículo 60.

Ministerio del Trabajo, Decreto 1160 de 1989.

Ministerio del Trabajo, Decreto 1703 de 2002, artículo 23.

Ministerio del Trabajo, Decreto 1607 de 2002.

Ministerio del Trabajo, Decreto 1072 de 2015, artículos 2.2.8.1.9 y 2.2.8.1.23.

Ministerio del Trabajo, Decreto 780 de 2016, artículo 3.2.1.1.

Ministerio del Trabajo. Coordinación Grupo Interno de Trabajo de atención a consultas en materia laboral de la Oficina Jurídica. Radicado n.º 11EE2019120000000039711.

Organización Mundial de la Propiedad Intelectual (OMPI) (2020). "¿Qué es la propiedad intelectual?", disponible en https://www.wipo.int/edocs/pubdocs/es/wipo_pub_450_2020.pdf.

Organización para la Cooperación y el Desarrollo Económico (OCDE), Dirección de Impuestos y Aduanas Nacionales (DIAN) y Ministerio de Hacienda y Crédito Público (2021). Informe de la Comisión de Expertos en Beneficios Tributarios.

Organización para la cooperación y el Desarrollo Económico (OCDE). Nota de la OCDE sobre la ley de financiamiento en Colombia.

Superintendencia Financiera de Colombia. Concepto n.º 2006026306-001 del 23 de agosto de 2006.

Superintendencia de Sociedades. Circular Externa n.º 115-006 del 23 de diciembre de 2009.

Editado por el Departamento de Publicaciones
de la Universidad Externado de Colombia
en agosto de 2023

Se compuso en caracteres Ehrhardt Regular de 12 puntos
y se imprimió sobre Holmen Book Cream de 60 gramos
Bogotá - Colombia

Post tenebras spero lucem

Made in United States
North Haven, CT
17 October 2026

20543559R00148